周小兵 主编
韩一瑾 副主编

国际汉语
——汉语教材史国际学术研讨会论文集
第四辑

Chinese Language in the World

中山大学出版社
·广州·

版权所有　翻印必究

图书在版编目（CIP）数据

国际汉语. 第四辑, 汉语教材史国际学术研讨会论文集/周小兵主编. — 广州：中山大学出版社, 2018.3

ISBN 978 - 7 - 306 - 06295 - 6

Ⅰ. ①国… Ⅱ. ①周… Ⅲ. ①汉语—对外汉语教学—文集 Ⅳ. ①H195 - 53

中国版本图书馆 CIP 数据核字（2018）第 028165 号

出 版 人：	徐　劲
策划编辑：	李海东
责任编辑：	李海东
封面设计：	曾　斌
责任校对：	刘丽丽
责任技编：	何雅涛
出版发行：	中山大学出版社
电　　话：	编辑部 020 - 84110283, 84111996, 84111997, 84113349
	发行部 020 - 84111998, 84111981, 84111160
地　　址：	广州市新港西路 135 号
邮　　编：	510275　　传　真：020 - 84036565
网　　址：	http://www.zsup.com.cn　E - mail：zdcbs@ mail.sysu.edu.cn
印 刷 者：	佛山市浩文彩色印刷有限公司
规　　格：	787mm×1092mm　1/16　11.75 印张　286 千字
版次印次：	2018 年 3 月第 1 版　2018 年 3 月第 1 次印刷
定　　价：	38.00 元

如发现本书因印装质量影响阅读，请与出版社发行部联系调换。

本书编委会

主　编：周小兵

副主编：韩一瑾

编辑组：范常喜　韩一瑾　洪　炜　周小兵

前　言

2016年11月5—6日，汉语教材史国际学术研讨会暨世界汉语教育史研究学会第八届年会在中山大学召开。会议由世界汉语教育史研究学会和中山大学外国语学院联合主办，中山大学国际汉语教材研发与培训基地、中山大学对外汉语研究所协办。来自法国、日本、韩国和中国内地、香港、澳门等国家和地区的78位专家学者参加了本次研讨会。

此次会议收到近百篇论文，有新材料、新方法和新角度，具有较高的学术价值。2016年末我们开始筹备出版论文集。与会代表将提交给会议的论文进行了精心修改，紧扣"汉语教材史"这一主题，内容更加丰富，分析更加深入。经专家匿名评审，最后有十九篇论文入选论文集，是为《国际汉语》的第四辑。

论文分为五个专题：教材与语法研究，汉学与汉语教育，东亚教材史，西方教材史，当代汉语教材。

"教材与语法研究"专题，既有对近代西方汉语教材教学语法体系的宏观考察，也有对《语言自迩集》《中国语语法》《汉语的本质与历史》等著作的个案研究。

"汉学与汉语教育"专题收录四篇文章，分别从法国汉语教育史、汉学家与汉语教育、西洋人眼中的南北官话、基督教传教士不同传教思想指导下的汉语学习四个角度，对汉学与汉语教育之间的关系进行阐释。

"东亚教材史"专题，既有对《中国语教本类集成》所辑汉语教本文献内容及资料来源的考订，又有对仓石武四郎先生为《拉丁化新文字中国语初级教本》与《中国语模范会话》所做两篇日文序言的详尽注释，还有从跨文化交际角度探讨《增广贤文》在韩国二语教学上的价值。

"西方教材史"专题，对谋乐的《德汉课程》、司登得的《汉英合璧相连字汇》、马礼逊著作中的《拜客问答》做了细致的调查与分析。

"当代汉语教材"专题，一篇是中高级汉语视听说教材分析；一篇是外向型汉语学习词典研究；还有三篇是对专门用途汉语教材——包括医学专业汉语教材、中医专业汉语教材，以及服务于外籍家庭主妇的汉语教材的考察。

希望论文集的出版，能为学界同仁提供一个分享、交流成果的平台，能为推动世界汉语教育史研究、汉语教材研究贡献微薄的力量。

论文集编辑过程中，我的博士生贾蕃、师文，硕士生刘苗苗做了不少协助工作。中山大学出版社对论文集的出版给予了大力支持。在此一并表示诚挚的感谢！

周小兵
2018年1月6日

目　　录

一、教材与语法研究

高本汉对汉语语法特征的认识 …………… 方环海　闻雨轩　宋旭东　钟　烨 1
《中国语语法》（1921）：从句法结构分析入手 ………………………… 李无未 12
近代西方汉语教材与教学语法 …………… 周小兵　张惠芬　蔡建丰　师　文 27
《语言自迩集》汉语语法研究札记 …………………………………… 朱其智 36

二、汉学与汉语教育

法国汉语教育的起源与发展 …………………………………………… 白乐桑 43
法国第一位专业汉学家雷慕沙的中国语言研究——以《汉文启蒙》
　　为中心 ………………………………………………………………… 李　真 52
19世纪西洋人眼中的中国通用语言——以汉英课本为核心资料 …… 塩山正纯 58
清末民国时期基督教传教士不同传教思想指导下的汉语
　　学习 …………………………………………………………… 于锦恩　杨思佳 66

三、东亚教材史

《中国语教本类集成》所辑汉语教本文献内容及资料来源考订 ………… 陈珊珊 76
《拉丁化新文字中国语初级教本》与《中国语模范会话》"序言"译注
　　………………………………………………………………… 范常喜　陈　辉 88
从跨文化交际看《增广贤文》的二语教学价值 ……………………… 孟柱亿 96

四、西方教材史

谋乐《德汉课程》（1914）词汇教学特点管窥 ………………………… 高　兰 103
司登得《汉英合璧相连字汇》谱系考 ………………………………… 韩一瑾 115
马礼逊著作中的《拜客问答》 ………………………………………… 朱　凤 123

五、当代汉语教材

论专业医学汉语教材的编写原则——以《专业基础医学
　　汉语——细胞生物学篇》为例 ……………………………… 邓淑兰　莫秀英 131
面向零起点外籍家庭主妇的汉语教材设计 ………… 邓小宁　陈　琳　亚雪芳 139
对外汉语学习词典情态动词释义模式的对比研究 …………… 李　英　陈春红 152
中高级汉语视听说教材词汇考察 ……………………………………… 刘宏帆 164
中医汉语教材建设的回顾与思考 ……………………………………… 周延松 171

一、教材与语法研究

高本汉对汉语语法特征的认识①

方环海　闻雨轩　宋旭东　钟　烨
（厦门大学海外教育学院）

摘　要：高本汉对汉语语法的类型特征颇多关注，其著作《汉语的本质与历史》分别涉及汉语的很多方面，其中语法部分所占内容最多。作为西方的一位知名汉学家，该书是高本汉写给欧洲大学生学习汉语的入门级教科书，站在欧洲人的他域视角，论述了汉语与其他有屈折形态的语言相比所具有的类型特征。本文拟对此作出评述，基于国际汉语教学的背景，高本汉基于他域的对汉语特征的认识应该引起国际汉语教学界的高度重视。

关键词：高本汉；汉学；汉语；习得；语法特征

The Chinese Language: An Essay on Its Nature and History 是西方著名汉学家高本汉（Bernhard Karlgren）1946年的作品，原文为瑞典文；1949年被翻译成英文；1963年台北中华丛书委员会出版了杜其容的译本，名为《中国语之性质及其历史》；2010年商务印书馆出版了聂鸿飞的译本，名为《汉语的本质与历史》②。除去开始的引文与最后的结语，该书主体内容分别涉及汉语的文字、音韵、语法与语义等四个方面，其中，语法部分所占篇幅将近一半。

究其写作主旨而言，该书是高本汉写给欧洲大学生的汉语教科书。他站在欧洲人如何有效习得汉语的视角，来说明汉语与欧洲的诸多有屈折形态的语言相比，具有哪些类型学意义上的特征。③可见，外国学生在学习汉语时最头疼的并不是汉字的字形，而是汉语里没有清楚的标记可以帮助他们分辨词性以及词在句子中的作用。西方的汉语二语学习者经常难以判断一个词是名词还是动词，更不能判断一个词是谓语还是定语。④当然，站在语言习得理论的视角，汉语的这些特征恰恰是欧洲人习得汉语过程中特别值得注意之处。

---

①　国家社会科学基金项目"19世纪稀见英文期刊与汉语域外传播研究"（15BYY052）、教育部人文社会科学规划项目"17—19世纪欧洲汉学视野中的汉语类型特征研究"（13YJAZH021）的阶段性成果。

②　本文中凡是引自该书的内容会在脚注中直接注明"高本汉（1946）"并标出页码，不再标出详细信息。另外，高本汉还著有《中国语与中国文》（1923），张世禄译，商务印书馆1933年版，后文凡是引自该书的则直接注明"高本汉（1923）"并标出页码；《中国语言学研究》（1926），贺昌群译，商务印书馆1934年版，后文凡是引自该书的则直接注明"高本汉（1926）"并标出页码。

③　聂鸿音：《导读》，载高本汉（1946），第3页。

④　聂鸿音：《导读》，载高本汉（1946），第9～10页。

1 汉语在语言形态序列中的位置

从 19 世纪开始，西方的汉学家们在国家扩张的过程中，试图通过语言对比建立各种不同的语言类型，西方在与东方语言对比的过程中也试图确立西方语言的自身。

根据西方汉学家们先验的逻辑思路，世界语言的发展与进化的类型次序是孤立语、黏着语、屈折语，他们先验地将屈折语设定为人类语言发展的高级阶段，将孤立语设定为人类语言的原始阶段，语言的演化类型是从"初等"的"孤立型"走向"黏着型"，最后才走向"高等"的"屈折型"的。在西方早期的汉学家看来，汉语缺乏词形的形态变化，缺乏屈折与派生手段，这一点似乎验证了汉语是一门原始性的悠久语言，这样才可以推论出"汉语是一门非常原始的语言"的论调，并且谬种流传。他们甚至认为，汉语几千年保持停滞不变，一直停留在最原始的阶段，成为一种静止性的语言，还没有发展出类似拉丁语、希腊语、俄语、德语等西方语言那种以丰富的形态系统为基础的精美的屈折表达手段。[①] 如高本汉所言，"无怪乎十九世纪学者起初研究各种语言的分类及其特性时，中国语是归入于原始的未发达的一类之中"[②]。

其实，时过不久，人们就对西方汉学家们的观点表示质疑，从其他语言的对比中似乎也表明这种观点并不能站得住脚。根据观察与报道，在非洲、澳洲、美洲等地的一大批原始部落里，仍然存在着一些语法形式上屈折形态特别复杂的语言。[③] 可见，是否具有屈折形态与派生构词手段并不能够先验地成为判断语言先进与落后的所谓"标准"。这就是说，有屈折形态与派生构词手段的语言未必一定就是先进的，没有屈折形态与派生构词手段的语言如汉语也未必就是落后的，甚至呈现出反向性，有屈折形态与派生构词手段的语言可能非常落后，没有屈折形态与派生构词手段的语言可能也很先进。即便在印欧系语言的内部，语言的屈折形态表现也不一致，如瑞典语的屈折系统要比德语简单，而德语的屈折系统又比拉丁语和希腊语简单，甚至有的印欧系语言的发展方向似乎也是相反的。

比如，Ackema 和 Neeleman（2007）所列的意大利语与英语的单复数变化形式对比[④]：

	意大利语	英语
第一人称单数	parlo	speak
第二人称单数	parli	speak
第三人称单数	parla	speaks

[①] 根据这一发展序列，汉语可称为世界上最为落后的语言。由此的推论就是，以此语言负载的中国的文学与文化，甚至社会教育、价值观念等都是落后的。注意，这里的世界语言发展序列有先验的成分，同时也是西方根据自己语言的形态特征所做的推断。

[②] 高本汉（1926），第 6 页。

[③] 高本汉（1946），第 50 页。

[④] P. Ackema, A. Neeleman, "Restricted pro drop in Early Modern Dutch", *The Journal of Comparative Germanic Linguistics*, 2007, 10, pp. 81-107.

第一人称复数	parliamo	speak
第二人称复数	parlate	speak
第三人称复数	parlano	speak

可见，与意大利语相比，英语中的屈折形态已经变得十分贫乏，仅有一个表示第三人称单数的词缀"s"，根本无法通过屈折形态准确地确定主语的人称、数。

在高本汉看来，英语中早期存在着的词类范畴的形态差异，后来基本都被舍弃，出现了词类的兼类现象。比如早期英文中的 cleanse 与 clean 是动词与形容词之别，形容词后加"se"作为动词的后缀，后来则由 clean 兼类动词 to clean 与形容词 clean，英语中不再出现这样的句子：

(1) I cleanse the table.　（我使桌子清洁＝我擦桌子。）

而是直接变成这样的句子：

(2) I clean the table.　（我清洁桌子＝我擦桌子。）

同样地，table、book 等语词也兼具了名词 table、book 与动词 to table、to book 的功能①，在类型上英语变得与汉语这样的孤立语越来越类似。

当然，汉语、日语等东亚语言走得更远。在这类语言中没有屈折变化，根本就不存在标示人称、数的"一致关系"的语法范畴。"把中国语分列为'初等'的语言，以为他还未进到变形的阶段，这种学说恰好和真理相反"②，高本汉由此得出结论："事实上，中国语正和印度欧洲语言演化的轨迹相同，综合语上的语尾渐渐亡失了，而直诉于听受者（或诵读者）纯粹的论理分析力。现代的英语，在这方面，或者是印欧语系中最高等进化的语言；而中国语已经比他更为深进了。"③

这样看来，在高本汉的眼里，汉语的所必然附载的"原始、初等"特征的论调可以休矣。

2　汉语的"孤立语"表征

高本汉对汉语的特性归纳非常清楚，汉语书面语与口语的共同特性大致有二：孤立语性质和单音节性质④，并就汉语的单音节的孤立语性质进行全面的分析。他看到汉语"没有一种单纯语词，是由转成上的附添语所构成的"，"没有应用附添语来表示文法上的各种范畴"⑤，同时也强调中国语的"复合语词是很丰富的"，只是"单纯语词""总

---

① 高本汉（1946），第 2 页。
② 高本汉（1923），第 27 页。
③ 高本汉（1923），第 27 页。
④ 高本汉（1946），第 42 页。
⑤ 高本汉（1923），第 26 页。

是包含着——有几个例外，可是不很重要——单个的音缀"①。这两点使得汉语中的每个单字无论在句子中做什么成分，起什么作用，其形式都是不变的。他举例说，比如汉语中的"人"既可以指英语中的 man，也可能指英语中的 men，或者 the man、the men、man's、men's 等，表示单数、复数、主格、属格等似乎都可以，字形本身并无改变；同样地，汉语中的"去"，既可以表示英语中的 go，也可以表示英语中的 goes，当然也可以是 went、to go、I have gone、I will go 等。

对于汉语的二语学习者而言，"大多数中国语的语词，意义的应用，极端自由"，这一点"实在是个最严重的——即使不是真正最大的困阻"②，"中国语的语句里，语词彼此的关系，没有形式上的表明，只有他一种主要的措辞方法，语词的序次，也不过在某种程度上略资补救"③。可以说，也正是汉语这种不改变词形的性质构成了欧洲学生习得汉语的最大困难。

汉语中，词与词之间的关系不是类似于印欧语中那样依靠屈折或者派生的方式明确进行表达，而是根据语序及其上下文的语词关系进行理解，这对欧洲人理解汉语而言则需要太强的"猜测力"④。在欧洲那些学习汉语的大学生眼里，"中国语的语句，比较欧洲语实在是一种很'简略的辩论法'（brachylogical）。……主辞和述辞，假使其中的一个可以从上下文里看懂的，那就无需……把他们统统表示出来"⑤。如此说来，语法分析对学习汉语、理解汉语每句话的意义并无什么帮助，恰恰需要的却是通过广泛阅读得到的体验或者说是汉语造句的那种感觉，这就使得汉语的习得需要学习者进行太多的"琢磨"，而不像学习拉丁语或者德语那样，只需要了解语法知识再加上一部词典，就可以了解每句话的意思。"能用一个有历史依据的隐喻语，中国人最所欢迎。""依这种方法，渐渐集合成为专门名词的宝藏。"⑥

或许这也正是西方汉学家们特别喜欢编写汉语语法书和编纂汉外词典的理由，因为他们也正是通过这样的"语法书 + 词典"的双结合手段来学习语言的。这样的组合形式既然可以很好地习得印欧系的诸多语言，那么自然也就可以习得汉语。

我们知道，类似英语那样，词类的标记一般都有形态来作为区别特征，名词、动词、形容词都具有其各自不同的语法形态。在高本汉看来，这种狭义的形态在汉语里根本就没有，同一个没有多少变形的单音字既可以作名词，也可以作动词或形容词。他举例说，比如"远"，在"远方"里作形容词，在"南蛮之远"里作名词，在"远盗贼"里则是及物动词，在"君子远庖厨"里又作不及物动词，这就让欧洲初次接触汉语的学习者难以把握。⑦

同样地，在英语里，连词与介词作为两个词类，与名词、形容词、动词区别明显，

---

① 高本汉（1923），第 22～23 页。
② 高本汉（1923），第 119 页。
③ 高本汉（1923），第 120 页。
④ 高本汉（1946），第 42～43 页。
⑤ 高本汉（1923），第 120～121 页。
⑥ 高本汉（1923），第 137、141 页。
⑦ 高本汉（1946），第 44 页。

连词类的 when、while、although、then 等,介词类的 in、by、with、under、till 等,这些词类在实际使用过程中独立性都很强,并不与其他词类混淆。① 但是,到了汉语里,情况则大不相同,连词与介词本身就来自名词与动词,而且其本身仍然还可以作动词与名词使用。比如:

  (3) 当我到时。
  (4) 他当老师。
  (5) 上他的当。

同样的一个词的形式"当",在例(3)这句话里"当"是连词,到了例(4)里"当"变成了动词,例(5)里的"当"则又成为名词。问题是,欧洲的汉语学习者没有汉语母语者的语感,他们缺乏对词语关系的推断,怎么能够断定句子中的"当"是个什么词呢?看起来只能根据上下文意进行推测。

  基于此,高本汉索性这样论述道,没有什么语法能够足以帮助我们剖析汉语的句子,"这需要有猜测力,或者更确切地说,需要体会中国人造句的方式,需要体会他们用言语表达思想的方式。你必须了解中国人的思路,而要做到这一点只有一个办法:读书,读书,再读书,使你习惯中国人的思考方式,直到你能像中国人那样自动思考时为止"。② 对此,高本汉举例说明如下:

  (6) 拿开水。

在汉语中,我们找不到任何屈折手段能够标明"开"是"水"的修饰语。问题的难点还在于,汉语里单独一个不变形的单音节词"开"就已经很难懂,何况"开"还可以作"拿"的补语,比如"拿开"。③

  对此,高本汉感叹说,汉语里"没有语法的帮助太不幸了"④。言下之意是,汉语缺乏屈折形态变化,使得在短语与句子结构中造成了语词理解的困难。同时,汉语的构词似乎也少了西方语言常用的派生构词。他说道,"可是除了一些独立助词结构之外,汉语不仅没有屈折变化和各个词类之间的形态区别,而且,我们必须补充说,它还显然拒绝使用我们西方语言中惯用的一种极为有效的手段,这就是通常说的派生法。"⑤ 比如:

  (7) 以路之长。

汉语里缺乏西方语言的派生构词,能够在词根"long(长的)"的基础上造出"length(长度)",但是汉语里"以路之长"中的"长"则必须参照上下文才可以确定这里的

---

① 高本汉(1946),第44页。
② 高本汉(1946),第45页。
③ 高本汉(1946),第47页。
④ 高本汉(1946),第48页。
⑤ 这里所论,或许也就是高本汉研究"汉语词族"的内在缘由。参见高本汉(1946),第48页。

"长"用作名词（length），而不是形容词（long）。①

高本汉由此提出的问题是，在上古时期，汉语系统内并不存在名词、动词、形容词之类的词类之别②，因为汉语的一个词并不局限于一个确定的词类，汉语中的一个词既可以作名词，也可以作动词、形容词。如果一种语言里的词可以如此兼类，其词类的划分则没有太大的意义。西方汉学里这样的论断不断出现。早在17世纪，意大利的卫匡国《中国文法》在谈到词类时，他认为汉语缺乏形态变化，因此词类的划分并不能照搬西方的划分标准，一个词由于在句中位置不同，也属于不同的词类，如"我爱你、我的爱"。因此汉语词类很难像西方语言一样有明确的界限。③可见，认为汉语词类之间一是难以划分，二是划分没有多大意义，这样的想法不是偶然的。

在高本汉看来，汉语的这一现象与英语并无太大差别，所以他提出了词类的两种概念：一种是广义的、心理学上的"词类"，另一种是狭义的、语法学上的"词类"。前者指的是词的固定基本意义，后者指的则是词的临时语境意义。一如英文中的table，指的是一种实在的物体，临时处于"to table the question"中则是动词"摆出"，其基本意义仍然是名词；汉语里的"长"，表示的是一种性质，临时用作名词或动词，丝毫没有干扰"长"专有的基本意义，而成为"长"的业余兼职意义。④

在很多的情况下，汉语中表面上不变的词性表现为孤立语特征，它们的语音形式和语法作用没有固定的联系，何况就是在许多有确定的形态关系的情况下，人们依然意识不到其中的词法形态作用。⑤ 比如"ts'əm"（名词）和"səm"（数词）词源关系很近，形态上确实有差别，但是形体固化的单一"汉字"表示了这里讨论的来自一个语根的两个同源词，前者为"参"，后者为"三"。可见，早在3000多年前，因为汉字的固化作用，汉语的孤立语性质就已经确立。和谐与简化的音变，也导致汉语逐步丧失了当初的屈折形态手段和构词形态系统，除了个别助词以外再也没有其他语法手段⑥，使得汉语的句子看起来完全是由一串没有屈折的、不变的音节连缀在一起。在印欧系语言的汉语学习者看来，似乎汉语中的每个单音节都是孤立的，一个词本身就是字源，与汉语中任何别的词都不属于一个词根，这是他们学习汉语觉得最难的地方。⑦

高本汉的结论是，现代汉语最重要的特征还是其孤立语的性质，也就是没有典型的词形屈折手段，没有从一个共同词根构成几个新词的词语派生，没有用不同的形态来表示不同词类的语法差别，而早期原始汉语的特征恰恰不是这个样子。⑧ 不过，高本汉认为，汉语的孤立语特征正是印欧系语言中那些基本特征长期发展的结果。在这一点上来

---

① 高本汉（1946），第49页。
② 高本汉（1946），第64页。
③ 卫匡国：《中国文法》第二章，白佐良、白桦译，华东师范大学出版社2011年版，第107～113页。
④ 高本汉（1946），第66～67页。
⑤ 高本汉（1946），第74页。
⑥ 高本汉（1946），第74～75页。不过，在我们看来，这里的语法手段应该是最为狭义的形态手段。其实站在广义上看，任何一种语言中都不可能没有语法手段，比如重叠、韵律等或许都是汉语的语法手段。不过站在印欧系语言的立场，形态手段没有了，其他的语法手段似乎都不算。
⑦ 高本汉（1946），第75页。
⑧ 高本汉（1946），第73页。

说，汉语类似于英语，不过在简化的道路上走得比现代英语更远。这样说来，对来自印欧系语言的汉语二语学习者而言，学习汉语中的这些困难，就是缺乏印欧系语言中所习惯的表示屈折和派生的形态，这也是掌握汉语文献语言最大的绊脚石。他认为"汉语语法事实上非常贫乏，它主要是规定词在句中的位置，再加上一批语法助词的作用。所有在我们的语法中称为变格和变位的情况，以及构词的原则，在汉语中几乎都看不到。汉语不用像各种词根或词尾变化那样的特殊标记来表明所要求的词类、名词的数和格、动词的时态和语态，这使汉语变得异乎寻常地简洁"，与欧洲的语言相比，"汉语几乎不能帮助我们通过一些明确可解的迹象来确切找出词义和词在句中的作用"，"正是由于缺乏明确的构形法，这就强烈要求人们具有猜测能力，而这正是学汉语最大的困难"。高本汉由此得出他的结论，即对于欧洲的汉语学习者而言，"主要的难点根本不是汉字的形体，而是汉语的孤立语性质"。[1]

3 汉语的"单音节"特征

高本汉注意到，汉语包含几千个不变的单音节词，这些词似乎完全独立，彼此之间似乎没有什么关联，因而看起来一个词不会从另一个词派生而来。同时，这些单音节词从来也不用词根的屈折变化来表示词类或词的句法功能。[2] 19 世纪 70 年代，德国的汉学家顾路柏（Wilhelm Grube, 1855—1908）[3]曾经提出，汉语中的一字两读的情形似乎也说明，汉语单音节词的语义之间是存在关联性的。[4] 问题的核心在于，这究竟是汉语发展的原始情形还是后起的状况，言下之意，汉语的"单音节的孤立语"特征是"原生态"还是"再生态"的问题。

原始汉语是否具有"单音节的孤立语"不同的形态特征，最初的性质并不同于孤立语，只是后来走了类似英语的形态变化的精简路线，而最终与屈折语的形态分道扬镳，变得与原始汉语"面目全非"，以至于今天看起来似乎完全"沧海桑田"，与印欧系语言的形态特征泾渭分明，自成一体。汉语的单音节词的语义之间表面上似乎没有关联，问题是在词根上确实能够如此切割清楚吗？请看表 1。[5]

---

[1] 高本汉（1946），第 49 页。在后文中，高本汉也认识到，"孤立语性质在今天可以看成是汉语的主要特征，而汉语最初的性质并不同于孤立语，不过，在能构拟出汉语的古代音韵之前，这个理论却始终是个猜想"，这是因为"那时人们对古汉语音韵简直一无所知，他们都是根据北京官话、广州话或者其他一些方言的现代读音来从事研究的"，而"作为他们理论基础的那些材料由于长期的发展而变得太简化、太贫乏了。这些音系实在不堪使用，因此凭借这类材料几乎不可能得出任何令人满意的结论"。[高本汉（1946），第 51 页]

[2] 高本汉（1946），第 50 页。

[3] 也译作顾威廉，德国早期著名的汉学家。1884 年顾路柏曾向普鲁士文化部提出在汉语课程中进行口语教学的问题，这促进了后来东方语言研究所的建立。自 1885 年起，顾路柏兼任柏林大学教授并主持"东亚语言"讲座，讲授汉语、满语和蒙古语。1892 年他应聘为汉学教授，讲授汉语和满语课程。

[4] 高本汉（1946），第 51 页。

[5] 表格中所列内容参考高本汉（1946），第 67～71 页。另外，"汉语古代书音以四声区分词性及词义，颇似印欧语言中构词上之形态变化"，参见周祖谟《问学集》，中华书局 1966 年版，第 112～113 页。

表1

单音节词	语法范畴	发音	单音节词	语法范畴	发音
见	主动动词	kian	卒	名词	tswət
	被动动词	gʼian		动词	tsǐwət
解	动词	kĕg	度	动词	dʼak
	形容词	gĕg		名词	dʼag
卷	动词	kǐwan	复	动词	bʼɪuk
	名词	gǐwan		副词	bʼɪug
长	动词	tǐaŋ	塞	动词	sək
	形容词	dʼǐaŋ		名词	səg
传	名词	tǐwan			
	动词	dʼǐwan			

可见，这些共同词根的形态变体有时表达的就是纯粹的语法范畴，如动词与名词的对立、形容词与名词的对立、动词与副词的对立、形容词与动词的对立、及物动词与不及物动词的对立、主动态动词与被动态动词的对立等。由此推及，高本汉认为，上古汉语的人称代词存在着与法语和拉丁语一样的主格属格和与格宾格等格关系的对立手段，并且使用了屈折手段，运用词本身的变化来表达这种语法形态的意义。对此，王力的认识也基本一致，他说："欧洲语言的滋生词，一般是原始词加后缀，往往是增加一个音节。汉字都是单音节的，因此，汉语滋生词不可能是原始词加后缀，只能在音节本身发生变化，或者仅仅在声调上发生变化，甚至只有字形不同。这是汉语滋生词的特点。"[1]

对原始汉语中存在真正的屈折手段，高本汉还列举了一系列语音转换的例子进行说明，从中可以看到汉语中的双音化词的构成似乎也不是随意的，许多都是同根词语音选择的结果。比如："宦官、官宦"，其中"官"的读音为[kwan]，"宦"是[gʼwan]，就是不送气清声母与送气浊声母的转换[2]；"圆圈"，其中"圆"的读音为[gǐwan]，"圈"是[kʼǐwan]，就是不送气浊声母与送气清声母的转换[3]；"扫帚"，其中"扫"的读音为[sʊg]，"帚"是[tjǐʊg]，就是塞音声母与擦音声母的转换[4]；"死尸"，其中"死"的读音为[sǐər]，"尸"的读音为[ɕǐər]，就是舌音与齿音的转换[5]；"开启"，其中"开"的读音为[kʼər]，"启"的读音为[kʼiər]，就是零介音与i介音的转换[6]；"观看"，其中"观"的读音为[kwan]，"看"是[kʼan]，就是零介音与w介音的

---

① 王力，《同源字典》，第46页，商务印书馆1982年版。
② 高本汉（1946），第58页。
③ 高本汉（1946），第58页。
④ 高本汉（1946），第59页。
⑤ 高本汉（1946），第59页。
⑥ 高本汉（1946），第60页。

转换①。

　　高本汉注意到汉语发展中的一个基本事实，即古代汉语的音系要比现代汉语丰富，比如上古汉语中的一整套辅音韵尾 p、t、k、b、d、g、m、n、ŋ、r 等，到了现代汉语通用普通话中，p、t、k 脱落了，b、d、g 消失了，m、n 合流了，辅音韵尾系统已经简化为 n、ŋ、r。在高本汉看来，这一简化也同样发生在元音系统，上古汉语中存在着非常丰富的单元音与双元音，后来都合并发展成为少量的简单类型。② 由此，高本汉得出他的结论，在早期的上古汉语里，声母中所有的舌根音 k、k'、g、g'、ŋ、x 都可以在词族内部通转；所有的舌尖音 t、t'、d、d'、ts、ts'、dz、dz'、s、z 都可以在词族内部通转；当然所有的舌面音 tj、tj'、dj、dj'、ɕ 以及所有的唇音 p、p'、b、b'、m 也都如此。同样的，中介元音有无 ɣ、i、w、ɣw 也可通转，收尾辅音 ŋ、k、g 组，m、p、b 组以及 n、t、d、r 组的鼻音与口音对转，都体现了早期汉语内部的语义相近，语音转换也很规则。③

　　根据高本汉的举例，英文中的 bear（熊）、bear（负担）、bare（裸体）这样的同音异形字在公元前就很少，后来发展为同样的读音，表示的意义有别，形体也随之不同。④ 与此同理，语音系统的简化也导致了汉语出现大量的同音异形现象。比如，"我见""我建""我贱"中，本来其中的"见""建""贱"读音并不同，语音系统简化后则变成相同了，那么，在口语里就很难区分说话人说的语音流"wojian"究竟是"我见"，还是"我建""我贱"。⑤ 高本汉认为，"中国文字的刚瘠性，保守性，不容有形式上的变化，遂直接使古代造字者因势利导，只用一简单固定的形体，以代替一个完全的意义"⑥，接着，又提出"在纪元前的年代，中国语的形式与声音，已经达到极单纯的局势；遂使其文字的结构，具有一种特别的性质，辗转循环，又影响于后来语言的发展，至深且巨"⑦。他这里所言的"极单纯的局势"，指的就是汉语的"单音制，无形式变化，缺少仆音⑧群，语尾运用仆音很有限制；这些现象，都是使中国文字成为方块头，发生许多形体类似，笔画紧密的原因。所以这种方法应用于中国文字，不特能够同行，而且极其自然，没有什么阻碍"⑨。可见，本来上古汉语中的每个字一般都依据其读音可以和其他大多数的字区分开来，所以单音节构成的一个结构或者句子也是明白易懂的；但是，因为语音的简化而出现大量同音字的干扰，使得在口语中难以通畅地理解其意义。这样，单音词明显不够用。为了避免歧义，更为清楚地表达意义，就必须采取进一步解决的方法，即在口语中产生大量的复音词，便造出"复合字"（compound

---

① 高本汉（1946），第 60 页。
② 高本汉（1946），第 39 页。
③ 高本汉（1946），第 64 页。
④ 高本汉（1946），第 39 页。
⑤ 高本汉（1946），第 40 页。
⑥ 高本汉（1926），第 15 页。
⑦ 高本汉（1926），第 17 页。
⑧ 此处应该指的是复合辅音。
⑨ 高本汉（1926），第 32 页。

words)。同时，为了区别同音字，就加上表意的偏旁；没有语缀，便造出语助词；等等。① 上述的"我见"就扩展成为"我看见"，"我建"成为"我建造"，"我贱"成为"我卑贱"，双音化也就成为现代汉语与古代汉语构词系统的基本区别。

讨论到这里，似乎也可以说明汉语的构词古今差异的根本问题了。不过，原本作为汉语附属的汉字因为其独特的效用而形成了一个有趣的结果：口语形式交际中的"我见""我建""我贱"确实难以区别，但是一旦书写出来，并不会产生任何意义上的误解，字形可以明确地区分彼此，而不论其读音如何。读音可以随时随地发生变化，甚至是"尔曹身与名俱灭"，可以变得相互之间存在云泥之别而显得面目全非，语音上可以彼此"耳聋"难以听懂，甚至口语难以交流；但是汉字却是维持原状，仍然可以"不废江河万古流"。

4 结　　语

对中国语文的特点，拿欧洲语文来参照，早期中国的学者对此也有认识。比如与高本汉基本处于同一时期的一位中国学者朱光潜，则站在文学与翻译的角度做了考察，他认为，首先，"中文也并非没有文法，只是中文的弹性比较大，许多虚字可用可不用，字与词的位置有时可随意颠倒没有西文文法那么谨严。因此，意思有时不免含糊，虽然它可以做得很简练"；其次，"中文少用复句和插句，往往一义自成一句，特点在简单明了，但是没有西文那样能随情思曲折、变化而现出轻重急徐，有时不免失之松散平滑"，总之，"中文以简练直截见长，西文以繁复绵密见长，西文一长句所含包的意思用中文来表达，往往需要几个单句才行"。② 基于此，朱光潜提出，"各国语文习惯本各不相同，我们固然不能拿西文文法来衡量中文"，但是中文的一些欠缺也"不全是习惯问题而是思想的谨严与松懈问题"，这些方面朱光潜认为西文要比中文好，当然，各国语文都有它的特性（法国人所谓 génie）③，这样看来，也算是英雄所见略同。

当代的汉语语言学研究也出现了一些有趣的现象。很多问题的分析在早期已经研究得比较清楚了，现在的一些研究却无视以往已经获得的清晰认识，割裂了学术研究的传承性，而只是运用一些新的术语抑或是一些生吞活剥的理论把已经清楚的问题复杂化，使得一些问题在认识的层面产生了模糊、混淆的现象，表现出极其明显的理论与问题研究的"碎片化"特征。

汉语在世界上的语言序列中无疑是"特立独行"的，我们的研究应该着力归纳与

---

① 有学者的观点与此并不一致。比如李如龙认为，随着认知的发展，汉语为了表达更多的概念，单音词又受到音节数的局限，只好扩充字义、增加读音，以多音多义字济词汇之穷。多音多义字大量增加之后，同音词就难以避免。这不但增加了学习的负担，也造成字义的交叉和含混。为了克服单音词不够用和多音多义字含混的局限，两个字组成的词组渐渐浓缩成词。双音合成词大量增加，成了上古汉语发展为中古汉语的重要标志。可见，中古汉语后，汉语的双音化与复合词的大量出现，其内在的原因与机制究竟如何，学界的认识并不一致。参见李如龙：《汉字的类型特征和历史命运》，厦门大学海外教育学院学术沙龙报告稿本，2015 年。
② 朱光潜：《谈美》，广西师范大学出版社 2006 年版，第 204 页。
③ 朱光潜：《谈美》，第 167 页。

分析其类型特征。只有如此,汉语语言学研究才有可能在理论上获得话语权。值得注意的是,汉语语言学研究作为"汉学"中的一个重要组成部分,未必一定是中国人的专利,来自"他域"学者的观察与研究也是一个不容忽视的内容。高本汉从自己的经验、直觉出发,带有类型学的视野,他对汉语的清晰认识,建立在"研究者""学习者""传授者"的三重身份上,或许他观察到的汉语特质是我们母语研究者看不到的。"不识庐山真面目,只缘身在此山中",对汉语而言,也许来自他域的观察恰恰可以帮助我们看清汉语的"庐山真面目"。

参考文献

方环海, 林馨. 英国汉学中的汉语词类特征研究——以艾约瑟《汉语官话口语语法》与萨默斯《汉语手册》的对比研究为例 [J]. 国际汉语教学研究, 2015 (3).

方环海, 沈玲. 西方汉学视域下汉语量词的性质与特征 [J]. 语言教学与研究, 2016 (3).

方环海, 尹叶. 美国汉学家卫三畏对汉字特征的认识与研究 [J]. 郑通涛. 国际汉语学报: 第 6 卷第 2 辑, 上海: 学林出版社, 2015.

方环海, 郑通涛, 陈婷婷. 全球视野下的汉语在外教学 [J]. 海外华文教育, 2016 (3).

方环海. 西方汉学与汉语特征研究 [M]. 广州: 世界图书出版公司, 2016.

高本汉. 汉语的本质和历史 (1946) [M]. 聂鸿飞, 译, 北京: 商务印书馆, 2010.

高本汉. 中国语言学研究 (1926) [M]. 贺昌群, 译, 上海: 商务印书馆, 1933.

高本汉. 中国语与中国文 (1923) [M]. 张世禄, 译, 上海: 商务印书馆, 1931.

胡荣, 方环海, 陈秀玉. 罗存德《汉语语法》与汉语特征研究 [J]. 海外华文教育, 2016 (4).

李如龙. 高本汉论汉语汉字特征的启发 [J]. 海外华文教育, 2017 (4).

李如龙. 汉字的类型特征和历史命运 [M]. 厦门: 厦门大学海外教育学院学术沙龙稿本, 2015.

王力. 同源字典 [M]. 北京: 商务印书馆, 1982.

武和平, 王晶. "基于用法"的语言观及语法教学中的三对关系 [J]. 语言教学与研究, 2016 (3).

徐丽.《官话指南》在日本汉语教育史上的地位与贡献 [J]. 海外华文教育, 2015 (1).

张品格. 17—19 世纪西方汉学论著中的汉语时体表达手段研究 [D]. 厦门: 厦门大学, 2016.

周祖谟. 问学集 [M]. 北京: 中华书局, 1966.

Ackema P, Neeleman A. Restricted pro drop in early modern Dutch [J]. The Journal of Comparative Germanic Linguistics, 2007 (10): 81 – 107.

Summers J. A handbook of the Chinese language [M]. Oxford: Oxford University Press, 1863. (该书中文本名为《汉语手册》, 方环海, 于海阔, 译, 厦门: 厦门大学出版社, 2013.

Tyler A. Usage-based approaches to language and their applications to second language learning [J]. Annual Review of Applied Linguistics, 2010, 30: 270 – 291.

《中国语语法》（1921）：从句法结构分析入手

李无未

（厦门大学中文系）

摘　要：宫岛吉敏《中国语语法》发表于 1921 年。何盛三《北京官话文法》把它列为重要的参考书之一。在 20 世纪 20 年代之前，它是受到日本中国语学界重点关注的一部有代表性的汉语语法学著作。贯穿在《中国语语法》中的组织结构分析，以句法结构理论与方法为主：对名词在句中的位置及其与动词的语义关系，以"格"来定位；句式变换分析与语词替换比较分析交替进行；进行名、形、动词类跟句子成分对应关系的"跨类"考察；以补足"省略"成分为起点，具有类似"空语类"的理论意识；中国语与日语语法句式比较。牛岛德次在《汉语文法论（古代编）》（1967）中将其列为重要参考书。它以其特有的汉语语法学学术价值立于汉语语法学史之林，是名副其实的。

关键词：宫岛吉敏；《中国语语法》；句法结构；理论与方法

1　宫岛吉敏著述及本书体例

六角恒广先生在所编《中国语教本类集成》第四集第一卷[1]中，影印了宫岛吉敏《中国语语法》（原名《支那语语法》）一书。《中国语语法》由干成堂发行，时间是大正十年（1921）6 月 25 日。[2]

对宫岛吉敏本人生平事迹，我们了解得不多，只知道他是陆军大学校教授，是著名中国语学者宫岛大八的儿子。在日本国会图书馆网上搜索，又知道，他生于 1888 年，1946 年去世。除了本书之外，还编有《官话北京事情》（英继原撰），文求堂书店，1906 年；与青柳笃恒共同编写《支那時文評釈》，早稻田大学出版部，1909 年；《中華国語読本：詳註对訳発音附・独習書》，与何盛三共著，太平洋书房，1929 年；《中国語四週間》，大学书林，昭和六年，即 1931 年改订。《日满会话》，与包翰华共著，三省堂，1933 年；《华语教本》，与包翰华共著，奎光书院，1935 年；《日常华语会话》，与包翰华共著，东京开成馆，1939 年；《支那人との社交常識：作法と会話》，与包翰华共著，三省堂，1939 年；《日华大辞典》第 1 卷，富士出版，1945 年；《ポケット中国語辞典》，与矢野藤助共著，爱育社，1948 年；《中国语小文典》，大学书林，1952 年；《中国語辞典》，与矢野藤助共著，酒井书店，1955 年。由此可见，宫岛吉敏有中国语研究的论著已经构成一个系列，与他父亲宫岛大八一样，在日本中国语研究史上具有十分重要的地位。

《中国语语法》的体例构成。"序"，署名外国语学研究会干事作。正文分三章：第一章，发音；第二章，四声；第三章，组织。其中，"组织"是该书主体部分。很显然，该书就是以研究汉语语法结构形式为主要目的。

六角恒广《解题》称，本书在前田岩太郎发行的《外国语学研究资料：中国语之部》第1号（大正五年8月，1916）到第22号（大正七年5月，1918）连载。这个资料，是大正四年（1915）8月12日的陆军第16号，以体现奖励日本人学习外国语为主旨，为青年将校及其语学研究团队提供必要外国语学资料为目的。何盛三《北京官话文法》把宫岛吉敏《中国语语法》列为重要的参考书之一。可见，在20世纪20年代之前，宫岛吉敏《中国语语法》是很受日本中国语学界关注的、一部很有代表性的汉语语法学著作。[3]

2 《中国语语法》句法结构关系分析理论

2.1 《中国语语法》"绪言"和"正文"对该书写作意图有很好的说明

重视中国语语言声调。中国语"口调"抑扬如音乐，必须从文法组织解剖比较角度观察。但是，以之为依据就没有了文法，失去了一次很好的观察机会。动字、形容字等，各有一惯的法式，和其他的外国语并不存在任何不同。只是从"口调上"或者从意义的轻重程度上看，是个例外，杂多而紊乱。

本讲所举都是有限的标准例证，以之为依据叙述。与之有关法式著作刊行，大多不过是以欧洲文法为分类解说依据。在中国，偶然也有诸如《马氏文通》的刊行；在日本有广池氏《中国文典》等，颇具补益。可惜的是，作为"文典"，和口语没有关系。坊间有张廷彦著《官话文法》一书，品词分类，简约明快。总之，世上还没有完整的文法书刊行。作者也希望看到一本完整而系统的文法书，因此，从句法组织结构入手，对各个词类关系进行探讨。

从这里可以看出两点：一是作者有意区别汉语文言语体语法和汉语口语语体语法，而作者对汉语口语语体语法的系统性研究状况还很不满意；二是作者研究汉语口语语体语法，不是从表面上的"品词分类"入手，而是从句法组织结构入手，这与此前的汉语口语语体语法，如《清语文典》（1905）纠缠在"品词分类"语法意识大不一样，这就奠定了《中国语语法》一书理论与方法的独特基调。

2.2 《中国语语法》句法结构分析理论与方法

研究《中国语语法》句法结构分析理论与方法，以实际文献为基础，是比较可行的。

（1）贯穿在《中国语语法》中的组织结构分析，以句法结构理论与方法为主。在第三章开头，作者明确说，对中国语"品词"的类别分析，着眼点不是与其他语言相比的"共通"方面，而是独特的方面。这实际上是寻求汉语的个性特征。在"名词"一节，更为明确，就是"主眼"放在了实用上，对实用的句法现象进行学术的说明。

比如抛开"词的分类法",直接进入名词之"格"范畴,"句法意识"凸显出来。

(2) 对名词在句中的位置和动词的语义关系,以"格"来定位。宫岛吉敏举例:①"先生站着"。说明:先生是主格,站着,是主格的状态。②"掌柜的眼力高"。说明:掌柜的,是所有格。③"父母都爱自己的儿子"。说明:儿子,是主格的目的格。④"拿胰子洗衣裳"。说明:居于主格和关系动词的中间,是使用格。⑤"这个帽子是上月初一买的"。说明:是补格。

那么,这里的"格"的理论是什么?按照一些学者的理解,格在不同的学科有不同的指代意义。数学中格是指一种代数结构。在语法和修辞中也有格的概念。

在传统语法中,"格"是指某些屈折语法中用于表示词与词之间语法关系的名词和代词形态变化,这种格必定有显性的形态标记,即以表层的词形变化为依据,如德语的四格。在汉语中,名词和代词没有形态变化,所以,一般学者认为,汉语是没有格的。罗宾斯《普通语言学导论》也称,格的范畴包括名词、代词、形容词和其他一些词类的不同形式。许多语言都有此范畴,其中拉丁语语法较为明显,有六种格,古希腊语有五种,梵语有八种。有些语言中格的数量繁多,如芬兰语中就有多达十五种形式不同的名词格,每种都有自己的句法功能。[4]

宫岛吉敏的《中国语语法》,很显然打破了传统的汉语语法没有"格"范畴的观念,具有明显的名词"格"范畴意识。何盛三《北京官话文法》也讲"名词的格",与此关系密切。虽然它与20世纪60年代以来的菲尔墨"格语法(Case Grammar)"不会存在着直接的理论渊源关系,但却"异曲同工",蕴含着十分明确的早期汉语语法"格"意识。特例独行,这是最为引人注目的。

(3) 句式变换分析与语词替换比较分析交替进行。对动词"态"的分析就比较有代表性,比如:巡捕拿住了一个贼(顺态)—巡捕把一个贼拿住了(转倒态)—有一个贼叫巡捕拿住了(逆态)/火车轧死了一个老头儿(顺态)—火车把一个老头儿轧死了(转倒态)—有一个老头儿叫火车轧死了(逆态)/德国兵打败了罗马尼兵了(顺态)—德国兵把罗马尼兵打败了(转倒态)—罗马尼兵叫德国兵打败了(逆态)/小绺吃了我的表去了(顺态)—小绺把我的表吃了去了(转倒态)—我的表叫小绺吃了去了(逆态)/风刮了我的帽子去了(顺态)—风把我的帽子刮了去了(转倒态)—我的帽子叫风刮了去了(逆态)(第91~92页①)。俨然是一个整齐的"变换矩阵"。

再如语词替换:道儿远得很/雨大得很/街上热闹得很/他勤谨得很/事情忙得厉害/天冷得厉害/银盘微得厉害/走得太慢得厉害(第56页);我站着哪/他躺着哪/他睡着哪/吃着饭哪/骑着马哪/门关着哪/窗户开着哪(第82页);我念书/我爱念书/我会念书/我能念书/我得念书(第183页)。语词替换后句法形式还是有了些微变化。

(4) 注意对词进行形式和内容两个方面分类。比如副动词形式和内容的分类。对副动词形式,以副动词与动词的配置关系为着眼点,充分展示了副动词的语法功能作用;对内容,如时间、场所、样态、程度、主张等,主要是根据副动词搭配的动词意义特征而确定的。

---

① 六角恒广影印宫岛吉敏《中国语语法》原书页码。以下页码标明都如此。

（5）进行名、形、动等词类跟句子成分对应关系的"跨类"考察。以"词"这一语法单位在句法结构中的功能作为判断标准。词类和句子成分之间是一一对应关系。与传统的"词品"分析是一脉相承的。

（6）以补足"省略"成分为起点，具有类似"空语类"的理论意识。比如"作为副词的数词"一节，专门举了"名词省略"之例：买一个（东西）/念几回（书）/走十里（路）（第67页）。在解释"一个都没有/一点儿不知道/一句也不懂得/一会也不歇着"时，认为分别省略了"东西、事、话、功夫"等名词（第70页）。

（7）中国语与日语语法句式比较。比如：通了电车方便极了—電車ガ通ジテ極メテ便利ダ。两者之间句式关系和差别一目了然。

由上可见，《中国语语法》所体现的研究理论与研究方法是多向性的，语法上的结构主义理论意识十分强烈。

3 《中国语语法》句法分析内容

宫岛吉敏《中国语语法》对汉语结构的分析，是从各类词在句中的位置及作用开始的，由此，也就有了浓郁的句法概念意识。

3.1 名词

对名词之"格"的各个类别，宫岛吉敏有自己的解释。比如对名词之主格，不一定由"起语"名词决定，而是伴随着它所发出的动作或者存在状态。"车来了"，处于语句上位，主动发出的动作。主格分为"顺态"和"变态"两类：顺态的，如"人是万物之灵"中的"人"，即主动表示肯定的句子；逆态的，如"人被马踢了"的"人"，实际上是"马踢了人"，"马"是主格，而"人"变成了"目的格"。请注意，宫岛吉敏的分类认识，是通过句式变换而获得的。"被"字是被动标记，引人注目，成为识别是否是"主格"的标准。

对名词之"格"，分为八种：主格、所有格、目的格、使用格、收得格、对格、示处格、补格。各自因为位置不同，各司其职（第136页），比如：

> 张兄啊，您听，今儿天刚亮的时候，我们炮队是用炮打毁了敌兵的一个堡垒，给部队（补格）（主格）（补格）（补助格）（主格）（使用格）（所有格）（目的格）（收得格）开了路。那部队可就从哪儿冲下去，和敌军交锋。到底把那堡垒给占好了。（目的格）（主格）（示处格）（对格）（目的格）

宫岛解释说，"张兄"是称呼对方之语，应该称为"呼格"，但因为共格数量很多，有繁杂之虞，所以还是称为"补格"。"今儿"以及"时候"，只表示时间，也是"补格"。"我们炮队"，居于全句的主位部，引起以下的关系，以之为主体，称为主格。"炮"，其发出动作的时候，成为使用的兵器，就是使用格。"敌兵的"，是堡垒的所有者，因此成为"所有格"。"一个堡垒"中的"堡垒"是动作主体所涉及的目的物，就是目的格。享受主体发出动作的结果，就是"收得格"，如"给步兵"中的"步兵"。"路"是主格动作直接接受者，是目的格。"从哪儿"中的"哪儿"，表示场合之格，称为"示处格"。"和敌军"中的"敌军"，表示行动的对方，称为"对格"。"把那堡垒"中的"堡垒"，被倒置，是"目的格"。

很显然，从这个例子可以看出，宫岛吉敏一改过去日本学者对名词的分类习惯，而是从名词在句中的位置和语义关系来进行分类，汉语句子组织结构分析理论意识一目了然。

3.2 代名词

宫岛吉敏对"代名词之格"，取其与名词之"格"同与异。比如"我爱他"，这里的代名词"我"是主格，而"他"就是主格行动所及的目的物，所以是目的格；"我拿他当了日本人了"，这里的"他"是使用格；"您替我问他好"，有"替"作标记，"我"成了收得格；"他对我说"，"对"是对格的标记。但代名词没有示所（处）格。

霍凯特《现代语言学教程》说："格是名词的曲折形式，这些形式把名词纳入与动词发生关系的各种关键结构。许多格的系统还包括其他种类的特定范畴——例如拉丁语的属格——但是，如果该系统不包括上面所说的跟动词发生关系的特定范畴，我们就不把这个全称范畴称作格。"[5]292 不承认宫岛吉敏"格"是霍凯特所说的严格意义上的狭义语法范畴"格"，那么，这个"格"是什么"格"呢？我们认为，这里的"格"主要还是对句法范畴内部关系的分析模式，以句法功能为中心。比如主格实质上还是相当于主语，目的格相当于宾语，但是有些"格"的确立却实实在在地显示出了"语义（论旨）角色"的思想，比如"收得格""使用格""示处格"等。这与后来的美国语言学家菲尔墨（C. J. Fillmore）"格语法（Case Grammar）"虽然没有必然的理论源流联系，但理论意识是一脉相通的。

3.3 指名词

对指名词，首先考虑的是种类。有场所指示，如"这儿、哪儿、那儿"，又可以说是近称、中称（不定称）、远称；有总括称，如"每、各、人人儿、天天儿"；有总括指名词，如"都、所、是、凡"；有顺序指名词，如"第一、头一回、今、明、正月、初十"。

值得注意的是，宫岛吉敏专门谈了代名、指名两词的重叠使用问题，如"我这个、他那个、我这把刀、他们那儿、我这儿"。宫岛吉敏说明，"我这个、我这把刀"，相当于"我的这个、我的这把刀"，如同中间插入"的"理解。但我认为，有嫌不确切，比如"我这个"很难插入"的"成为"我的这个"句子。

"这儿"等，把本来副动词（副词）直接和名词连接的情况不少，一般的情况是，在中间插入"的"。比如"这儿的规矩"，正确的说法应该是："这儿定规的规矩"，省略了"定规"。"我这儿的这个"等于"我这儿有的这个"，省略了"有"。省略名词的情况，如"我要这个"，省略了"东西"；"今天下雨不知道明天下不下？"，承前省略了"雨"（41页）。从今天的通行观点来看，"这儿"是处所名词，将其视为副词并不合适；但是，"这儿"等处所名词充当定语时，其中可能存在的"谓词隐含"问题，却是一个很有创见的研究课题。

3.4 形容词

（1）形容词和名词的关系。处于名词的上位，在形容词和名词之间可以加助词等，变为"常则"，如"要紧的事儿"。形容词重叠，处于名词的上位，在形容词和名词之间可以加助词等，如"好好的人、小小的虫子、明明白白的事儿"。转为名词的形容词词形，如"铁路、草帽"等。但这个分析有误，词素本来就是名词性的。数量形容词，加助词，直接连接名词，如"一点钟的速度"。形容词伴随着副形容词，在名词之间加入"的"，如"大热的天、很好的人"。动词呈形容词状，在这种情况下，和名词之间加"的"，是一个"常则"，如"来的人、去的时候儿、说的话"。今天许多学者称之为名词性词组。形容词成句，加入"的"，如"他办事的屋子、我念书的时候"等，实际上，这类结构的形成和形容词没有关系，本质上就是完整的小句结构充当定语。形容词伴随着数词，数词居先，如"一件大事情、一座高山"。这里的形容词，地位并不重要，围绕名词而修饰，而数词量词起限定作用。形容词向下连接，省略名词，以"的"代替名词，但也有的借用了数量词，避免重复，如"我要好的、他穿的是旧的（衣服）、那件事是我办的"。

（2）形容词的变化。形容词变为名词之状，如"我爱干净、他装糊涂"。形容词作为说明语的动作行为，如"天气好、道儿远"。形容词变为动词之状，如"天亮起来、水热起来、天短了"。说明，"起来"，本来作为动词的助辞表示动作进行中，在这里成为形容词的助辞，形容词具有了动词之状。形容词和动词连接，恰如合成动词或者为形容动作完结的结果，如"看腻了、预备好了、把门关紧了"。形容词在动词之上，成为副动词，如"少说话、快跑、大有用途、早起来"。

3.5 副形容词

随从形容词意味强烈或者表示其程度的称为副形容词。如"这点儿礼太薄；打这么大的雷，他会不会觉震得慌"，"太、这么、得慌"是副形容词。涉及用法，主要置于形容词之上，如"天气很好、最方便的法子、那个人极厚道"，"很、最、极"就是副形容词，等同于今天的程度副词。置于形容词之下的，如"这儿远得很、今儿累得慌"，"很、慌"就是如此。在形容词和副形容词之间往往插入"的（得）"，表示说明语。宫岛吉敏举例比较："好多了［好的（得）多］、快一点儿［快的（得）一点儿］、大些儿［大的（得）些儿］"。副形容词还有指示项，如"这么大的事、那么远地方儿、雪那么白"。

3.6 数词

有表示数目的,如"一十、一百"等;有表示顺序的,如"第一、十一岁、头一个",但"头等车"例证,就让人存有疑问;有表示数量的,如"一天、一年、两个、两顿饭、三个月"。还有数助词(陪伴字),附属于名词(如马匹、车辆等),可以构成"一匹马、三张纸、好几件东西、五个月的功夫"等,对名词进行了限定。作为副词的数词,比较特殊,置于动词、形容词之下,如"来一趟、叫一声、好一点儿、贵两倍"。但也有省略名词的情况,如"买一个(东西)、念几回(书)、走十里(路)、喝一杯(酒)";数词居于上位,呈副词状,省略动词,如"十块钱买的(花十块钱买的)"。数词居于动词形容词下位,在名词的上位,如"下了一天的雨、学了几年中国话、坐了一天一夜的船"等。作为补助言(补语)的数词,表示极轻的意味,如"多儿钱一个、五角钱一双"等。

3.7 动字(词)

(1) 动词的性。①活动字。表示主格行为,如"风刮得厉害","刮"是活动字,表示风主体的行为。②静动字。表示主格的状态,如"梨是好果子、兄弟在院子里站着"等,"是、站",静动字。③自动字。表示自身行为、主格的行为,如"雨停了、我打街上回来、我当了教习"等,"停、回来、当"就是自动字,"教习"是补助言。④他动字。主格处置、支配其他的名词、代名词的动作,如"客喝茶、我看新报、你可以请大夫瞧病"等,"喝、看、瞧"是他动字,动作所及对象往往是目的格;但也有省略的,如"我说了(事或话)、他念了(书)、你别听(他的话)"等。

(2) 动字的时。①动字的过去时。表示过去或者动作完了,也可以指面向未来而假定行为完了的情况,如"水开了、他坐车了、他告诉过我、底下人弄火来着"等。②动字的现在时。表示现在行动的状态,如"他念书呢、门关着呢"等。③动字的未来时。表示主格未来行动,如"他明天要起身、将来你打算做什么"等。

(3) 动字的调。即语气。①直说调。用直说方式表示主格平调意思或者断言行动,如"我学中国话","学"就是主格行动的直说法。②疑问调。对人行为状态是否表示疑问的,与疑问调相对的是直说调。附着在直说调后面的有疑问代名词、疑问副词或者重复疑问等,强调疑问,如"你要这个不要、昨天他来了没有、他来了几天了、车来了吗"等。③使令调。表示命令要求,如"你来瞧瞧、进来坐吧、你把我的靴子拿出来吧"等。④推定调。语尾附上"罢"等,表示推定意味,如"这话是你说的罢!"。

(4) 动字的态。①顺态。主体在前,其次位是伴随着主体的动作,最后设置其运动的目的物,如"风刮了我的帽子去了、巡捕拿了一个贼"等,是主动句。②转倒态。主体在前,目的格行动主体发生了转倒,如"巡捕把一个贼拿住了",是典型的"把字句。③逆态。目的格在前,主体发生逆转,最后设置动作,如"我的帽子叫风刮了去了"。

（5）补助动字。末尾动字相对于上部之语是补助言，还有连接形容词的，如"没功夫上那儿去、有人要，没饭吃、他喝水喝呛了"等。

（6）副动动字。表示动字成为副动，或动作成为怎样状态的，如"瞧着办、将就着用、顺便进去"等，有的中间加"着"。

（7）形容动字。动字如形容词，处于名词的上位，称为形容动字，如"到的人不少、下的雪很大、来往的人不断"等。这种情况，在形容状动词和被其形容动词中间插入了很多的"的"。即便如此，它还是纯动词。但也有变为形容词的动词，如"他们的举动实在可笑、这饭店的规模很可观"等，存在"可爱、可恨、可恶"等词，是形容词。

（8）名字动字。宫岛吉敏称，中国语，如日语一样，动词有随意变为名词形的，其中有许多作为纯名词使用，如"他们的下落还不明白呢、你的议论正对我的意思"等，"下落、议论"呈名词形。

（9）复合动字。就是动词连用，如"进去、下来、回去、拿出来、站起来、咽下去"等。可以在中间插入名词，如"出门来、上山去、进院子里去"等。扩展后，用法比较复杂，如"掏出手枪来、他摔下马来昏过去了"等。

（10）复合动词的可能调（态）与不可能调（态）。普通态，就是单纯地在第一动词和第二动词中间插入"得"或"不"，形成同调，如"过（得/不）来、出（得/不）来、拿（得/不）住、打（得/不）开"等。在目的格或示处格插入复合动词，如"出来、过去"，相对于"来、去"语尾，如"拿出茶叶来、走过山来"，表现方式存在着区别。

内容态，形式和前述一样，但实质上隐藏语义，对话之际，附言特别的理由。以极简单的对话，达到目的。比如"着"，用于有无目的物、动作到位不到位之意，如"那个地方儿，来年猪羊肉都吃不着"。比如"了"，表示目的物的价值、数量、实质过多过大过难，如"我买不了那么些个东西""这房子太多，我住不了那么些间"等。其他还有"得、上、住、上来、过来"等。

宫岛吉敏为何对动词进行如此详尽的分析？主要是他看到了动词在整个中国语语法系统中的地位和作用。

从语法形态范畴研究动词。一般来说，性是语法范畴用于名词的分类，霍凯特说：有些语言是没有性的，汉语中的体词按计点时所用的量词而分类。量词的数量很大，而且，许多名词可以跟两个或两个以上的量词结合而有不同的意义，所以，这样的分类通常不被认为是性的系统。[5]289汉语名词没有"性"，动词是不是就可以没有"性"？宫岛吉敏认为还是有的，这是根据汉语的实际而作出的判断。

时，也是语法形态范畴。它表示事件在时间上的不同定位。英语动词只有两种时的对立曲折：现在时和过去时。将来时是用其他手段表示的。[5]295宫岛吉敏认为汉语动词除了现在时和过去时之外，还有未来时。高第丕、张儒珍《文学书官话》"靠托言"（动词）有"三个时候"，即过时、当时、后时。[6]可见，宫岛吉敏的研究不是孤立存在着的。

语调分类。刘丹青编著《语法调查研究手册》一书的动词形态分类中，就有"式"

项目。"式"就是语气，包括陈述式、祈使式、意图式等。[7]直说调、疑问调、使令调、推定调与此关系密切。

宫岛吉敏的态，与霍凯特所说的"态"没有直接关系。霍凯特的"态"是：态的区别适用于动词，态处理主语和动词，动词和它的宾语，或者动词和跟自己紧密相连的其他名词的关系，比如主动态、被动态、中动态等。[5]294-295实际上，宫岛吉敏是从主语和后面的动词的语义指向是否直接有关系的。这是作者有意把着眼点放在动词句法功能上的分析。

所谓形容动字、名字动字，是对词的"兼类"问题的直接表述。朱德熙认为，根据功能给词分类，事实上是说，根据类象词可能占据的语法位置的总和来定它的类。所谓"可能占据的语法位置的总和"，即所谓的"分布"。因此，根据功能分类，实质上就是根据分布分类。按照这种看法，一个词无论在句内句外，它的类都是确定的。可是，黎锦熙先生的看法就有所不同，他提出了"依句辨品，离句无品"的说法，这样，就把名、形、动三类跟句子成分一一对应了起来。说起来是词类，实际上是句子成分的类。因此，这种分类，不能反映词的分布，没有什么意义。[8]郭锐《现代汉语词类研究》专论"兼类词"，认定词类和词性不一定是一一对应的关系。[9]沈家煊《语法六讲》提出了"印欧语是'名动对立'，汉语是'名动包含'"的思想。[10]对动字用如形容词，所谓形容词处于名词的上位，称之为形容动字。这讨论的是动词位于名词之前充当定语的情况，在宫岛看来，充当定语是形容词的专属功能，动词既然处于定语位置，那么也就兼有了形容词的性质和功能。由此可见，宫岛吉敏的分析是取一个变通的办法，接近于黎锦熙"依句辨品"的思想。

对复合动字的研究，宫岛吉敏采用了"扩展法"，不过，他的研究结论还是有待于验证的。一些学者认为，能够在中间插入词的，很可能不是词，而是词组。如果是词组，那么，词组内部的结构就是松散的。不能插入词的，很可能是词。词和词组，是两个不在同一个层次的语法单位。

3.8 助字

宫岛吉敏举例：

（1）的。变为形容词状，如"他是谁家的孩子、肉是瘦的我还可以吃、这么要紧的事你还打算缓办吗"等。助词表示动作的状态，位于语之下，连接动字，如"叫凉风一吹嗖嗖的响、再三的留她"等。形容动作的结果，位于动字之下，和形容言结合。另外，附在形容字之下，表示程度，如"做的越快越好、我唱的搭调不搭调、关系大的很"等。

（2）得。作为助词的"得"，用法有三种：有的就位于动字之下，和动字结合并不表示一定的意义；与前项"的"混用；成为可能调。附随在没有意味的动字后，如"你懂得中国话吗、我不认得路、你带我去罢"等。表示动作以及形容的程度时，作为助字，即和前项"的"混用，如"他们的思想实在是奇怪得很、那一块儿土匪闹得很凶"等。成为可能调，如"这话说得说不得、这条河趟得过去"等。

（3）着。表示状态，如"打点着行李、他拉着胡琴儿来着"等。成为副词状，而引起一种行为变化，如"掉在河里眼看着要死了"。对动作的结果表示感想，如"这只靴子我穿着不合适"。

（4）个。不定数词，作为副词情况或者表现副词状，附随在动字或形容字之下，和下部语结合，如"过个三两天就回来、有个七八个伙计"等。表示程度的情况，如"杀了个鸡犬不留、他说了个天花乱坠"等。

这里提到的助词，有的属于结构助词，如"的、得"；有的是体助词，如"着"；还有的与其他词构成名词性的结构，如"有个"。宫岛吉敏所述，除了揭示它们的基本语义个性特征之外，还描述了它们在句子中的位置，这就是它们的语法特征依附于一个语法单位，如一个词、一个短语或者一个小句，帮助语法单位附加上语法意义，如表示动作的状态、程度等。这与今天学者的归纳基本一致。

3.9 副动词

宫岛吉敏说，副动词就是随从动词名状其意义的。

（1）副动词形式分类。①纯副动词。如"还、另、宁可、又、就、忽然"等。②转来副动词。由诸种之语转来，种类很多。由名词转来，如"天天儿、人人儿、日积月累、狼吞虎咽、鸡鸣狗盗"等；由代名词转来，如"现在、早起、彼此、如何、这么、那么"；由形容词转来，如"白耽误功夫、心里大不以为然、少见多怪"等；由动词转来，如"怕他走漏了风声、越来越近、他动不动儿就生气"等；由数词转来，如"一查就查出来了、千思万想、一个个的拿出来"等；由复合而造成的副动词，如"造旧的把门关上了、到底吃了亏了、何苦要和他们争胜呢"等；由熟语转来的，如"齐心努力的去做、咬牙切齿的拍桌子大骂"等。③重叠副动词。一字重叠，表示快慢、早晚、粗细等语义的，如"好好儿学、早早儿预备、他偷偷儿的逃出城去了"等；由二字重叠构成的，如"稳稳当当的走了二百海里、他就坦坦然然地供说"等。

（2）副动词内容分类。与时间有关的，如"我天天儿走这条道、要紧的随后再说才行哪"等；与场所有关的，如"东边儿联着吴，西边儿通着蜀""上不能报国，下不能安民"等；与样态有关的，如"紧睁眼、慢开口、不知不觉的染了恶习"等；与程度有关的，如"差一点儿把命送了、才剩了三人"等；与主张有关的，如"我实在打不过他、岂有此理"等。

（3）副动词用法。副动词从属于动词，表示动作的状态，如"我赶紧的回来了、我吃饭完了，得瞧瞧去"等；副动词位于句首，如"原先他本是个财主，后来败落了"等；副动词隔着对格、示处格、使役格、示时，和动词相对，如"他竟在家里闲着、你快把衣裳叠起来"等；与表示性质的副动词不同，如"今儿早起又来了一个电报"等；重复使用，如"这套书差不多都念完了"等；副动词表示打消或制止，和动作相对，如"他决不听人的话、你千万别忘在脖子后头了"等；副动词在助动词的上位，明确地更换下语，如"总得预先商量好了、只得把实话说出来"等。

今天学者对副动词的研究，角度则有所不同，一般分类，有的是时间副词，有的是程度副词，有的是否定副词，有的是惯用语，有的是名词。词类所属不同，语法功能当然就大不一样。

3.10　助动词

宫岛吉敏称，助动词具有帮助限定动词的意味，如"我念书—我爱念书—我会念书—我能念书—我得念书"，其中的"爱、会、能、得"明确限定动词。

（1）助动词异同辨。如"能、会、可以、该、得、敢、肯、愿意、爱、好、要"等。

（2）助动词用法。①助动词置于动词之上，如"他打算考察学务去、我愿意陪你去"等；②助动词置于副动词之上，如"这个你得赶紧做、这儿太僻静，我还要往别处搬"等；③隔于其他副动词以外之语，与动词相对，如"谁也不能当着你们的面儿说你们两人谁是谁非"等；④助动词在上部与副动词相伴，如"我还得出一趟外"等。宫岛吉敏对"他还打算来"和"他打算还来"（第200页）进行了句式变换比较，得出的结论是：前者表示动作的持续，后者是动作的继续，存在着细微差别。这是从助动词在句子中的一般结构角度来分析的，并不是语法功能和语义特征的说明。《马氏文通》称："凡动字记内情所发之行者，如恐、惧、敢、怒、愿、欲之类，则后有散动以承之者，常也。"（第214页）两个动词的连用，前一个就是助动词，构成了一个助词限定动词的形态。邢福义《汉语语法学》称之为"状心配置"[11]。从语气来定性，有的就是祈使句，但进一步分析就更为复杂了。

3.11　绾合字

宫岛吉敏称，绾合字的说法，依据的是张廷彦的理论。宫岛吉敏说，用在动作的场所、对手、使用材料以及其他的名词前置等方面。这种助词置于主格和动作中间，起一个媒介的作用。比如"我和他说、您的气色不好，您拿镜子照一照"等，"和、拿"是绾合字，起到了连接动词和表示动作的附属词的作用。

绾合字用法。举例说明的包括"上、到、往、在、和、给、打、自从、比、像、拿、为、叫、把"等。

从宫岛吉敏所举例证来看，有的是动词，如"上钟表铺收拾表去"；有的是介词，如"打怀里掏出手表来"；有的是连词，如"我和他要了东西"；表并列，连接名词性词语等，出现在"是"字句，如"您到敝国来是有什么公干？"；出现在"把"字句，如"你把椅子搬过来、你把这个所以然都告诉明白吧"；比较句，如"这个比那个好多了、他比我大两岁"；出现于被字句，如"当道的原是保护人民，免得叫人民被人家被抢，被人家杀害，被人家哄骗这些个不测的事情"（第222页）。

宫岛吉敏对"把"字的两种用法进行了分析，"把"字将他动词和目的格倒置情况，应该置于目的格之上之语。而且，这是用于转倒态。作用是：一是增强目的格意味，即目的格由他动词成为主要的情况；二是他动词属词多或者目的格有属辞，防止语调混杂，通过倒置，动词一定要依附助词而起作用。比如"开开窗户—把窗户开开"，这是突出了介词"把"的作用。但现在许多学者更加强调把字句的生成和动词的中心作用。比如范晓（《动词的配价与汉语的把字句》，《中国语文》2001年第5期）。

3.12 打消言

随属于名词、代名词、形容词、动词、助动词、副词，表示否定或反对的语义。比如"他做事不麻利"，"不"就是打消言。就是用"不、没、别、非、无"等词，即是现在人们所说的表示否定性的副词，否定意味很浓。具体组合，可以是打消言和副词，或者打消言和动词也有合为一个打消言的，如"你不用打小算盘、礼不可太繁也不可太简"。

以"不"为例进行分析。①打消形容词，如"也不多也不少"；②否定动作，如"三年不飞，三年不叫"；③隔着助动词、副词，以及其他属词，否定动词，如"事到如今，不能袖手旁观"；④置于复合动词之间，成为不可能调，如"一点儿也看不出来"；⑤置于动词和形容词中间，成为熟语形容状，如"怎么打也打不坏、眼睛花了看不真"；⑥和副词连接，在副词之上和之下，依其句子不同而存在着差别，如"很不好—不很好、我敢不遵命—我不敢遵命"，变换以后，语义发生了明显变化；⑦在一句之中两个"不"并用，如"我不是不说是说不上来、他不但不生气反倒喜欢来着"。

3.13 连接字

现在一般称为连词。宫岛吉敏认为，所谓连接字，表示或者单语和单语文（词组），或者句和句结合共同行为动作的。关于连接字的分类法，宫岛吉敏说是仿照《马氏文通》分为提起、承接、转折、推展四种。《马氏文通》（1983年版）说："凡虚字用以提、承、推、转字句者，曰连字。"[12]

（1）提起连接字。宫岛吉敏说，置于一句的冒头，继承上文的连接字。《马氏文通》称："用以劈头提起者。"宫岛吉敏举例："那么，明天我在家里恭候"。还有"这么着、于是乎"等。

（2）承接连接字。置于两语句之间，结合上下语句连接字。《马氏文通》称："概施于句读之中也。"宫岛吉敏举例："你不要和他闹着玩儿。"还有"又、着、也、就、一就、只要……就、若……就"等。

（3）转折连接字。承上文，而与下文相反，或者转折的连接字。《马氏文通》称："所以反上文而转申一义也。"宫岛吉敏举例："天气好可有点风"。连接字有"可、可是、就……可、就是、然而、其实、但是、唯独、不过、即或、即便、就是……也"等。

（4）推展连接字。设定上文，在下，曲折而达意，或者引起其他之意。《马氏文通》称为推拓连字，即"所以推开上文而展拓他意也"。宫岛吉敏举例："小事尚且不可，何况是大事呢?"推展连接字有"纵然、任凭、即或、即便、就是……也、若是、与其……不如、尚且……何况、是……还是"等。

3.14 语助字

宫岛吉敏说，置于句尾，确定一句之态，如："这不是一举两得么？"其他如"啊、呀、哎、哦、哪、喽、咧"等。其中，对"呀"的用法分析很有代表性，如有疑问态、劝诱语气、附于呼格之下、感慨的语调。

3.15 感叹字

表示喜怒哀乐之情。比如"哦"：①对眼前的人承诺："哦，不错。"②表示答应："哦，你去换点儿银子来！"③表示意外："哦，这是黍团子，我总没吃过！"其他还分析了"啊、嗳、哼、哈、嘿、嚯"等。

4 《中国语语法》句法研究的特点

宫岛吉敏《中国语语法》的局限性也是明显的：一是对词的术语使用并不统一，一会儿用"词"，一会儿用"字"，一会用"言"。二是所举例证，有一些并不是标准的北京官话，很像中介语，如"日本的兵很勇"（第26页）、"我这儿的这个、您那儿的那个、我那儿的那街"（第38页）、"顶高的山"（第46页）、"告诉明白了他"（第51页）、"好利害的仗"（第54页）、"那处房房子可好，就是房租太大，我住不起"（第114页）、"你的中国话一定是学得出来"（第126页）。其中有的就是日语的直译，如"你的中国话一定是学得出来"，日语为"君ノ支那語ハ必ラズ成功スル"。三是语法分析内在逻辑性不强。像助动词用法，只是强调词的位置一般形式分析，如：助动词置于动词之上，助动词置于副动词之上；隔于其他副动词以外之语，与动词相对；但缺乏句法功能的确认。比如"他打算考察学务去、我愿意陪你去"等，我们可以说"打算、愿意"在句子中充当谓语之前的必要成分状语。四是词类跨类交叉问题突出。如语助字和感叹字，都有"哦"，从形式上看，置于句尾的就是语助字。其他词类的语法分析也同样存在着这样的问题。

宫岛吉敏《中国语语法》在汉语句法研究上确实呈现了独有的特点，价值不小：

（1）标记汉语活的口语语体语音变调形式，增强对语法研究的"语音音节结构"韵律特征的说服力。比如原版第61页"一（去声）百、一（去声）千"，在解说中再进一步强调。讲到"四声的练习"时（第19~20页）提到，汉字右旁加注纵线记号，强调口语中汉字读音的重音，就不拘于四声问题，如"天气、台湾、舌头、彼此、雪花、汉口、哥哥、宝贝"等。按今天的韵律规则来看，书中对字词"重音"的判定并不十分准确，其中"舌头、哥哥、宝贝"等词语，第二个音节要读轻声，所以相对而言，第一个音节确实是更"重"一些。但是，非轻声的词语中，很难证明第一个音节要比第二个音节更"重"，因此，要断言"天气、台湾、雪花、汉口"等词中存在"重音",恐怕很难成立。

（2）采用插入成分分析方法，立足于汉语隐含省略成分研究。沈阳《现代汉语空语类研究》研究汉语结构中特定的位置上没有出现的成分。但空语类与省略不同。省略是带有一定的随意性，而空语类带有明显的强制性、抽象的系统性。[13]如何证明？一般是从句法上证明汉语结构中存在空语类，从语义成分上证明汉语结构中存在空语类，有一套操作程序。但这里主要是省略问题。比如自动字（词）省略问题，宫岛吉敏举例："我说了"，句中隐藏了"话"或"事"等目的格；"他念了"，句中隐藏了"书"等目的格；"你别听"，句中隐藏了"他的话"等目的格（第78页）。

（3）宫岛吉敏对"这些东西我都不敢买"和"这些东西我不敢都买"（第200页）进行了句式变换比较，得出的结论是：前者表示动作的持续，后者是动作的继续。这是应用于传统的句式变换分析方法。但对动词"态"的分析比较，如"巡捕拿住了一个贼（顺态）—巡捕把一个贼拿住了（转倒态）—有一个贼叫巡捕拿住了（逆态）"，就是类似于"变换式矩阵"的研究，不可小视。

朱德熙《变换分析中的平行性原则》把变换作为一种语法分析手段来看待。按照这种观点，变换可以理解为存在于两种结构不同的句式之间的依存关系。在变换式矩阵里，竖行的句子之间是同构关系，横行的句子之间是变换关系。竖行的句子的高层次上的语义关系相同，低层次上的语义关系不一定相同；横行的句子低层次上的语义关系相同，高层次上的语义关系不同。变换式矩阵里的句子无论在形式上还是在语义上都表现出一系列的平行性。这主要是指：变换以前，竖行的句子在形式上和高层次语义关系上一致；变换以后，竖行的句子在形式上和高层次语义关系上一致。所有的横行左右两侧的句子在高层次语义关系上的差别一致，每一横行左右两侧的句子在低层次的语义关系上一致。[14]宫岛吉敏句式变换比较分析虽说是个例的研究，也不如结构主义变换分析法那样有一套成熟的、严格的"变换矩阵"操作规程，但其中蕴含了比较科学的两种结构不同的句式之间的依存关系思想，十分难能可贵。

（4）宫岛吉敏采用"格"理论分析名词、代名词，把它们纳入与动词发生关系的各种关键结构研究，突出了名词、代名词与动词关系的结构特征。这里的"格"主要还是一种对句法范畴内部关系的分析模式，以句法功能为中心。比如主格相当于主语，目的格相当于宾语。但有些"格"，如"使用格""收得格""示处格"，的确是基于"语义角色"关系而建立起来的。

（5）对副动词形式和内容两个方面进行分类。比如形式分类，有纯副动词、转来副动词、由名词转来副动词、由代名词转来副动词、由动词转来副动词、由数词转来副动词、由熟语转来副动词、重叠副动词。表面看起来，是讲词的"跨类"问题，实际上是讲句法的结构形式特征，即以动词为中心的关系构成，以及副动词分布研究，形式标志非常显著，所以是形式上的研究。

（6）注意中日句式"互译"，比较异同，理解汉语的特点。比如第52页练习，就有"把各邦语译成中国语"的内容，如"一对ノ花瓶、風ノ吹ク日、甚ダ高価ナル物、最モ激烈ナル戦鬪"等。通过日语和汉语形容词对译，体会的是两者之间的差别。

（7）设置纠误的练习，练习题都是日本人学习汉语经常出现的偏误问题，以增强学习者纠误的能力。如"这个比那个很好、我要一个好得很的东西、若是有好极了的机会我就要去、今天我一点儿忙/昨儿下雨得厉害"（第59页），这些都是作者经过实际教学得来的知识，把它们整理后作为教学文献是十分有用的。

有意思的是，这部受到日本著名语法学家何盛三（《北京官话文法》，1919）表彰，而且在20世纪20年代具有十分重要影响力的语法学著作，却在日本著名汉语语法学家牛岛德次《日本汉语语法研究史》[15]中没有被提及，其原因难以知晓。不过，牛岛德次在《汉语文法论（古代编）》中将其列为重要参考书[16]，说明牛岛德次曾关注过此书。六角恒广先生在所编《中国语教本类集成》第四集第一卷中收录此书的影印本，表明了与牛岛德次不同的看法，是把它作为经典性著作来对待的。

总之，宫岛吉敏《中国语语法》以其特有的汉语语法学学术价值立于汉语语法学史之林，是名副其实的，应该引起学术界的充分注意。

参考文献

[1] 六角恒广．中国语教本类集成：第四集第一卷 [M]．东京：不二出版社，1994.
[2] 宫岛吉敏．中国语语法 [M]．东京：千成堂，1921.
[3] 何盛三．北京官话文法 [M]．大连：太平洋书房，1919：7-8.
[4] 罗宾斯．普通语言学导论 [M]．申小龙，译．上海：复旦大学出版社，2008：263.
[5] 霍凯特．现代语言学教程 [M]．北京：北京大学出版社，1987.
[6] 李无未．日本汉语口语语法研究的先声——读1877年刊行的《中国文典》[C] //语言学论丛：第37辑．北京：商务印书馆，2008.
[7] 刘丹青．语法调查研究手册 [M]．上海：上海教育出版社，2008：457-477.
[8] 朱德熙．语法分析讲稿 [M]．北京：商务印书馆，2010：85.
[9] 郭锐．现代汉语词类研究 [M]．北京：商务印书馆，2004：158-172.
[10] 沈家煊．语法六讲 [M]．北京：商务印书馆，2011：72-83.
[11] 邢福义．汉语语法学 [M]．长春：东北师范大学出版社，2002：98.
[12] 马建忠．马氏文通 [M]．北京：商务印书馆，1983：277.
[13] 沈阳．现代汉语空语类研究 [M]．济南：山东教育出版社，1994.
[14] 朱德熙．变换分析中的平行性原则 [J]．中国语文，1986（2）.
[15] 牛岛德次．日本における中国语文法研究史 [M]．东京：东方书店，1989．（牛岛德次．日本汉语语法研究史 [M]．北京：北京语言学院出版社，1993.）
[16] 牛岛德次．汉语文法论：古代编 [M]．大修馆书店，1967：395.

近代西方汉语教材与教学语法

周小兵　张惠芬　蔡建丰　师　文
（中山大学外国语学院国际汉语系）

摘　要：本文考察若干部近代西方汉语教材，发现汉语作为第二语言教学语法的特点，在这些教材中有充分体现：①对象清楚，目标明确；②语法点处理考虑二语习得；③规则细致，多层面解释；④汉外对比，方便学习者利用母语；⑤示例充足，容易模仿。研究、借鉴近代西方汉语教材中的教学语法体系，能促进当下国际汉语的教学、教材研究和汉语本体研究。

关键词：教学语法；近代西方汉语教材；教材研究；汉语二语教学

汉语二语教学语法，注重在描写规则的基础上合理解释规则，使语法知识易教易学，方便二语者使用。许国璋（1986）指出："供语言学研究的语法，目标是明语法的理，分类要求有概括性和排他性，以最少而又足够的例子说明类别；对象是语言研究者，学术兴趣比较一致。教学用的语法，目的是致语法的用；分类不要求严格，以说明用途为主；例子力求翔实，本身就是学习的材料；对象是语言学习者，学习条件不尽相同。"他的论述，从目标、分类、举例和对象等方面对两种语法加以区分，很有启发。

汉语作为第二语言教学语法的特点，在近代西方汉语教材中有所体现，如《华语官话语法》（瓦罗，1703年）、《汉语札记》（马若瑟，1846年）、《汉语官话口语语法》（约瑟夫·艾约瑟，1857年）、《语言自迩集》（威妥玛，1867年）、《华语须知》（奥瑞德，1931年）[①] 等。这些汉语二语教学用书，主编是汉语学习者、使用者与教授者，因此比较适合二语学习者使用。本文考察若干部近代西方汉语教材，提取其中汉语第二语言教学语法的特点。

1　对象、目标与分类

《语言自迩集》（威妥玛，1867）第一版序言明确指明：该书的"基本功能是帮助领事馆的学员打好基础，用最少的时间学会这个国家的官话口语，并且还要学会这种官话的书面语，不论它是书本上的、公文信件上的、抑或具有公众性质的文献资料中的官

[①] 《华语官话语法》（*Arte de la lengua mandarina*），编者 Francisco Varo（瓦罗），1703年在广州出版。《汉语札记》（*Notitia Linguae Sinicae*），编者 Joseph H De Pr Mare（马若瑟），1831年塞兰坡出版拉丁版，1846年出版英文版。《汉语官话口语语法》（*A Grammar of the Chinese Colloquial Language*），编者 Joseph Edkins（艾约瑟），1857年写成，本文采用1864年第二版。《语言自迩集》（*Yü-yen Tzŭ-êrh Chi*），主编 Thomas Francis Wade（威妥玛），1867年第一版。《华语须知》（*Practical Chinese*），主编 Harry S. Aldrich（奥瑞德），1931年出版。

话。"① 根据特定的教学对象,即"英国驻中国领事馆招募人员",该书分成两大部分:"口语系列"和"文件系列",前者主要教口语,后者主要教书面语。

目标对象直接影响语法内容的分类。以疑问句为例。面向母语者的《现代汉语》(黄伯荣、廖序东,1991)②根据语法形式将疑问句分为"是非问、正反问、特指问、选择问"四种。而最早的汉语作为外语的教材《华语官话语法》,则从交际功能出发,将汉语疑问句分为"表怀疑、问原因、问时间、问数量、问是非、问有无、断言否定"七类(蔡建丰、周小兵,2016)。此后不少汉语教材继承此传统。如2002年版《新实用汉语课本1》③,在第2～12课的"练习与运用"环节用大量替换、问答练习,教授学习者如何"问需要、问国籍、问姓名、问地点、问职业、问年龄和出生地、问时间、问原因"。

2 服务二语习得的语法点处理

教材对语法点的处理,主要包括语法点选择、解释和排序。

理论语法注重讲究全面、系统描写语法规则,很少在某个语言点上深入剖析。汉语二语教学语法则要从使用频率、交际需求、学习难度等方面考虑语法项目的选取和解释(周小兵,2003)。如《华语须知》用半页讲解"不"和"没"的区别④:

(1)"没"否定"有",不用于否定"是";"不"否定"是",不用于否定"有"。如果学生知道"不"用在现在时态(有时也有将来时态),"没"经常用于过去时态,就不会混淆二者的用法。如:
 a. 我不念书。(I am not reading. /I shall not read.)
通常,句中会有一些提示词,如"今天""明年",用以指示现在时态或将来时态。
 b. 没念书。(I did not read. /Ihave not read.)
此外,根据上下文,"不"也表示"没有这种习惯(not to be in the habit of)"。"我不念书。"可表示没有念书的习惯。"没"可修饰动词,"不"也可修饰形容词、副词。

该书在课文中展示的例句还有:

(2) A. 那书是你的<u>不是</u>?
 B. <u>不是</u>,是他的。她的书<u>没有</u>罗马字。
 A. 对啦。他念中国字,他<u>不念</u>罗马字。

---

① [英]威妥玛:《语言自迩集》,张卫东译,北京大学出版社2002年版,第12页。
② 本书采用2015年增订五版。
③ 刘珣主编:《新实用汉语课本1》,北京语言大学出版社2002年版。
④ Harry S. Aldrich(奥瑞德),*Practical Chinese*,1931:62-63.

B. 你有笔没有?
　　A. 我没有，他也没有。

混淆"不"和"没"，是二语者最常见的偏误之一。为此，教材先解释"不""没"的主要区别；接着给出例句辨析其时态区别；最后用大量例句操练，促进学生学习。

但相同的语法点，面向中国读者的《新著国语文法》①的解释仅有一句：

　　（3）不；没有，（没，未，不曾）（常用过去时）　例如：他昨天"没有"来，今天还是"没有"来，明天也许"不"来了。"（黎锦熙，1992：142）

语法教材，必须考虑习得顺序，遵循由易到难、由高频到低频的原则把相关语言点逐一教给学习者（周小兵，2003）。李真（2005）考察《汉语札记》，发现该书对"把"字句的教学，是由易到难呈现以下例句的：

　　（4）a. 把他拉到房里。（谓语是典型的动作动词，"把"带有一点动词义）
　　　　 b. 把他灌醉了。（"把"的介词功能明显）
　　　　 c. 把金银视为粪土。（"把"的介词功能典型）

从 a 到 c，"把"字逐渐虚化，由实变虚，符合语言认知由易到难的规律。

1950 年以后中国大陆出版的汉语教材，"把"字句分类主要依据句法形式；语法点排序只依据形式复杂度，未考虑学习难度。如《实用汉语课本》（刘珣，1981；以下简称《实用》）Ⅱ，在第 46、47 课中先后呈现了 8 种句型（表1、表2）。

表1　《实用汉语课本》Ⅱ第 46 课"把"字句统计

序号	课文例句	句　型
1	她把药吃了。	S+把+N+V 了/着
2	又把桌子上的录音机开开。	S+把+N+V+结果补语
3	你把我们的话都录上了吗?	S+把+N+V+趋向补语
4	他把书整理得很好。	S+把+N+V+状态补语
5	古波把信给她了。	S+把+N_1+给+N_2+其他成分
6	你把学过的生词写一写。	S+把+N+V（一/了）V

---

① 黎锦熙编，商务印书馆 1924 年版。这是中国第一部较系统的白话文语法著作。

表2 《实用》Ⅱ第47课 "把"字句统计

序号	课文例句	句型
7	她把自己的感想写在留言簿上了。	S+把+N_1+V 在/给/到/向+N_2
8	他们把这间卧室叫做"老虎尾巴"。	S+把+N_1+V 成/作+N_2

这种学习顺序是否合理？施家炜（1998）研究外国留学生22种句式的习得顺序，涉及上述两种"把"字句：

（5）a. 他把我打哭了。（相当于《实用》句式2：S+把+N+V+结果补语）

b. 我把书放在桌子上。（相当于《实用》句式7：S+把+N_1+V 在/给/到/向+N_2）

该研究发现：①在《汉语水平等级标准与语法等级大纲》（国家汉办，1996）中，句式2为甲级，句式7为乙级。这与《实用》先教句式2、再教句式7一致。②习得考察证明，这两类句式等级都是Ⅱ级，相对较难。③根据学习者对句式难度的主观认定，它们也在同一等级。

李英、邓小宁（2005）研究表明：留学生使用的"把"字句主要集中于以下句式：

（6）句式7：S+把+N_1+V 在/给/到/向+N_2（你把书放在桌子上）

句式2：S+把+N+V+结果补语（我把衣服洗干净了）

句式3：S+把+N+V+趋向补语（我把钱送过去了）

句式8：S+把+N_1+V 成/作+N_2（她把学生当作自己的孩子）

其中，句式7 "S+把+N_1+V 在/给/到/向+N_2"的使用率、正确使用率最高；句式3 "S+把+N+V+趋向补语"的偏误率较高；句式1、句式2学生常常回避。

对比《汉语札记》《实用汉语课本》，参考"把"字句习得研究，可以看出，近代西方汉语教材多基于学习难度排序，母语者编写的汉语教材往往是基于形式复杂度排序。

3 细化的多层面规则解释

概括性太强的语法规则解释，对二语学习者来说难度太大。赵金铭（1994）认为，几条一般规律不足以使外国人通过学习语法掌握语言，应该深化、细化规则。比如一些易混淆的语法单位，其区别就体现在更为细致的语法规则之下。汉语二语教学就应该更注重辨析这类问题。如《华语须知》对"刚""刚才"的辨析，就采用了对比例句与学习者母语解释相结合的方式，更细致地解释了规则。如：

(7) a. 我<u>刚</u>来了。I arrived just now. — (and I am still here)
　　b. 我<u>刚才</u>来了。I arrived just now. (a few minutes ago) — (and I am back again)
　　c. 他<u>刚</u>来了。He just came. (and is still here)
　　d. 他<u>刚才</u>来了。He just came. — (and has gone somewhere else)

既使用了学习者母语，又用不同的后续句凸显"刚"句和"刚才"句的细微差别。周小兵（1987）研究发现，"刚"实际上表示完成体的范畴，所饰动词的时态相当于英语的现在完成时或现在完成进行时；"刚才"句中谓语动词的时态相当于英语的过去时。试比较：

(8) a. 他<u>刚</u>离开五分钟。（He has just left for five minutes.）
　　b. 他<u>刚才</u>离开了五分钟。（He left for five minutes a moment ago.）

这些对比解释与《华语须知》的对比解释极为相似，二语学习者比较容易理解。

教二语学习者语法，很多教师习惯用公式来概括语法形式。但对二语学习者而言，单讲形式不够，应从语义、形式、表达多个层面来解释语法。如《语言自迩集》讲授施事和对象位置变化，体现主动、被动语态的形式区别和语义区别①：

(9) a. 父母养儿女。
这句话是父母"行的"（hsing ti［此处是"行的"的拼音字母。引者注］，动因 agent，发出动作的 the one that acts）。"父母"的谓语表明"他们是动作的发出者（they are the agents of an act）"。
　　b. 儿女为父母所养。
这一句，是"受的"（shou ti，承受动作 acted on）。"儿女"是动作的宾语（"children" are the object of an act）。

从语用方面讲授。该书在词类章，通过列举例句的方式，表达出"被"字在语用时更注重"不如意性"②：

(10) 那人实在可怜，从前在王大人那儿做门，被人冤屈，说他私受银钱。因为这个，挨打很利害，就把他辞了。注：被人冤枉：他是别人弄错的对象。挨打很利害，他被打，打得很厉害。

编者选择"不如意"的情况展示例句并注解，体现"被"的语用特点。

蔡建丰（2007）研究《语言自迩集》中疑问句系统时发现，编者威妥玛解释"VP 不 VP"句式时，举例如下：

---

① ［英］威妥玛：《语言自迩集》，第 427 页。
② ［英］威妥玛：《语言自迩集》，第 428 页。

(11) a. 他来不来？(Is he coming?) ——他不来。(He is not coming.)
    b. 是他不是？(It is he, is it not?) ——是他。(It is he.)

该书特别对其语用做出说明："在否定或肯定回答时，一般不单纯回答"不"或"是"，应该重复部分词语，重复是为了避免"生硬粗俗"（张德鑫，2001）。当然，这也是基于学习者母语和汉语的对比，针对英语母语者常见的语用问题进行解释。因为英语母语者经常用 yes 或 no 来回答问题。

4 汉外对比

语言对比，是成人二语学习的重要方法。近代西方汉语教材通常用学习者母语解释语法规则，并注重从学习者母语视角出发，促进了西方人的汉语学习。

以疑问代词"哪"为例。丁雪欢（2009）研究留学生疑问代词习得情况时发现，其习得从核心词向边缘词扩展，从最早习得到最晚习得依次排序如下：

(12) 什么、为什么＞几、多少、哪儿、怎么样＞谁＞怎么样＞哪＋量词＞怎么

由此可见，有关"哪＋量词"的学习是偏难的内容。学习者在用"哪"表示指别时，很容易出现如下偏误：

(13) a. *这些书哪是我的？（遗漏量词"本"。中大中介语语料库）
    b. *这些礼物哪一是给妈妈的？（误用"一"代替"个/些"。中大中介语语料库）

蔡建丰（2007）指出，《语言自迩集》在讲解"哪＋量词"的意义和用法时，使用了"双向交叉解释方式"：①给出一个汉语词，用学习者母语（英语）解释其在英语中对应的意思和主要用法；②展示与该汉语词对应的英语词，介绍其在汉语中的表达法及用法。

具体请看《语言自迩集》的解释：

(14) a'. 哪——加上"个"或别的陪衬词（插不插"一"都可以），表示疑问：what person, what thing
    b'. What person——"哪一个人"或者"哪个人"
    Which——假如涉及许多对象中的一个，有生命的也好，无生命的也好，都用"哪"表示，如上所说，后面跟上"一"和相应的量词，或者用量词而不用"一"。

以上对比解释细致到位。首先，a'的解释注重对比汉英，明确汉语此格式要用量词。学习者掌握了这一规则，就不容易出现类似（13a）的偏误。b'的解释则通过对比，明确

汉语此格式必须用量词，"一"可用可不用。学习者掌握了这一规则，就不容易出现类似（13b）的偏误。

5 大量例句

重视例句展示，是近代西方汉语教材教授语法的一个重要特点。以《汉语札记》为例。张西平（2005）指出，《汉语札记》是近代以来汉语语法研究的奠基之作，是西方人以欧洲语言所写的一本较为系统的中国文法书。蔡建丰（2007）统计发现，该书列举了各种可表疑问的词或句式，使用例句竟然达到206例。如解释"麽"（口语），相当于现代汉语的"吗"：

一是单用，例如：

（15）a. 你說了<u>麽</u>？
b. 想是又有別樣功課<u>麽</u>？

二是与"可"连用，构成"可……麽"式。例如：

（16）a. 你可知道<u>麽</u>？
b. 如今可还在<u>麽</u>？

三是与"莫非""莫不"连用，构成"莫非……麽""莫不……麽"式。从语用功能上来说应该是构成起强调作用的反问句。例如：

（17）莫非就是此人<u>麽</u>？

而供本族人使用的《现代汉语》（黄伯荣、廖序东，2015），疑问句例句数量仅37例。

对比可知，汉语二语教材在解释语法点时，会为学习者提供大量的例句输入，方便学习者模仿进而习得。

6 结　语

考察近代西方汉语教材教学语法的特点，有重大的现实意义。

第一，促进语法教学，启示当下汉语教材。近代西方汉语教材，编者大多是汉语二语学习者，对学习难点、学习策略深有体会。因此，这些教材所体现的教学语法体系就更容易教，更容易学，对以后汉语教材的编写也有重要启示。蔡建丰（2014）研究发现，1867年的《语言自迩集》和1926年的《言语声片》[①]都注重汉外对比，展示大量例句，重视语法的交际功能。从某种意义上说，前者对后者产生了重要影响。

[①] 布鲁斯·爱德华兹、舒庆春编，Linguaphone Oriental Language Courses：Chinese Vol. Ⅰ & Vol. Ⅱ, The Linguaphone Institute，1926.

第二，概括汉语规则，促进语法研究。近代西方汉语教材能促进汉语语法的研究。目前发现的外族人编者大多是印欧母语者，对汉语语法比较敏感，概括出不少汉语语法规则。汉语语法的许多特点，最早见于这些近代西方汉语教材。

艾约瑟（1587）在《汉语官话口语语法》中首先注意到语序和虚词是汉语重要的语法手段。词的位置不同，所属词类也不同。动词"读书"在定语位置时变为形容词，如"读书的时候"。① 艾约瑟还总结了9条汉语短语顺序原则，即词组/短语顺序按照一定的顺序排列②，包括时间顺序、种属关系、内容与形式、重叠、自然优先性等原则。如表示种的语素在前，表示属的语素在后③："闰月""正月""母亲""乡亲""母猪""公狮子"。表整体的语素在前，表部分的语素在后（The whole precedes its part）："脚跟""脚底"。

以自然优先顺序④举例。该书介绍，词组、短语的顺序也有按照中国传统观念中的长幼、男女、高低次序进行排列，如"君子小人""母女""兄弟姐妹"。可以看出，艾约瑟编书时，很早就注意到词组排列顺序融合了中国传统观念、传统文化的若干顺序，对此有系统总结。这一总结也影响了此后国内汉语本体语法的相关研究。

几个世纪以来，汉语热持续升温。研究近代西方汉语教材中的教学语法，可以促进当代的汉语二语教学语法体系的构建和语法教学的实施；还可以梳理近代西方汉语老教材对当代语法学的具体影响，考察、研究二者是否存在传承、发展关系。为了促进相关研究，今后应该建立一个汉语教材史的教材语料库，方便研究者提取相关信息（包括语法信息）进行统计分析。此外，还应在全球语言背景下系统研究理论语法、教学语法和语法教学之间的关系，促进相互的融合，深化汉语二语及其教学的研究。

参考文献

蔡建丰. 汉语作为外语（第二语言）教材的疑问句历时研究 [D]. 广州：中山大学，2014.
蔡建丰，周小兵. 《华语官话语法》疑问句系统考察 [J]. 华文教学与研究，2016（5）.
丁雪欢. 留学生疑问代词的习得研究 [J]. 语言教学与研究，2009（11）.
黄伯荣，廖序东. 现代汉语 [M]. 增订第5版. 北京：高等教育出版社，2015：101-103.
李英，邓小宁. "把"字句语法项目的选取与排序研究 [J]. 语言教学与研究，2005（5）.
李真. 《汉语札记》对世界汉语教学史的贡献 [J]. 世界汉语教学，2005（12）.
施家炜. 外国留学生22类现代汉语句式的习得顺序研究 [J]. 世界汉语教学，1998（4）.
许国璋. 论语法 [C] // 许国璋. 许国璋论语言. 北京：外语教学与研究出版社，1991.
张德鑫. 威妥玛《语言自迩集》与对外汉语教学 [J]. 中国语，2001（5）.

---

① Joseph Edkins, *A Grammar of the Chinese Colloquial Language*, 1864：221.
② 原文：Compound substantives are formed according to certain laws of combination regulating the arrangement of the constituent words.
③ 原文：The word denoting species precedes that which marks genus.
④ Joseph Edkins, *A Grammar of the Chinese Colloquial Language*, 1864：109. 原文：When relative nouns are placed together, those that express superiority usually stand first, as in 母女 mother and daughter, 君子小人, the good man or the man of honour, and the bad man or the man of no principle 兄弟姐妹 elder and younger brothers and sisters.

赵金铭. 教外国人汉语语法的一些原则问题 [J]. 语言教学与研究, 1994 (6).
张西平. 传教士汉学研究 [M]. 郑州: 大象出版社, 2005.
周小兵. "刚 + V + M" 和 "刚才 + V + M" [J]. 中国语文, 1987 (1).
周小兵. 对外汉语语法项目的选择与排序 [C] // 对外汉语教学与中国文化 2003 国际汉语教学学术研讨会论文选集. 广州: 汉学出版社, 2003: 174–178.
周小兵. 教学语法研究的内容与方法 [C] // 甲子学者治学谈. 北京: 北京语言大学出版社, 2017: 278.

《语言自迩集》汉语语法研究札记

朱其智

(中山大学外国语学院国际汉语系)

摘 要：本论文对于《语言自迩集》的汉语语法研究，特别是量词研究和"的"字研究等，进行了介绍和评价，从中可以显示出《语言自迩集》汉语语法研究的历史价值和现实意义，同时也指出这些研究的局限所在。

关键词：《语言自迩集》；汉语；语法研究

威妥玛所著的《语言自迩集》(*YÜ YEN TZǓ ÊRH CHI*) 是19世纪著名汉语教材，在对外汉语教材史和现代汉语语法研究上具有非常重要的地位。本论文根据该书原版 (1886年版扫描本)，比较该书中文、英文不同的表述，参考对该书已有的研究成果，希望能够对威妥玛《语言自迩集》中有关汉语语法的研究做更为客观和更为深入的评价。本论文不准备对威妥玛的语法研究做全面系统的评价，而是以札记的形式做出点滴评论。

1 量词研究

27 汉语里头那名目、又有个专属、是这么着、话里凡有提起是人是物、在名目之先可加一个同类的名目，做为陪衬的字。即如一个人、一位官、一匹马、一只船，这四句里头、那个字、位字、匹字、只字、即是陪衬人官马船这些名目的。这些陪衬的字、不但竟能加之于先、也有加在名目之后之时。泛说马、船、也能说马匹、船只。(W1886-1·言语例略, pp. 345-344)

札记1：威妥玛在第一卷第八章"言语例略"(第二卷相应的英文标题为 The parts of speech 词类章)第三段中把汉语量词称为"陪衬的字"，英文的术语为 a associate or attendant noun (W1886-2, p. 486)，第三段英文的标题为 The Chinese Numerative Noun (W1886-2, p. 486)，是威妥玛笔下量词的另一个英文术语。威妥玛认为量词是"在名目之先可加一个同类的名目"。很明显，威妥玛是把量词当作名词的附类。黎锦熙著的《新著国语文法》是中国第一本专门研究现代汉语的语法书，也将量词归纳为名词的一个附类，有专门章节进行研究。他给量词下了一个定义："量词是表数量的名词，添加在数词之下，用来作所计算的事物之单位。"(1924：84) 黎锦熙的定义"表数量的名词"，与威妥玛 Numerative Noun 的术语相应。20世纪20年代黎锦熙《新著国语文法》对于量词的认识，是衔接了威妥玛的相关研究的，而且在量词的外延方面有所发展。黎锦熙把量词分为三类：一类是个体量词，如"个、只、朵、棵、匹"等；另一类是容器/集合量词，如"碗、桶、包"等；还有一类是度量衡单位，如"尺、寸、升、斗、斤、两"等。(1924：84-85) 比较威妥玛的量词表（W1886-1·言语例略，pp. 344-336），主要是个体量词，也有个别容器/集合量词，没有一个度量衡单位量词。

何九盈认为威妥玛对于量词的认识和表述，"中国学者直到20世纪50年代才达到同一水平"（转引自张卫东，2002：4），这样的评价不够准确。我们对威妥玛等西方汉学家的汉语语法研究要做出客观的评价，既不能过贬，也不能过褒。

当然，对于量词的认识，中国语法学界也在发展。吕叔湘指出，"有的语法著作把量词也作为名词的一个附类，但是从句法功能看，量词比方位词更有理由独立成为一类"（1979：37）。

札记 2：威妥玛注意到量词不仅可以前置，而且可以后置，他举的例子为"马匹、船只"。量词放在名词之后表示集合概念（威妥玛称为"泛说"）是对的。但是这时的"马匹、船只"等是复合词，这是构词层面的问题。这样的复合词比较有限，可以穷尽列举：马匹、船只、花朵、人口、车辆、诗篇、纸张、信件、事项等。而"数+量+名"结构是句法层面的问题，可以有无穷的组合。

其实在句法层面量词也是可以后置的，即"名+数+量"结构，这同样是句法层面的，很遗憾威妥玛没有举出这样的例子。马礼逊则已经指出这种"名+数+量"的语序可用于记账（reckoning or writing accounts），他举出的例子为"货船二十只、白布一千匹"。(1815：37-38)

> 28 又有本名目刚已提过、接着再说的、就可以把陪衬的字做为替换之用、设若有人买了牛、他告诉我说、我昨儿买了牛、我问他买了多少只、他说买了十几只。这就是牛作为本名目、那只字就是陪衬的、有陪衬的替换本名目、本名目就不必重复再提了。(w1886-1·言语例略，p. 344)

札记 3：威妥玛在此提到了量词替换名词的现象，这种现象是大量存在的。与其说是替换，倒不如说是省略现象。威妥玛例中"本名目"不再重复，是因为承前"牛"而省。"替换"一词，威妥玛用的英文是 substitute。韩礼德语篇分析专门研究了 substitute/substitution 问题，中文的翻译是"替代"。下位概念有"名词替代"，最常见的英语名词替代词为 one，可以替代一个名词词组。至于汉语，胡壮麟（1994：70-73）认为"'的'字比较接近英语的 one，赵元任曾提到'的'字可以作为名物化词头（nominalizer），如'掌柜的'、'要饭的'、'打杂的'、'扫街的'等等"。

威妥玛在第二卷 Part Ⅲ·The Forty Exercises（散语章）中，进行了英汉量词对比分析：

> We have in English nouns that do somewhat the same duty. We say so many head of oxen; so many *stand* of arms; a *crew* of so many hands; a *fleet* of so many sail. These are all plurals or collectives… Where it comes between a number, one or

more, and its substantive, it cannot be translated. For $yi^2 ko^4 jên^2$, one man, $san^1 ko^4 jên^2$, three men, the Cantonese, in the broken English which is the lingua franca of the open ports of China, would say, "one piece man," "three piece man." We have nothing analogous to this in our language. (W1886 – 2 · The Forty Exercises, p. 4)

我们英语里的一些名词也有差不多相同的作用。我们说"这么多头牛";"那么多支军队";"船上那么多个水手";"舰队有那么多艘船"。这些都是复数和集合名词。……不论在那里,在数词和名词之间的陪衬词,都是没法翻译的。例如,"一个人","三个人"这样的话,让广州人用通行于中国各开放口岸的蹩脚的洋泾浜英语一说,就成了"one piece man""three piece man"。在我们的语言里,还没有任何与此类似的东西。(张卫东,2002:57)。

札记4：对比分析的理论出现在20世纪50年代的Lado,对比分析的实践则源远流长。威妥玛就汉语的量词与英语对比,发现汉语和英语中都有集合量词,而像"一个人"和"三个人"中的"个"这样的个体量词,英语中没有类似的形式,因此是没法翻译的。而且当时在中国各开放口岸使用的洋泾浜英语,有"one piece man"和"three piece man"的用法,这是受到汉语母语影响而产生的偏误。这应该是首例通过汉英对比分析来解释偏误的原因。

2 "的"字研究

2.1 "的"字的用法

威妥玛在第二卷 Part Ⅲ · The Forty Exercises（散语章）中,分析了"的"字的用法：

19 的 ti^1... Appended enclitically to substantives and pronouns, it forms, as we should say, the genitive or possessive case. Appended to adjectives or adjective constructions, it adverbialises them. It is sometimes a relative pronoun; sometimes an indefinite pronoun, such as one, some, etc. (W1886 – 2 · The Forty Exercises, p. 9)

19 的 ti^1……作为一个非重读后接成分,它附在名词和代词后面,构成我们说的生格或所有格。形容词或形容词性结构之后附加了的"ti^1",它们就状语化了。它有时是关系代词,有时是不定代词,诸如英语的one,some,等等。(张卫东,2002:60)

札记5：根据威妥玛的原文和张卫东的翻译,我们可以看出威妥玛归纳出了"的"字的四种用法：

(1) "名词/代词 + 的"构成所谓的"所有格":自己的、他人的、我的、我们的、你的、你们的、他的、他们的,即名词/代词做定语的情况。

(2) "形容词/形容词结构 + 的"是状语化的用法,adverbialise,宋桔(2011:275)翻译为"副词化",因为这里没有具体的例证,所谓"状语化/副词化"的用法比较费解。我们找到威妥玛书中"形容词 + 的"用例及其分析:

> 你老前年坐海船不是受了累了么。不错、是刮大风、船在山东海边儿上搁了浅、我们那些人辛苦的了不得。
> ……
> Obs. 4…The adjective hsingk'u is verbalized by *ti*. (W1886 – 2 · The Forty Exercises,p. 80)
> "的 ti"是形容词"辛苦"变为动词。(张卫东,2002:103)

这里又出现了动词化的说法。是状语化/副词化,还是动词化?根据威妥玛的例子"辛苦的了不得",我们现在的观点,"辛苦的"中"辛苦"既没有变成副词,也没有变成动词,还是形容词,不过"的"通常写作"得",是补语的标志。

(3) 关系代词(The relative pronouns)。

《语言自迩集》第八章言语例略/The parts of speech 第八段第 85 小节 Relative Pronouns 是一个含有 17 个句子的对话,其中有 4 个句子跟关系代词有关(中文的句子引自 W1886 – 1 · 言语例略,p. 331,相应的英文翻译引自 W1886 – 2 · The parts of speech,p. 499):

> 我去拜的那个人没在家。
> 1. The man **whom** I went to see was not at home.
> 是从前教我官话的一位先生。
> 3. He is a teacher **who** used to teach me mandarin.
> 是在虎皮胡同住的那张家的么?
> 6. Is it the CHANG **who** lives in Tiger-skin Lane?
> 那倒不是张先生住的胡同、他住得是城外头。
> 9. That is not the lane in **which** CHANG lives; he lives outside the walls.

为什么威妥玛认为"的"字是关系代词呢?原来上面四个句中都有"的"字,翻译成英语都需要关系代词,即 whom、who 和 which。威妥玛自己就是这么说的,见 W1886 – 2 · The Forty Exercises,p. 150 例 4:

> 我兄弟送我的那个箱子、叫你挪开点儿、怎么挪那么远。
> 4. Because I told you to move the box away which my younger brother gave me, why should you have moved it so far?
> Obs…*Ti* can often be translated which.
> "的 ti"经常可以译作 which。(张卫东,2002:142)

在此例英文翻译中，用 which 连接一个定语从句 my younger brother gave me（我兄弟送我），修饰 the box（那个箱子）。而汉语位于"我兄弟送我"和"那个箱子"之间的是"的"字，这就是威妥玛认为"的"是关系代词的原因。

事实上汉语中没有关系代词，"的"在这里是结构助词。

（4）不定代词。

  52 他把那本书丢了、丢得是谁的书、是我的那本书。（W1886 - 1 · 言语例略，p. 334）

  52. Whose was that book[1] that he has lost ? It was that book of mine.

  ……

  1 Whose was that book: tê would be generally pronounced ti = one, or that which; q. d., the lost one is whose book? The correct analysis of the construction is probably this: tiu, to lose, tiu-tê loss achieved, lost; [someone] tiu-tê has lost [a book; that book] is whose book. （W1886 - 2 · The parts of speech, p. 496）

这段英文，是对"丢得是谁的书"的解释和分析：一是"丢得"中的"得 tê"，通常读作"的 ti"，这个"的"就相当于 one 或 that which，"丢的"即 lost one。现代汉语语法将这种结构分析为"的"字结构，这也就是所谓"的"为不定代词（an indefinite pronoun）的用法。二是威妥玛认为很可能是正确的分析，即"丢得"是 lost，"得"是分词的标志。

我们认为"丢得是谁的书"中，"得"应该读/写作"的"，"丢的"是"的"字结构。

2.2 语气词"的"

《语言自迩集》第一卷第八章言语例略例 53 中"的"字位于句末，是"的"字的另外一种用法：

  53 你那本书不是送给他么。不是送给他的、是借给他的。（W1886 - 1 · 言语例略，p. 334）

  53. Had you not made him a present of that book of yours? No; it was only lent[3] him.

  ……

  3…Note two ti, both = tê, and both acting as our participial inflexions in given from give, lent from lend. （W1886 - 2 · The parts of speech, p. 496）

  注意两个"的 ti"，都 = tê（笔者按：即"得"），而且都充当我们所说的分词屈折变化形式，即从 give 到 given、从 lend 到 lent。（张卫东，2002：412）

札记 6：这两个"的"字位于句末，而且是在动宾结构"送给他"和"借给他"之后，不太可能分析为动词的"分词屈折变化形式"，其实这两个"的"都是语气词。

3 其他

3.1 "咱（偺）"——第一人称代词的包括式用法

17. 偺，咱，tsa², properly tsan, is a pronoun of the first person peculiar to northern Chinese, but never used in the singular. In the plural, tsa²-mên means you and I, or you and we, when the persons spoken of are present; parties in the same undertaking or concern. The second form of tsa² is but an abbreviation of the first. （W1886 – 2·The Forty Exercises, p. 9）

17 偺，咱，tsa²，本音 tsan，是北方汉语特有的第一人称代词，但从来不用于单数。复数"咱们"指你和我，或你和我们，说到的人当时都在场；这些人是在做同一件事儿，或是一伙儿的。"咱"是"偺"的简体。（张卫东，2002：60）

札记 7：基于北京口语语料，威妥玛对于第一人称代词包括式的用法，观察得比较细致，说明得比较清晰。黎锦熙（1924：88）对此是这样总结的："北京话和北方许多方言，常用'咱们'（或作'偺们'）作自、对两方面的统称。"

3.2 动词的重叠

6. 那花瓶是什么人弄破了的。那是我弄破的、收拾收拾还可以使得。那家伙弄坏了、使不得。

6. Who is it that has broken the （orthat） flower-vase？I broke it, but it is not utterly spoiled; it can be mended, and （or, if it be mended） then some use can be made of it. That article is so badly injured that no use can be made of it.

Obs. 1. Mend, mend, still can ［one］ use it. The reduplication of verbs and attributives is very colloquial. It has no special significance.

收拾收拾：动词和定语的重叠是非常口语化的说法。它没有特殊意味。（张卫东，2002：83）。

札记 8：*Obs.* 1. 是对"收拾收拾还可以使得"这一句话的字译和说明。威妥玛注意到了动词的重叠现象，但没有意识到重叠后的语法意义是什么。

3.3 动词与介词

8 小的是替哥哥来替工。(W1886 – 1·问答章,p. 152)
8. I came to do my elder brother's work.
……
8. *obs*…Notice *t'i* first as the preposition instead of, and then as the verb to replace, or to do instead of. (W1886 – 2·The Ten Dialogues,p. 220)
注意句中的"替 *t'i*",前一个作为介词的"代替",后一个是作为动词的"接替",或"作为代替"。(张卫东,2002:186)

札记 9:现代汉语学者一般认为"他在家","在"是动词;"他在家学习","在"是介词。威妥玛当年的分析与之有异曲同工之处。

参考文献
何九盈. 中国现代语言学史 [M]. 广州:广东教育出版社,1995.
胡壮麟. 语篇的衔接与连贯 [M]. 上海:上海外语教育出版社,1994.
黎锦熙. 新著国语文法 [M]. 北京:商务印书馆,1992(初版于 1924 年).
吕叔湘. 汉语语法分析 [M]. 北京:商务印书馆,1979.
马礼逊. 通用汉言之法·英吉利文话之凡例 [M]. 郑州:大象出版社,2008(影印)(初版于 1815).
宋桔.《语言自迩集》的文献和语法研究 [D]. 上海:复旦大学,2011.
威妥玛. 语言自迩集 [M]. 张卫东,译. 北京:北京大学出版社,2002.

二、汉学与汉语教育

法国汉语教育的起源与发展

白乐桑

（巴黎东方语言文化学院）

摘　要：法国汉语教育的起源与法国汉学研究渊源颇深。法国耶稣会教士和旅欧中国教徒推动了早期的汉学研究，汉语教学也是在法国得天独厚的汉学研究氛围中发展起来的，一直处于世界汉语教学的领先地位。高等教育的汉语教学为汉语作为第二语言教学学科化的发展奠定了基础，也为基础教育的汉语教学提供了参考。在法国，汉语作为基础教育学科建设经历了四个阶段，逐渐走向成熟。汉语已经全面进入了法国的基础教育体系，对促进各类汉语教材的编写，对法国出版汉语教材的规范化和多样化创造了有力的条件。

关键词：对外汉语教学史；传教士；基础教育；学科化

法国汉语教学历史悠久，与法国汉学研究渊源颇深。从17—18世纪法国耶稣会教士在中国从事的传教及科学活动，到19世纪汉学在法国本土的兴起，再到汉语教育在法国20世纪的继续发展，法国的汉学研究和汉语教育时间跨度之大、研究程度之深是其他许多西方国家所无法企及的。

1　法国的汉学研究

1.1　法国传教士汉学时代

西方人对汉学的探索，可以追溯到16世纪耶稣会士开始研究中国儒家经典之时。为了使信奉儒家学说的中国人对基督教产生兴趣，这些耶稣会士试图从汉文经籍中寻找信奉基督教的依据，并通过儒家经典中的概念来宣扬天主、诠释西方教义。在这一背景下，来自意大利、葡萄牙、法国、英国和德国的传教士先后对中国的语言、文化、思想进行了比较系统的研究。

饶富兴味的是，法国和中国之间的交流从一开始便是文化层面的，并且是源于路易十四与康熙大帝这样最高级别的"相互孺慕"。法国的汉学研究可以从"国王数学家"谈起。"国王数学家"是法国太阳王路易十四派遣的传教团，旨在前往中国传播天主教，并访察民情地理，以广见闻。这一传教团是由比利时教士柏应理（Philippe Couplet，1623—1693）和他的中国教徒沈福宗（西文名字：Michael Alphonsius Shen Fu-Tsung，1657—1692）于1684年倡议的。当时罗马教宗似乎对向中国派遣耶稣使团不感兴趣，柏应理于是来寻求太阳王的支持。这些饱学的耶稣会士于1685年离开法国的布雷斯特，经过三年旅行之后到达北京。"国王数学家"中，以白晋（Joachim Bouvet, 1656—1730）影响最大。白晋曾为康熙皇帝教授几何学，并用满文和汉文写成《几何学概论》。1697年白晋返回法国后，向路易十四写了一份长篇报告，介绍了他所了解的康熙皇帝及中国。其中关于康熙皇帝的部分后来被整理出版为《康熙帝传》一书，并被译成多种文字在欧洲出版。此外，他还向路易十四进呈了包括《诗经》《礼记》等在内的数十册中文典籍。这些中文书籍传入欧洲，便利了西方人了解中国的历史文化。

在法国，汉学研究的第一个里程碑式的人物是马若瑟神父（Joseph-Henri Marie de Prémare，1666—1736）。他学汉语的目的不仅为了传教，还有志于用汉文著述。马若瑟精通汉文，著有许多用汉文写成的宣传天主教教义的书籍和用拉丁文、法文写成的研究中国的书籍。其最重要的著作是《中国语言札记》①。此书是一本关于中国语言和文学的指南书，后来成了欧洲汉学研究的奠基之作。在其之前欧洲关于汉语语言文字的研究均是套用拉丁文的模式。在《中国语言札记》中，马若瑟强调："我坚决不愿意把汉语纳入到我们的语言体系之中"②。该书注重挖掘汉语内在的规律性与特征，思路极为严谨，首次坚决反对以机械模仿西洋（主要是拉丁文）语法的方式去研究汉语。③ 因此，马若瑟被认为是第一个科学分析汉语语言文字的人，也以该书之成就被称作18世纪最优秀的中文语法学家。为什么这"第一人"会是在法国，而非出自其他欧洲国家呢？实际上，在法国，自《波尔·罗瓦雅尔逻辑学》（*Logique de Port-Royal*）于1662年出版之后，波尔·罗瓦雅尔（Port-Royal）理性主义语法学成为17世纪语言哲学的参照标准。当代学者发现，马若瑟之所以对汉语语言文字有比较理性且科学的认识，正是因为他深受这一语法学学派的影响。

另一位重要的传教士是宋君荣（Antoine Gaubil，1689—1759）。他于1721年出发前往中国，1723年到达北京。除了作为译员出使俄国和去新疆测绘地图外，他始终居住在北京，并在此度过了30余年直到去世。在北京期间，他翻译并注释了不少中国古代典籍，其中包括《书经》④。此外，他还撰有《中国天文学史》。他的另一部重要著作是依据官修《元史》和《续弘简录》等书编译的《中国征服者成吉思汗、蒙古王朝诸帝史》。

在法国汉学之路上，另一个重要的人物是小德金（Chrétien-Louis-Joseph de Guignes，1759—1845）。他是著名汉学家德金之子，早年跟随父亲德金学习中文。1784年，他与遣使会士罗广祥（Nicolas-Joseph Raux）一同来到中国。后担任过法国驻广州领事馆随员、法皇驻广州代表。1801年他返回法国，并于1808年奉拿破仑之命编撰《汉语法语拉丁语词典》（*Dictionnaire Chinois，Français et latin*, publié d'après l'ordre de Sa Majesté l'Empereur et Roi Napoléon le Grand）。编纂工作于1813年完成。这本词典至

---

① 拉丁文标题为 *Notitia Linguae Sinicae*，1831年在马六甲出版，是马若瑟死后70多年才出版的遗著。
② Absit ut ad nostras linguas sinicam revocare velim（Prémare，1831. Notitia Linguae Sinicae，1728：153）.
③ Christoph Harbsmeier, *Science and Civilization in China*, vol. 7.1, Cambridge University Press, 1998.
④ 该书于1770年在巴黎出版。

今仍具参考价值。

此外,在法国的汉学发展之路中,耶稣会士信件在汉学知识传播方面也是功不可没的。事实上,耶稣会士信件起到了在西方世界传播中国形象的作用。而这些信件的大部分作者是法国耶稣会士。他们对中国形象的描述基本上是正面的,部分信件谈到了中国语言及汉字的一些特征。在此意义上,耶稣会士信件也成为了西方人了解汉语语言文字的开端。

1.2 法国汉学领域中的汉人学者

在法国早期汉学形成过程中,一些旅欧中国教徒亦做出了很大贡献。这些中国人之所以会来欧洲,是因为耶稣会希望他们可以学习欧洲文化,以便更好地在中国传教。以下几位是在法国汉学研究之路上留下足迹的重要的汉人学者。

第一位是沈福宗。他生于南京,于1681年随比利时教士柏应理由澳门启程前往欧洲,一路游历了荷兰、意大利、法国和英国等国。他们一行分别与罗马教皇和法、英两国国王会见,并结识了当地社会名流。欧洲人当时对东方语言颇感兴趣,他们对汉语语言包括汉语的语法结构都有研究,也渴望了解汉语的其他方面。沈福宗出国时随身带有中国儒家经典和诸子书籍40多部,把中国语言文字、儒家道德哲学等汉学知识传到欧洲,帮助西方学者从事汉学研究。沈福宗的主要贡献之一,是帮助耶稣会士把《论语》等中国古籍翻译成拉丁文,随后在法国出版。他的交际范围不仅限于欧洲汉学界,还接触到当时的科学界和知识界。

在法国期间,路易十四和当时的宫廷都对这个会拉丁文的中国年轻人充满了好奇。路易十四在1684年9月26日会见沈福宗,并在晚宴期间向其询问了中国生活的方方面面。其间,沈福宗向路易十四展示使用筷子的方法,并将《大学》《中庸》《论语》的拉丁文译本赠给路易十四。国王还让他表演书法,这很可能是欧洲知识界第一次接触汉字。值得一提的是,马可·波罗的游记讲述了很多关于中国的事情,但是却不曾提及汉字。汉字之被法国民众所了解,沈福宗的作用不可忽视。此外,沈福宗还用汉语念主祷文。这些事件记载在当时法国民众喜闻乐见的娱乐时事刊物《文雅信使》(*Mercure Galant*),引起了强烈反响。当时法国正流行"中国风"(法文:chinoiserie),使沈福宗很容易结识了一些法国贵族、政府要员和社会名流。无论是在巴黎旅居时,还是在法王的宫廷里,沈福宗频频被介绍给众多知名人士,一时成为巴黎的焦点人物,人们纷纷谈论他的衣着打扮和言谈举止。期间,中国的丝画作品还在圣路易王宫展出。

正如美国著名汉学家史景迁(Jonathan Spence)所说,越来越多的历史学家放眼世界,使全球史研究成为新趋势,沈福宗就有这方面的意义。[①] 他的故事是中西文化交流史上宗教与文化互动的绝好例证。中国儒家经典的译本使法国知识界得以了解中国思想,也影响了法国启蒙运动的思想家们。

第二个重要人物是黄日升(即黄嘉略,法文名字:Arcade Hoange,1679—1716,

---

① http://epaper.ynet.com/html/2014-03/02/content_43583.htm?div=0.

嘉略为教名 Arcade 的汉译）。他 1702 年随同法国传教士赴欧，后来长期在法国巴黎生活，直至 1716 年病逝。黄嘉略在法国做了许多开创性的工作（徐明龙，2004）：他被任命为法国国王的中文翻译，兼管皇家图书馆中文书籍的整理编目工作；他用法文编写了第一部汉语语法书，并编纂了汉语字典，将《康熙字典》的 214 个部首传入法国；他同时也是将中文小说翻译成法文、将中国诗歌和音乐介绍给法国的第一人。他的这些工作对法国早期汉学的形成和发展，起了决定性作用。

第三个重要人物是马建忠（1845—1900）。他出身于天主教家庭，接受过教会学校的西式教育，在上海耶稣会中学徐汇公学（Collège Saint-Ignace）学过法语、拉丁语等科目，后赴法留学攻读法律。回国后，马建忠借鉴拉丁文的语法研究古代汉语，又借鉴中国传统训诂学对实词和虚词进行研究，对古汉语词法和句法进行系统的归纳与总结，中国第一部语法著作《马氏文通》由此诞生。这本著作共计 10 卷，分为"正名""实字""虚字""句读"四部分，于 1896 年成书。《马氏文通》由于过分模仿拉丁系统而受到不少诟病，但是它对后世汉语语法著作产生了很大影响。正是马建忠的著作给古老的汉语带来了"葛郎玛"①（grammaire），即我们今日所称的"文法"或"语法"。

1.3 法国专业汉学

1814 年，法兰西学院创设"汉文与鞑靼文、满文语言文学教授席位"（La Chaire de langues et littératures chinoises et tartares-mandchoues，通称"汉文讲座"），开创了欧洲专业汉学的先河。雷慕沙（Jean-Pierre Abel-Rémusat，1788—1832）成为第一位"汉文讲座"教授，是推动法国汉学从传教士汉学转向专业汉学的核心人物。

雷慕沙原本决定子承父业，成为一名救死扶伤的医生。后来接触到中医草药的论文并产生兴趣，开始自学中文。此后，他将全部心血倾注到汉语学习与汉学研究中。法国学者贝罗贝（Alain Peyraube）说，雷慕沙超越了欧洲文法学传统框架，归纳总结出一套适合汉语特点的教学语法，是理性汉学的开创人。雷氏一生著述颇丰，包括《汉文简要（中国语言文学论）》（*Essai sur la langue et la littérature Chinoises*）、《论汉语单音节的一般性质》（*Considérations sur la nature monosyllabique attribuée communément à la langue Chinoise*）、《汉语词典规划》（*Plan d'un dictionnaire Chinois*）、《汉满语言文学讲义要目》（*Programme du cours de langue et de littérature Chinoises et de Tartare-mandchou*）、《汉语语法要素，国文、古文、官话的一般原则即中华帝国的日常用语》（*Eléments de la grammaire Chinoise, ou principes généraux du Kou-wen ou style antique, et du Kouan-hoa, c'est-à-dire de la langue commune généralement usitée dans l'Empire Chinois*）、《中文的起源和构成》（*Recherches sur l'origine et la formation de l'écriture Chinoise*）等。雷氏著述中大部分见解和观点至今都并未过时，他的著作一直以来都被列入汉学研究的必读书目。

自雷慕沙起，执掌法兰西学院"汉文讲座"教席的历代汉学家薪火相传，从儒莲

---

① 《马氏文通·例言》："此书在泰西名为'葛郎玛'。葛郎玛者，音原希腊，训曰字式，犹云学文之程式也。各国皆有本国之葛郎玛，大旨相似，所异者音韵与字形耳。"

(Stanislas Julien, 1797—1873) 到德理文 (Hervey de Saint-Denis, 1823—1892), 逐渐奠定了法国在欧洲汉学中的先锋地位。20 世纪初期, 法国汉学研究更是如火如荼。著名汉学家沙畹 (Edouard Chavannes, 1865—1918)、马伯乐 (Henri Maspéro, 1883—1945)、格鲁塞 (René Grousset, 1885—1952) 等人闻名世界。至今, 法国在中国思想史、道家研究、汉语语言学、古典文学、敦煌学等诸多学术领域都有着相当的影响力, 深刻影响着国际汉学界。

2 法国汉语教育史

2.1 法国高等教育中的汉语教学

法国的汉语教学是在法国得天独厚的汉学研究氛围中发展起来的, 它继承了汉学研究的严谨与深度, 一直处于世界汉语教学的领先地位。

1843 年, 法国国立东方语言文化学院设立了欧洲的第一个中文系, 由知名的汉学家和翻译家巴参 (Antoine Bazin) 担任主讲, 教学对象主要是商人、传教士和一些认为只能在法国进行中国文学研究的外国人 (王若江, 2004)。法国国立东方语言文化学院现教授的语种多达 93 个, 不仅仅局限于东方语言, 还包括北极语、拉丁美洲的小语种玛雅语以及各种非洲语言。汉语作为高等学府的重要课程之一, 最早就出现在国立东方语言文化学院。

1900 年, 里昂大学在当地工商会的资助下, 率先将汉语列入高等教育课程, 该大学的第一位汉语教授是古恒 (Maurice Courant)。值得一提的是, 从创建宗旨和创办背景来看, 分别在国立东方语言文化学院和里昂大学设立的最早的两个中文系均扎根于语言教学现代化的土壤, 目的是培养能和中国圈儿 (外交界、商业界等) 进行交流的人才。

随后的半个多世纪里, 巴黎、波尔多、艾克斯、阿拉斯、南泰尔、蒙彼利埃、拉罗歇尔等地的一些大学也陆续开设了汉语课。这时的大学汉语教育才开始有了更多的学术色彩, 除了教语言交际之外, 更加注重语言的学术研究。

巴黎大学文学院的谢和耐先生 (Jacques Gernet) 于 1957 年开设汉语课, 后于 1969 年在巴黎七大创立中文系。波尔多大学于 1959 年创立中文系, 由吴德明先生 (Yves Hervouët) 担任系主任。艾克斯—马赛大学于 1966 年开设汉语课, 由汪德迈先生 (Léon Vandermeersch) 担任系主任。巴黎八大也于 1968 年在吴德明先生的主持下开设汉语课。汉语学士学位文凭则于 1959 年正式创立。

近些年, 随着中国在世界上的影响力不断提升, 汉语教学在法国高等教育中也有了蓬勃发展。除了在大学里设立专门的中文系外, 越来越多的普通大学和精英大学设有汉语课程。

2.2 法国基础教育中的汉语教学

如果我们不考虑各种社团、协会举办的或者私人教授形式进行的中文教学，那么法国直到20世纪前几十年的汉语教学一直是专属于高等教育的。

1958年法国巴黎东南郊区蒙日隆市（Montgeron）中学首次开设了汉语课程。虽然这所中学的地位和名气不能和法兰西学院相提并论，但是从汉语第二语言教学学科历史的角度来看，其意义却是非凡的。从这一历史时刻开始，汉语的学科建设所需的条件开始具备。正是有了这所普通高中的创举，才有了后来汉语教学在法国中小学的遍地开花；正是有了这一创举，才有了其后法国高中毕业会考中的汉语考试（20世纪60年代末期）；也正是有了这一创举，才有了官方的汉语教学大纲和教学目标[①]。今天，全法已经有近700所中学设置了汉语课。

任何国家要将汉语第二语言教学建设成为一门真正的学科，关键是要在基础教育中普及汉语教学。因为只有在基础教育里有了汉语教学之后，我们才会去考虑统一教学目标的设定及教学大纲的编写。而在高等教育中的汉语教学并没有统一的教学目标和真正意义上的教学大纲。这不仅仅是法国的现实情况，而是各国外语教学普遍存在的现象。事实上，大部分国家高等教育机构中的外语教学，除了在精英大学以外，都没有统一的教学大纲与教学目标，当然也不会有统一的教学理念。

在法国，尽管汉语在大学教授已有一个半世纪的历史，但最终却是通过政治决定才开始成为一种面向大众的语言教学。尽管如此，法国基础教育阶段的汉语二语教学还是早于欧洲其他国家。

2.3 法国汉语作为第二语言教学学科化的不同阶段

汉语第二语言教学的体制化[②]是由国际环境之外部因素和法国自身教育体制之内部因素所共同促成的。一方面，外语作为必修课程的传统、多元化的语言政策等内在特征扮演了关键性的角色。法国的汉语教学受益于已经存在的学科体制以及一系列适应汉语学习需求的政策激励。另一方面，这和中国"二战"后在国际政治舞台上的角色变化及其经济发展有关。

在法国，汉语作为基础教育学科建设经历了几个阶段，经历了多次重组，一步步走向成熟。学生人数与课时数的变化、中学毕业会考中汉语是否作为考试科目、汉语教师招聘的变化等，均引起教学规划、学习目标、配套方法的剧烈变动。我们有必要回顾汉语作为第二语言教学发展史上极为重要的四个阶段，反思汉语教学的行政性组织模式和

---

① 法国国民教育部于20世纪80年代主持制定了尚不完整的教学大纲，后自2002年开始陆续制定了完整的教学大纲。

② 所谓体制化，指的是汉语通过获得第三外语、第二外语、第一外语、国际班、东方语言班等地位逐渐融入法国的教育体制之中。所谓学科化，指的是通过教学大纲、教学目标以及教学进度的设定以及教师的继续培训等来实现的学科构建。

教学系统的发展。

2.3.1 第一阶段：1958 年至 1960 年代末

汉语第二语言教学在法国的前学科化阶段。教育改革开始产生效果，孩子到 16 岁可享受义务教育，婴儿潮，所有这些，都为汉语在战后法国基础教育中的发展提供了有利的社会与制度环境。

50 年代末，法国几所高中开始为对中国文化感兴趣和有学习动机的学生设立汉语兴趣班。1958 年，在巴黎郊区的蒙日隆（Montgeron）高中开设了正式的汉语课。

1964 年法国与中国建立正式外交关系，成为汉语学习在法国发展的一个关键事件。中法建交后，法国一些中学希望通过增加汉语语言文化课来丰富学校的外语教学。然而，这只是一些学校的首创之举，实际上当时的汉语教学还没有真正获得法国国民教育部的认可。

1966 年法国教育部举办首届汉语中学师资合格证书统考（CAPES），成为汉语二语教学学科建设历史上的一个重要里程碑。因为只有这样的会考，才能培养出从事汉语教学的合格教师。

60 年代最后几年，汉语已经成为可在法国高中毕业会考中得到评估的一门语言。这一关键性的事件推动了在汉语教学领域的教学论思考。

2.3.2 第二阶段：1973—1984 年

1973 年，中法恢复文化交流，30 名法国大学汉语专业毕业生于 11 月到中国开始为期一到两年的汉语进修学习。贝罗贝、白乐桑（Joël Bellassen）、马克（Marc Kalinowski）、蓝克利（Christian Lamouroux）、勒维（Jean Levi）、萨班（Françoise Sabban）、戴浩石（Jean-Paul Desroches）等都在其中。他们后来成长为语言学、教学论、历史学、哲学、文学甚至饮食文化研究等不同汉学领域的研究生导师，成为新一代汉学家和汉语教学专家。

60 年代末起，汉语教学被纳入国民教育体系的正式课程以及高考科目之列，使得这一学科首次有了对教学知识的规范化处理和教学方法的统一管理。

1984 年法国汉语教师协会（Association Française des Professeurs de Chinois，简称 AFPC）成立，是汉语二语教学学科建设史上的又一大事件。目前，该协会拥有 500 名会员。

2.3.3 第三阶段：1985—2002 年

这一阶段是汉语第二语言教学迈向学科成熟化的关键时期。在这 20 年间，汉语教学的发展不仅体现在学生数量的显著增长，而且体现在教学观念上的巨大转变。

1984 年，法国国家教育学研究院（Institut national de recherche pédagogique，简称 INRP）聘请两名汉语教师成立了汉语教学研究小组（笔者忝列其中）。

1985 年法汉国际汉语班在巴黎 13 区设立，汉语教学作为正式科目首次进入小学课堂。同年，初中汉语教学指导性文件公布。1986 年法国汉语教师协会发表《法国中学汉语教学白皮书》。1987年、1988年高中各年级的教学指导性文件相继颁布。

1989年，笔者编写了《汉语语言文字启蒙》一书。① 该书承认字作为语言教学单位（后被称为"字本位"），提倡将语与文相对分开，进行合理的汉字教学（字词兼顾，在初级阶段字带词）。

2.3.4 第四阶段：2002年至今

2002年至今是汉语教学在法国的成熟期，加速实现了全面的制度化和学科化。

为了实现汉语教学内容的标准化，自2002年以来，不同级别与不同层次的汉语教学大纲不断得到完善与明确。《欧洲语言共同参考框架：学习、教学、评估》② 颁布后，汉语教学借鉴它进行了革新。在白乐桑主持下，（法国）汉语教学大纲修订出一个完整的版本。

2006年3月1日，法国国民教育部设立汉语总督学一职，由白乐桑担任③。这一任命，体现了汉语教学在法国基础教育中的重要性，同时为完善汉语第二语言教学的学科化提供了有利条件。

学习汉语的中学生在2002年以来成倍增加：2002—2003学年度仅有5384个，2003—2004学年有7628个，2016—2017学年猛增到486500名中学生（当年还有3500名小学生学汉语）。2004—2016年，学中文的中学生增加了600%。汉语超过俄语、阿拉伯语，成为在法国中小学中教授的继英语、德语、西班牙语和意大利语之后的第五大外语。

汉语教学在法国的学科化也得益于外语教育的整体改革。2002年法国高一外语课程标准首次正式将文化教学纳入语言教学大纲中，与语音、语法、词汇居于同等重要的地位。2003年法国高二外语课程标准也做了同样的改革。同一年，法国教育部明确规定了小学、初中最后一年以及高中毕业会考学生在文化方面所应达到的标准，并制定了与《欧洲语言共同参考框架：学习、教学、评估》相对应的教学目标、能力方案。

总之，法国汉语教学和其他欧洲国家汉语教学最大的不同，就在于汉语已经全面进入法国的基础教育体系，其可作为学生的第一外语、第二外语或者第三外语，并已成为中学毕业会考正式科目，有正式公布的纲领性文件。这一局面对促进各类汉语教材的编写，对法国出版汉语教材的规范化和多样化创造了有利的条件。

参考文献

欧洲理事会文化合作教育委员会. 欧洲语言共同参考框架：学习、教学、评估［M］. 北京：外语教育与研究出版社，2008.

---

① 张朋朋协助该书部分内容的编写工作。1991年《汉语语言文字启蒙》第二册由笔者和张朋朋共同编写。
② 《欧洲语言共同参考框架：学习、教学、评估》（法文简称为CECRL，英文简称为CEFRL）是欧洲理事会组织其各成员国共同制定的关于语言教学、学习及评估的整体指导方针与行动纲领。
③ 白乐桑自1998年起担任兼职汉语总督学，2006年被法国国民教育部任命为第一任汉语总督学，这也是世界上第一位汉语总督学。

王若江. 对法国汉语教材的再认识 [J]. 汉语学习, 2004 (6).

徐明龙. 黄嘉略与早期法国汉学 [M]. 北京：中华书局, 2004.

Bellassen J（白乐桑）. L'enseignement du Chinois aujourd'hui: état de l'art, Actes du séminaire national enseigner le Chinois [M]. DGESCO-SCEREN, 2006.

Bellassen J. Méthode d'initiation à la langue et à l'écriture Chinoises [M]. La Compagnie, 2008 (1ère éd. 1990).

Demieville P. Choix d'études sinologiques [M]. Leyde, E. J. Brill, 1973.

Conseil de l'Europe. Cadre européen commun de référence pour les langues: apprendre, enseigner, évaluer [M]. Paris: Didier, 2001.

Peyraube A（贝罗贝）. "Some Reflections on the Sources of the Mashi Wentong", New Terms for New Ideas. Western Knowledge and Lexical Change in Late Imperial China. Leiden, 2001.

法国第一位专业汉学家雷慕沙的中国语言研究
——以《汉文启蒙》为中心

李 真

(北京外国语大学国际中国文化研究院)

摘 要：雷慕沙是法国第一位专业汉学家，他在中国语言研究方面的代表作是1822年出版的《汉文启蒙》。该书以他在法兰西学院教授汉语的讲义为基础，吸收了前人中国语言研究的成果，以及当时语言学发展的新进展，成为19世纪一部简明实用的代表性汉语语法著作。本论文将以《汉文启蒙》为考察对象，通过对作者背景、写作宗旨、写作对象、参考资料、语料来源、框架安排等几个方面进行探讨，着重挖掘雷慕沙研究汉语的缘起与特点，把握该代表作在西方汉学史上的学术价值。

关键词：法国汉学家；雷慕沙；《汉文启蒙》

从18世纪法国耶稣会士在华所开展的汉学研究开始，对中国语言文字的研究成为法国汉学界的学术传统之一。1814年，法兰西学院正式设立"汉文与鞑靼文、满文语言文学讲座"（以下简称"汉文讲座"），这标志着汉学作为一门学科在欧洲的确立，同时也意味着汉语教学正式进入法国高等院校。年轻的汉学家雷慕沙（Jean-Pierre Abel-Rémusat）受邀担任了该讲座的首任教授。他在东方语言研究、中国宗教哲学研究、中国通俗文学译介、中西交通史等诸多领域卓有建树，是欧洲第一位真正意义上的专业汉学家。

1822年，雷慕沙出版了一部汉语语法著作《汉文启蒙》（*Élémens de la grammaire Chinoise*）。该书以雷慕沙在法兰西学院开设的汉学课程讲义为基础，精心修订而成，同时又结合了当时语言学发展的新进展，凝聚了雷慕沙近20年汉语学习与研究的心得体会，成为他汉语研究及教学方面的代表作。该书分成"古文"和"今文"两部分，对汉语语法进行归纳总结，介绍了文字、语音、词法、句法等内容，初步构拟了一套简明、实用、系统的汉语语法教学体系。该书出版后深受欢迎，多次再版，成为19世纪法国高等院校汉语教学的新起点，得到了欧洲汉学界和汉语教学界的广泛承认和肯定。

1 雷慕沙的汉语学习背景

雷慕沙是法国汉学史上从传教士汉学阶段进入专业汉学阶段的关键性人物，也是第一代专业汉学家的代表。与之前传教士在中国学习汉语不同，从未到过中国的雷慕沙的汉语研习之路有其独特之处。

第一，他是成年之后才开始学习汉语，对汉语的认识和理解不是一蹴而就的，而是有一个逐步发展和深入的过程。开始学习时，雷慕沙正步入18岁的青年时期，按照现在的说法并不处于学习一门外语的黄金期。但凭着对汉语的极大兴趣和持之以恒的毅力，加上在语言学习方面具有天赋，雷慕沙依靠自学，只用了几年时间就基本掌握了这门语言，打下了日后用汉语进行教学和学术研究的基础。

第二，学习之初面临缺乏师资、教材、必要工具书的艰苦条件；而后克服种种困难，最终在学会的基础上了进一步对汉语展开深入研究。1806 年，雷慕沙在参观一个展览时，被一部有关中国植物的书上的汉字所吸引，萌生了学习这门东方语言的兴趣和想法。当时在法国要把这个愿望付诸行动困难重重。时任皇家图书馆东方手稿部主任的蓝歌籁（Louis-Mathieu Langlès，或译为朗葛莱）拒绝给这个年轻的学生提供图书馆所藏的几部有限的中文字典；而且，那时巴黎并无教授中文的教学机构、老师，也没有合适的语言教材，汉语学习环境无从谈起。

从未到过中国，不易获得一手的学习资料和文献，雷慕沙面对艰苦的条件，不得不自力更生开始学习汉语，主要利用一些二手资料来辅助学习。他借助了法国汉学家傅尔蒙（Étienne Fourmont）已公开出版的《中国官话》（*Linguae sinarum mandarinicae hieroglyphicae grammatica duplex*，1741 – 42），而后参考了一些从德国和俄国带回的论及中国的书籍，如基歇尔（Athanasius Kircher）的《中国图说》（*China illustrata*）；来华传教士翻译的中国儒家经典和编撰的字典，如殷铎泽（Prospero Intorcetta）的《大学》拉丁文译本、南怀仁（Ferdinand Verbiest）的《满语基础》（*Elemanta linguae tartaricae*，1676）、钱德明（Joseph Amiot）的《鞑靼—满法词典》（*Dictionnaire Tartare-Mantchou français*，1784）等，逐渐开始自学汉语和满语的进程。

据书的前言介绍，他的学习方法是从汉字入手，先弄懂每个汉字的意思，然后分析这个字在句子中的位置、语法作用及与别的词的搭配组合，通过此种方法掌握了一定数量的汉字后，后续的语言学习就变得容易多了。

2 《汉文启蒙》的写作宗旨

作为一位在高等院校开设汉学讲座的世俗学者，雷慕沙无须像早期来华传教士那样在撰写作品时要考虑到宣教目的，其创作宗旨很明确而纯粹，即为解决当时高校汉学讲座的师生教学与研究便利而编撰汉语语法。

他创作《汉文启蒙》的缘由在前言部分阐述得很清楚，自法兰西学院开设"汉文讲座"以来，缺乏一本简明实用的基础性汉语语法教材，不仅造成初学者入门学习的困难，也使老师不得不在授课的同时，还需边总结规则边编写讲义，教学双方都受困于此。因此，雷慕沙在整理五年授课讲义的基础上，结合课堂教学实际和学生的反馈与需求，不断修订增补，最终完成了这部专为开设汉语课程的高校师生使用的教学语法书。需要注意的是，由于雷慕沙没有在中国生活和学习的经验，对于掌握汉语口语技能缺乏直接经验，因此他并未像传教士那样以培养"听说读写译"全面发展的语言技能为宗旨，而是扬长避短，更偏重于对学生阅读能力的培养与训练。该书不仅在内容上以书面语的语料为素材，还在附录中提供大量皇家图书馆的中文书单，鼓励学生们在学习语法规则后，学以致用，通过阅读大量经典原文来加深对汉语的理解，增强语言实际运用能力。

3 《汉文启蒙》的写作对象

《汉文启蒙》的前言部分清楚地表明这部语法书更多地考虑的是在欧洲学习初级汉语的学生,方便他们课堂听课和课后总结:"这个口述讲义应该出版,既是为了方便不能来听课的人,也是为了精益求精的听课者。这样一来,不能来听课的人将有一份口述讲义的概要,听课的人将从每次讲座后转写讲义的麻烦中得以解脱。"①

因此,从读者群的定位来看,雷慕沙的《汉文启蒙》适合零起点的汉语学习者。书中讲解从汉语的基础知识开始入手,逐步扩展到语法体系的要点难点,并未作语法之外过多的衍伸,主要是为初学者提供一部简明实用的语法参考书,帮助他们尽快突破语法难点,掌握阅读能力来理解中国古籍。

4 《汉文启蒙》的参考资料

到了雷慕沙的时代,前人已经在汉语研究方面取得了很多成果,包括来华传教士和欧洲的一些学者;法国国内的中文藏书也有了一定的积累,这使得他在写作《汉文启蒙》时有了更多助力,所使用的参考资料主要包括两个方面:前人的语法著作和汉外字典。

雷慕沙在前言中梳理了欧洲人汉语语法研究的学术史,对多部已经在远东和欧洲本土正式出版的语法专著及部分手稿进行了点评,包括卫匡国(Martin Martini)的《中国文法》(*Grammatica sinica*,1653 年)、万济国(Francisco Varo)的《华语官话语法》(*Arte de la lengua mandarina*,1703 年)、马若瑟(Joseph de Prémare)的《汉语札记》(*Notitia lingua sinicae*,1728 年)、巴耶尔(T. S. Bayer)的《中国博览》(*Museum sinicum*,1735 年)、傅尔蒙的《汉语论稿》(*Meditationes sinicae*,1737 年)和《中国官话》(1742 年)、马士曼(Joshua Marshman)的《中国言法》(*Elements of Chinese grammar*,1813 年)② 和马礼逊(Robert Morrison)的《通用汉言之法》(*A Grammar of the Chinese language*,1815 年)等。尽管雷慕沙对上述作品的评价较为严苛,但他也毫不讳言这些早期作品各自的长处,并明确表示自己书中的不少例子主要摘自马若瑟的语法书。③

字典方面,雷慕沙重点参考了叶尊孝(Basilio Brollo da Gemona)的《汉字西译》(*Han çu si ye*)、克拉普罗特(Klaproth)的《汉字西译补》(*Supplement au dictionnaire chinois-latin du P. Basile de Glemona*),以及马礼逊的《华英词典》(*A dictionary of Chinese language*,1815)。这几部作品在前言、附录及正文中多次被提及。同时,也吸收

---

① Abel-Rémusat, *Élemens de la grammaire chinoise*, Paris, Imp. Roy., 1822, pp. Ⅴ-ⅵ.
② 该书扉页还有一个拉丁文书名"Clavis Sinica"。郑梦娟的博士学位论文《19 世纪上半叶英国汉语语法研究的特点及启示》(中国传媒大学,2007)对该书有深入的研究。
③ Abel-Rémusat, *Élemens de la grammaire chinoise*, p. ⅹⅰⅹ.

了中国一些字典的编排方法,比如《字汇》《康熙字典》等。

5 《汉文启蒙》的语料来源

早期法国耶稣会士马若瑟在其代表作《汉语札记》中创建了以经典例句来讲解古汉语语法的方法,后来被雷慕沙所沿用和发扬,《汉文启蒙》一书在这一点上明显借鉴了马若瑟的经验。

雷慕沙批评万济国、卫匡国和傅尔蒙语法书中所使用的例句不是源自中国古代经典作品中的原句,而是作者自己编造的例句。他认为这些随意性很强的句子带有欧洲人思维痕迹,会大大削弱语法规则的权威性。① 因此他比较推崇马若瑟及马士曼的方法,提倡从原典中摘录典型例句来阐释语法。他指出,《汉文启蒙》"官话"部分所收录的例句也不是完全口语化的、随意编造的句子,而是选自当时中国流行的白话小说《水浒传》《画图缘》《玉娇梨》《金瓶梅》等;"古文"部分也同样选取中国古代经典中的例句,包括《论语》《孟子》《中庸》《大学》《书经》《易经》《孝经》《史记》《左传》《道德经》等。

雷慕沙在前言中坦率表明,自己书中的很多例子都来自马若瑟的语法书和其他一些作品。不过,与前人在中国作品中摘选例句随意性较大不同,他比较引以为傲的是在编撰时为确保例句的准确性,都逐一核查原文,这是《汉文启蒙》区别于前人的一大优势。②

6 《汉文启蒙》的框架安排

第一,《汉文启蒙》按照欧洲语言学的体系安排行文,比前人的语法书更为严谨规范。在"古文"和"今文"两个部分都以西方语言的词类划分为统领语法内容的提纲,小节内容与顺序一致,通过讲解在不同语体下词类的概念、规则来使学习者了解汉语语法的基本知识。表1是按《汉文启蒙》1822年版所整理的基本框架。

白话是口说而又见于文的语言,虽不等同于口语,却是最接近当时口语的一种书面语,通俗易懂;文言则是以古汉语为基础加工的书面语,见于文而不能口说,主要是受教育的阶层使用的书面语体。从目录中首先可以看出,《汉文启蒙》将汉语分成"古文""官话"两部分来介绍语法规则,继承了马若瑟《汉语札记》首开区分文白两种语体的思路。雷慕沙采用先"文"后"白"的顺序,遵循语言从古代到现代的自身发展规律,以便让欧洲学生在学习之初就能对汉语语法的发展史有一个整体了解,体现了作者在写作时充分考虑了当时具体的写作背景与对象的特点,具有很强的针对性。

---

① Abel-Rémusat, *Élemens de la grammaire chinoise*, p. xxii.
② Rémusat, Abel, *Élemens de la grammaire chinoise*, p. xix.

表 1 《汉文启蒙》（1822 年版）的基本框架

绪言			第三节 数词
	第一节 文字		第四节 代词
	第二节 语音		第五节 动词
第一章 古文			第六节 副词
	第一节 名词		第七节 介词和连词
	第二节 形容词		第八节 叹词
	第三节 专有名词		第九节 虚词
	第四节 数词	附录	
	第五节 代词		第一节 标点符号
	第六节 动词		第二节 书籍的评注、编排和分类
	第七节 副词		第三节 诗歌
	第八节 介词		第四节 皇家图书馆主要中文藏书目录
	第九节 连词	《汉文启蒙》及《中庸》汉字表（按214部首排序）	
	第十节 叹词	难检字表（按笔画数字排序）	
	第十一节 虚词	双音节词及本书所收复合词表（按字母顺序排序）	
第二章 官话		缩略语表	
	第一节 名词	目录	
	第二节 形容词	勘误表	

第二，雷慕沙在讲解中特别重视词法，两个部分均以拉丁语法的不同词类为小节进行论述。由于汉语没有拉丁语法中的词形变化，那么决定词与词之间语法关系的两个重要手段就是词序与虚词，因此他在这些西方人所熟悉的词类最后也单列出了汉语特有的一类"虚词"。

第三，雷慕沙在语言教学之中，也重视文化教学。在主体框架讲解语法知识体系之后，专门安排了对中国文学诗歌、文献典籍的介绍，其目的是帮助学习者在培养语言技能基础上，进一步了解中国语言所根植的文化土壤，引导学习者从表层的语言学习转向更深层次的文化学习。

7 结 语

雷慕沙认为，创作一部语法书通常可遵循两种形式：一种是全面、深刻地讨论语法体系的方方面面，力求避免模棱两可的解释；一种是尽可能以精炼简洁的形式展示最主要和不可或缺的语法要素，以便让初学者迅速掌握基本规则。[1]他的《汉文启蒙》就是以第二种形式为编写体例的。

随着法兰西学院汉学讲座的开设，学生人数不断增加，教学水平也随之提高。雷慕沙将多年语法研究与教学实践相结合，将讲义修订集结成书，使这部教学语法的教材具有非常明确的针对性和实践性。他一直希望打破很长一段时间里欧洲人先入为主认为汉语难学的偏见，能提供给欧洲的教师和学生一部简明实用的语法。因此，雷慕沙在编写时紧紧围绕汉语阅读为中心，在有限的篇幅内尽可能增加知识点的容量，对于非语法知识之外的文化、国情等庞杂内容不作过多的铺陈介绍，确保语法教材的简洁性。书中对于各知识点均采用了段落标号的方式，便于相同知识点的相互参照，简化了注释，避免重复性内容，便于读者使用和提高学习效率。此外，例句数量比起马若瑟的语法书大幅度减少，针对语法规则通常只给出一到两个典型例句加以说明，避免冗长。在印刷方面，雷慕沙以1817年出版《中庸》而刻制的字模为基础，再增加了其中没有的汉字，请当时优秀的刻工师傅刻成1400个字模用于印刷《汉文启蒙》。该书文字清晰美观，排版整齐有序，便于学生阅读和使用。书后附有部首表、汉字索引表、阅读扩展书目等实用信息。简而言之，在雷慕沙的精心设计和编排下，《汉文启蒙》一书所体现出来几大优点——写作宗旨的针对性、语法体系的系统性、语法内容的简洁性、实际运用的可操作性等，使得该书堪称19世纪欧洲汉语语法教材的典范之作。

文法研究探索需要"从多样性的语文现象中求得组织条理的共同性"[2]。这种共同性，要经过深入的分析，考察语言结构、语法结构和语义结构之间的复杂关系，最终从具体上升到抽象，形成一个有规律的逻辑系统。从17世纪早期来华传教士对中国语言文字朦胧的零星的认知，逐步过渡到以马若瑟为代表的18世纪法籍传教士开始深入语言内部进行解析，最终为19世纪初欧洲专业的汉学家或语言学家对汉语语法形成系统性的文本研究奠定了基础。欧洲第一位专业汉学家雷慕沙在前人研究的基础上，在梳理、归纳和总结汉语语法体系方面有了很大的提升，形成了自己语法著作的特色和优势，为法国专业汉学时期对中国语言的研究传统开创了新局面。

---

[1] Abel-Rémusat, *Élemens de la grammaire Chinoise*, p. XXV.
[2] 陈望道：《文法简论》，上海教育出版社1979年版，第117页。

19世纪西洋人眼中的中国通用语言
——以汉英课本为核心资料

盐山正纯

(爱知大学国际交流学部)

摘 要：近代西洋人在中文研究著作中一直有针对中国的通用语言的记述。18世纪初的记述说，官话以南京为标准地点。一直到19世纪前半期，情况基本上没有变化。艾约瑟（1857）最早分将官话分为三种，后来（1864）再将官话分为四种。一直到威妥玛的时代，政治与语言上的地位从南到北地逐渐往上去。然而狄考文（1892）也还提到，从使用人口的角度来说还是南方官话有着优势。在西洋人的眼中存在着南北官话"两朝并立"的情况。

关键词：官话；近代中国的通用语言；口语

近代中国有称作"官话"的语言，它相当于当时汉语的标准语，当时的西洋人称之为 Mandarin Dialect 或 Court Dialect 等。"官话"对以汉语为母语的人来说，是一种自然的存在，因此对这一语言概念的研究并不太多。然而，日本早在1957年出版的《中国语学新事典》就指出：17世纪访华的传教士们认识到，中国大陆除了习俗性的各地方言之外，还有这样一种被称作"官话（Mandarin）"的标准语的存在。当然这种通用语言在中原地方并不是官员专用的语言，商人、说书人也普遍使用。但是在福建、广东、浙江等方言区，老百姓还不太懂"官话"到底是什么东西，只有中央政府派遣来的官员和参加科举的乡士们才会有公务上的需要。对各地老百姓来说，这是"官员的语言"，即是"官话"。因此，来到华南的传教士们也开始把它称作"官话"。可以看出，当时日本学界已经广泛注意到了这一问题。另外，20世纪90年代以后，诸位日本学者以"官话"的概念及其语言上的特征等为课题的研究相继问世，也足以显示日本学界对这一问题的关注仍保持着相当的热度，已有大塚（1996）、古屋（1996）、高田（1997）、永井（1999）、内田（2001）、西山（2003）、内田（2010）等主要先行研究。当然，最近中国学者也陆续发表了该方面的研究，成果也相当多。但是，几十年以来，日本学者的研究几乎都使用日文编写，中国学者则使用中文编写。中日学者之间存在着不同语言的隔断，虽然部分研究参照了对方的先行研究，但一般来说，过去双方没有互相参看、互相参照的关系。

关于近代西洋人有关汉语言文化的研究成果，我们可以举出诸如汉语的研究著作和课本，以及西洋诸语与汉语的字典之类。前者截至19世纪以前，如早在16世纪利玛窦的著作中就有了"官话"意义的"Mandarinos"的描述了，后来，狄考文指出，作为通用标准语的北方官话的优势和使用人口上的南方官话的优势等，诸多著作提到了"官话"的名称及其定义。后者也与此相同，诸多编者都提到了"官话"。那么，当时西洋人对"官话"到底有怎样的认识呢？本文以近代西洋人所编写的学习中文的课本为核心资料和考察范围，初步考察他们对'官话'的认识及其演变过程。关于'官话'这一术语，本文在表示语言类型时使用'官话'，表示引用个别资料中的名称时则写为"官话"。

1　18世纪以前的描述

以耶稣会士为主的西洋人16世纪以来陆续抵达中国，东西文化之间开拓了语言文化上的接触。传教士们在宣教活动的同时，也发表了有关中国各方面的文章，当然包括针对其语言特色的记述。董海樱（2011）以16—18世纪以前的早期资料为核心资料，对利玛窦、罗明坚、金尼阁以来的研究进行考察，全面地概括了当时西洋人的汉语研究史，其主要研究对象是西洋人对汉语的音韵、汉字以及语法的认识演变，关于'官话'概念没有具体的记述，其他先行研究也有相同的情况。因此，本文在下面列出18世纪以前的一些关于"官话"的记述，概观一下值得注意的对"官话"的记述。

（1）利玛窦（Matteo Ricci）《中国札记》。利玛窦早在该书第104页就有描述语言的地方，大意为：除了全国各省的方言"乡谈"之外，还有在整个帝国之内通用的口语，它是在民间、法庭等使用范围很广泛的"官方"语言，被称为"官话"。

（2）利玛窦、罗明坚（Michele Ruggieri）（1584?）《宾主问答私拟》。该资料中的例句都使用罗马字，其中有关于官话的表现，即"cuö cua"，其汉字为"官话"。

（3）曾德昭（Alvaro Semedo）（1642）《大中国志》。大塚（1996）把有关'官话'的原文解释为"中国人的语言逐渐统一为被称作'官话'的语言，是官人的语言"，高田（1997）把后续部分解释为"正像今日欧洲的拉丁语，'官话'在全国通用"。

（4）万济国（Francisco Varo）（1703）《官话文典》。古屋（1996）和西山（2003）等概括了万济国揭示的官话文体及其特征。第一，关于文体，经常将两个同义字复合为一个词，以免同音的冲突。官话口语有"高雅、中间、粗野"的三阶段。第二，官话是这一帝国的共同语言。南京省和北京的人说标准的官话。其他地方有各种方言，这些地方的人不懂官话，尤其是妇女和农民。另外，万济国也在该书第1章第5条提到'官话'的发音问题，指出："如果要掌握好中文的发音，应该注意中国人说其语言时的发音方法，不是跟所有的中国人学习都可以，而是应该跟生来就自然而然说官话的母语话者。此母语话者是生于南京或来自官话通用的地方的人。"

（5）马若瑟（Prémare）《中国语文注解》（*Notitia Linguae Sinicae*，以下简称《注解》）。马若瑟的《注解》在后述的艾约瑟（1857）出版以前，一直被称为西洋人汉语研究的最高峰，19世纪的著名学者都参照该书。它的例句大多数是从文学作品中抄过来的，不全面地反映了当时"口语"本身的特征，正文也没有针对"官话"特征的记述。

2 19世纪以后的描述

下面，我们以英文为主，考察一下19世纪的西洋人最具代表性的研究著作中有关'官话'名称与其定义的描述。最近几年，除了日本学者，中国学者也有陈辉（2010）、江莉（2011）等介绍19世纪以前的西洋人的汉语研究的专著，但其范围并不广泛。本文为了全面地概观整个19世纪的官话概念的演变，不管记述的细粗、字数的多寡，尽量列出该时期西洋人研究汉语的资料中有关'官话'的记述。

（1）德经（Deguignes）（1808）*Voyages a Peking，Manille et L'île de Franse，Faits Dans l'intervalle des années*，1784 à 1801。该书把中文分成"古文、文章、官话、乡谈"四类，正文第391～395页的描述中有关于"官话"的解释；"官话是官吏和文人或受过教育的人的语言。使用范围广于文章（书面语），多用同音异义词、介词、副词、虚词。它不是'写'的语言，而是'说'的语言。"中文里面还有一种与此相反的存在，即"乡谈"，它是地方性的语言，同时是大众的语言，教养阶层的人、官吏、文人等不用"乡谈"。

（2）马士曼（Marshman）（1814）《中国言法》。马士曼关于'官话'提到"Mandarine or Court language"以及"Mandarine language"的名称，认为与"provincial dialect"相比，通用于更广泛的地方，它具有一定程度的又明确又简单的规范。

（3）马礼逊（Morrison）（1815）《通用汉言之法》。该书说，在欧洲被称为Mandarine Tongue的宫廷语言，中文把它称为"官话"（Kwan hwa），即Public officer's dialect，这"官话"是全国各地官员和教养阶层使用的语言，与各地的口语有所不同。

（4）马礼逊（1816）*Dialogues and Detached Sentences in the Chinese Language*。

（5）Shaou Tih（1826）*The English and Chinese Student's Assistant or Colloquial Phrases，Letters etc.*。

上述两本书都没有关于官话的任何描述。

（6）克拉普洛特（Klaproth）（1827）*Voyage à Péking* 法译前言。高田（1997）曾介绍过该书描述官话的部分，大意如下：克拉普洛特认为，原作者（Timkovski）记录专用名词时所采用的北京方言，如北京 Bedzin、鸡鸣 Dzi min、江南 Dziæn nan、康熙 Kansi，谁能知道这些音表示什么？它是在中国国内最不标准的方言之一。克拉普洛特也认为这些方言音要换成南京音，因为南京方言是最优雅的语言，传教士们也在其著作中使用南京方言，汉语当中这一种在欧洲最有名。从这个角度来看，中文与德语有相似之处。虽然当时德国的首都是维也纳，但描写此国的情况时，不是用这一城市通用的方言来写文章，是因为担心连这个国家的国民也看不懂其内容。

（7）江沙维（Goncalves）（1829）《汉字文法》。该资料中有以下中文的例句："你学中国话好，因为如今是风俗众人说这一国的话。普天下的人都要说汉语，体面人都说官话。"

（8）罗伯聃（Robert, Thom）（1840）《意拾喻言》。内田（2001）曾指出：该书将

汉语分为"文字（Written Language）"和"言语（Spoken Chinese）"。"文字"为书面语，包括古文和时文；"言语"为口头语，包括"官话 Mandarin Language（北官话、南官话）"和"乡谈 Local dialect"。该书还提到"官话"与"正音"这两个概念，值得进一步考察。

（9）卫三畏（Williams, Samuel Wells）（1842）*Easy Lessons in Chinese or Progressive Exercises*（《拾级大成》）。这是广东方言的教材，卫三畏在正文会话中列出"白话"和"官话"来提示选择。几个例句中出现的"官话"均不是"Mandarin dialect"，而是"court dialect"。

（10）郭实腊（Philo-Sinensis【Gützlaff】）（1842）*Notices of Chinese Grammar*。该书指出'官话'的发音问题，也指出各地方言和"Mandarin"之间存在着相当程度的不同。

（11）麦都思（Medhurst, Walter Henry）（1844）*Chinese Dialogues, Qquestions, and Familiar Sentences Literally Rendered into English, with a View to Promote Commercial Intercourse, and to Assist Beginners in the Language*（以及1863年的第2版）。第1版有"官话"一词即"mandarin dialect"，是在十八个行政区通用的语言，"土音"（local dialect）则是与此相对的存在。第2版有所变化，说"官话"是"official dialect"，"土音"则是"patois"。第1版第11页有关官话的课文为："他讲土音，我不知道，好讲官话，十八省都通得，各处有自己的土音，所以中国话难学（省略英译）。"第2版第11页该部分的课文为："若是土话怎么说，说土话好或是官话好，官话好十八省都晓的，各处儿有各处儿的土话，所以中国话狠难学（省略英译）。"

（12）巴赞（Bazin）（1845）*Mémoire sur les principes généraux du Chinois vulgaire*。巴赞在正文第112页介绍了罗伯聃的分析，其大意即"广东方言与官话的距离非常大，好像是葡萄牙语和西班牙语之间的关系，福建方言与官话的距离更大"。关于汉语，巴赞曾指出八项，与"官话"有关的部分的大意如下：第一，中国有"文言"和"口语"的两大别；第二，"口语"即"官话"是该国的"活着"的语言、共同语言、自然语言；第三，官话有两种，即"北官话（北京的方言）"和"南官话（南京的方言）"；第四，口语除了"官话"以外，还有地方语言或"俚语"即"乡谈"。

（13）Davis J. F.（1845）*The Chinese A General Description of China and Its Inhabitants*（《旅行记》）。该书指出，几乎所有的行政区都具有自己的方言，所以使用"court, or mandarin, dialect"（即"官话"——笔者注）有利于交际，值得我们关注。

（14）Meadows, Thomas Taylor（1847）*Desultory Notes on the Government and People of China, and on the Chinese Language: Illustrated with a Skech of the Province of Kwang-Tûng, Shewing Its Division into Departments and Districts*。著者指出"colloquial Chinese"是中文的口语，就是"Mandarin"，即官僚的通用口语。著者也指出，他待在广东时交往过的各阶层中国官僚的一半儿均说纯粹的"Peking colloquial（北京的口语）"。

（15）萨默斯（Summers, James）（1853）*Lecture on the Chinese Language and Literature*。没有出现"Mandarin"，而有几个"Court"。按照他的描述，在"Court"通用的

口语是"court dialect","court dialect"就是南京的。

（16）Hernisz, Stanislas（1854）*A Guide to Conversation in the English and Chinese Languages for the Use of Americans and Chinese in California and Elsewhere*（《习汉英合话》）。该书指出，虽然在全国各地有地方方言或口语的存在，但是书面语在中国全国各地通用。而且，这种语言在宫廷和政府官员之中普遍使用，因而被称作"Kwan Hwa"或"Mandarin Dialect"。

（17）艾约瑟（Edkins, Joseph）（1857）*A Grammar of the Chinese Colloquial Language，Commonly Called the Mandarin Dialect*。艾约瑟在该书中把官话分为"南、北、西"三种，其标准地点分别定为南京、北京和成都。高田（1997）指出，有可能艾约瑟是最早分类官话方言的。

（18）威妥玛（Wade, Thomas Francis）（1859）*The Hsin Ching Lu；or, Book of Experiments；Being the First of a Series of Contributions to the Study of Chinese*（《寻津录》）。著者用法国沙龙的比喻来表示他以"Dialect of Peking"即北京方言为中心的态度，也介绍了 Meadows（1844）的说法，Meadows（1844）曾指出过当时北京人、直隶人在广东地区作官员的比率比较大，认为"Dialect of Peking"是官员应该学好的语言，而且，这种想法都反映在《语言自迩集》的内容中。

（19）艾约瑟（1862）*Progressive Lessons in the Chinese Spoken Language；with Lists of Common Words and Phrases，and an Appendix Containing the Laws of Tones in the Peking Dialect*（本文参照该书1885年第5版）。该书在例句中，只提到"Chinese spoken language""standard Mandarin orthography"和"Peking dialect"等词语，没有对个别现象的详细解释。

（20）萨默斯（1863）*A Handbook of the Chinese Language*。该书明确指出'官话'的南北区别，把"南官话"当作"正音"或"通行的话（the language of universal circulation）"。石崎（2014）曾指出，"正音"和"官话"从汉人的语言意识来说，在"雅—俗、读书音—口语音、抽象—具体、理想—现实"的观念对立上有着一定的不同，对没有语音传统的非汉人学习者来说，学习现实的口语意义的"官话"时，也许不会为之踌躇。

（21）艾约瑟（1864）*A Grammer of the Chinese Colloquial Language*（第2版）。该书经常出现"Kwan-hwa、mandarin pronunciation、mandarin dialect"等词，南部（2006）等研究指出，艾约瑟在该书中把官话分成"Nanking Mandarin, Peking Mandarin, Northern Provinces, Western Mandarin"四种。

（22）萨默斯（1864）*The Rudiments of the Chinese Language，with Dialogues，Exercises and a Vocabulary*。该书在前言第8页提到"在中国一般称之为'Mandarin Dialect'的口头语言"的概念。另外，还提到官话有五种声调，即平声、上声、去声、入声和下平声。

（23）罗存德（Lobscheid, William）（1864）*Grammar of the Chinese Language*。罗存德是德国人，用德国和高地德语的关系来解释中国和"Mandarin tongue（即'官

话'——笔者注)",还提到地方方言和通用的语言即"language of the country (the Mandarin)"的关系。

(24) 罗存德 (1864) *The Tourists' Guide and Merchants' Manual* (《英华行箧便览》)。这一本书是只针对粤方言的词汇集,没有有关官话的描述和具体词汇。

(25) 罗存德 (1864) *Chinese-English Grammar* (《英话文法小引》)。本书名称所指的"Chinese"是广东方言,前言、正文中没有出现关于官话的描述。

(26) Lanctot, Benoni (1867) *Chinese and English Phrase Book* (《华英通语》)。该书是广东方言的教科书,没有直接说明官话的任何描述,前言中只有关于广东与其口语的说明。

(27) 威妥玛 (1867)《语言自迩集》。威妥玛的《语言自迩集》是纯粹地以北京话为描述对象的中文课本的嚆矢。高田 (1997) 指出,穆麟德 (Möllendorf) 曾言及《语言自迩集》"谈论篇"时提到,北京话的几项特征俱有一般的官话所不俱有的满州话语法 (Manchuisms) 的事实。高田 (1997) 估计,这也许是威妥玛所认为的北京话的特征。无论威妥玛自身意识到还是意识不到这一事实,他维持着一些避开所谓传统的官话的趋向。

(28) 高第丕 (Crawford, T. P.) (1869) *Mandarin Grammar* (《文学书官话》)。作为官话语法的课本,该书名就提到"官话",全面地解释官话的特征,但没有关于官话概念的描述。书名所说的"文学"即是"Grammar"。当时狄考文所说的"Grammar"是整个一种语言的概论。

(29) 耶茨 (Yates) (1871, 1893, 1904) *First Lessons in Chinese*。关于"官话",该书前言只有"the spoken dialects of China"的说法,在正文中有若干例句,例如:"朵 To 司比克 speak 一五 in 蛮五台儿衣五 mandarin 打官话 täng guen wo."(第 146 页)

(30) 翟理斯 (Giles, H. A.) (1872, 1887, 1892, 1901, 1907, 1916) *Chinese without a Teacher, Being Collection of Easy and Useful Sentences in the Mandarin Dialect*。该书至少出版了六次,本文依照 1887 年版。虽然该书名明确表示针对"Mandarin Dialect",但是在前言一开始就有说:"The following lessons and vocabulary are intended to assist those who wish to acquire quickly a temporary or superficial knowledge of the Chinese language as spoken in the northen provinces, and by educated people all over the Empire",我们可以看出著者看重北方的立场。

(31) 文璧 (McIlvaine, J. S.) (1880) *Grammatical Studies in the Colloquial Language of Northern China*。该书虽然是口语教材,但是除了最后关于"文理"的一节,没有出现"mandarin"一词,一直用"Colloquial"来表示口语,同时也指出南方方言 (Southern dialects) 比北方方言 (the northern) 更普遍。该书在说明"文理"时指出"文理"和"官话"的语法结构是很相似的,因而容易了解。

(32) 赛登斯特里克 (Sydenstricker, A.) (1889) *An Exposition of the Construction and Idioms of Chinese Sentences as Found in Colloquial Mandarin*。该书解释中文的注音问题时,说到"Mandarin"的南北区别,也指出"官话是整个阶层的官员都使用的最通用、

最普遍的语言（原文'pronunciation'——笔者注）"这一情况。

（33）狄考文（Matteer）（1892）《官话类编》。狄考文在前言提到：中国人称之为"Mandarin"（即通行的语言）或者"official languages"（公用语言）的这种语言，除了长江南岸一带以外，在全国十八个行政区的人们使用的语言具有各自的色彩。这种语言可以分成 Northern（北方）、Southern（南方）和 western（西方）的 Mandarin。然后，分别按照行政区的地域分布可以再仔细地分成河南、山东等官话。使用 Northern Mandarin 的大多数是北京人，作为 the court dialect，它最时髦，一般被认为是整个帝国之通用语言。使用 Southern Mandarin 的人口比使用 Northern Mandarin 的人口要多得多，通用于更广泛的地方。

3 结 语

总的来说，17 世纪以来，近代西洋人在中文研究著作中一直将中国的语言分为书面语和口语；同时，将口语分为方言与官话，也认为官话是中国国内通用的语言。到了 18 世纪，尤其是万济国（1703）指出官话口语的"高雅、中间、粗野"三个层次，官话以南京为标准地点。一直到 19 世纪的罗伯聃（1840）、巴赞（1845）等课本基本上没有变化，继承了此说明。艾约瑟（1857）最早分类官话方言，他将官话分为"南、北、西"，标准地点分别定为南京、北京和成都。艾约瑟（1864）将官话分为"南京、北京、北方、西方"。然后，一直到威妥玛的时代，政治与语言上的地位从南到北地逐渐往上去。狄考文（1892）也还提到，虽然从政治地位的角度来说，北方的优势不可怀疑，但是从使用人口的角度来说还是有着南方的优势。在西洋人的眼中，中文的通用口语上存在着"两朝并立"的情况，罗存德也曾指出过这一观点说；学习者按照自己的需要学习哪一种官话或各地的口语。笔者在另外一篇文章讨论过近代西洋人在他们编写的字典中怎样描述官话这一问题，希望各位学者参阅。

参考文献

陈辉. 19 世纪东西洋士人所记录的汉语官话［J］. 浙江大学学报：人文社会科学版，2010，40（6）.
大塚秀明. 明清资料における官话という言叶について［J］. 言语文化论集，1996，42.
董海樱. 16 世纪至 19 世纪初西人汉语研究［M］. 北京：商务印书馆，2011.
高田时雄. 清代官话の资料について［C］//东方学会创立50周年记念东方学论集. 1997.
古屋昭弘. 明代官话の一资料—リッチ・ルッジェーリーの「宾主问答私拟」［J］. 东洋学报，1989，70（3-4）.
古屋昭弘. 17 世纪ドミニコ会士ヴァロと《官话文典》［J］. 中国文学研究，1996.
江莉. 近代来华西方人认识中的汉语官话［J］. 现代语文：语言研究版，2011（11）.
南部まき.《官话文典》の研究［D］. 关西大学大学院，2006.
内田庆市. 近代における东西言语文化接触の研究［M］. 2001.
内田庆市. 近代欧米人の中国语研究の价值とその可能性［M］//文化交涉学と言语接触. 2010.

千叶谦悟. 马若瑟《中国语文注解》(*Notitia Linguae Sinicae*) 例句来源考 [C] //太田斋·古屋昭弘两教授还暦记念中国语学论集. 东京: 好文出版, 2013.

石崎博志. 正音资料の特质 [C] //琉球大学法文学部. 日本东洋文化论集. 2014.

西山美智江. 近代ヨーロッパ人の书いた中国语文法 [J]. 关西大学中国文学会纪要, 2003, 24.

塩山正纯. 浅论罗存德对近代汉语的看法 [C] //张西平, 柳若梅. 国际汉语教育史研究. 北京: 商务印书馆, 2014a.

塩山正纯. 近代西洋人は"官话"をどう见てきたか—19世纪の英华·华英字典の记述を中心に— [J]. 关西大学中国文学会纪要, 2014b: 37.

永井崇弘. 近代西洋人と中国の言语の分类 [J]. 国语国文学, 1999, 38.

中国语学研究会. 中国语学新事典 [M]. 1957.

清末民国时期基督教传教士不同传教思想指导下的汉语学习

于锦恩　　　　　　　　杨思佳
（南京信息工程大学语言文化学院）（内蒙古师范大学文学院）

摘　要：基督教新教包括以戴德生为代表的属灵派和以丁韪良为代表的自由派。前者不想借重中国儒家文化，而要通过与下层百姓广泛接触来传教，不太重视文字事工。所以这些传教士就要尽力学习现代汉语的口语，注重听说技能的培养。后者实施"孔子加耶稣"的传教策略，所以该类传教士通过熟知中国文化，来和中国的官员及知识分子打交道，实现自上而下的传教，他们非常重视文字事工。因此这类传教士为了学习汉语的读写，而重点解决汉字学习难题。

关键词：清末民国；传教士；传教思想；汉语学习

清末民国时期来华学习汉语的外国人传教士是主体，他们主要是为了方便传教而研究汉语的，有些人甚至因此而成为当时著名的汉学家，促进了汉语言文化的国际传播。这些传教士由于其传教指导思想有所差别，汉语学习的具体情况也存在不同。本文特选取基督教新教戴德生（James Hudson Taylor，1832—1905）代表的属灵派和丁韪良（William Alexander Parsons Martin，1827—1916）代表的自由派进行比较，以期说明本文的主要观点。

1　基督教新教两大派别传教指导思想的不同

1.1　选择基督教新教为研究对象的缘由

鸦片战争之后，特别是中华民国成立后，欧美的基督教新教、天主教和东正教传教士陆续来到中国。基督教在近代中国传播过程中，遇到统治中国数千年的儒家思想文化的强烈挑战。以丁韪良、林乐知（Allen Young John）等为代表的传教士被迫调整布道方法，承继明清耶稣会士的思想理路，在策略上向儒家思想作暂时的妥协。新教的大多数传教士都主张要积极学习汉语，吸收中华文化。天主教传教士的传教方式不太支持他们对汉语言文化的学习，原因如下：明清之际天主教传入我国时，传教士也曾进行了天主教儒学化的尝试，"合儒"和"补儒"是这种尝试的主要内容。但因此引发了天主教内部不同派别的争执，后诉诸教廷，遭到驳斥；康熙皇帝也龙颜大怒，将传教士驱逐。因此，除了教义本身的严格之外，天主教在中国传教活动也因"一朝被蛇咬"而导致灵活程度不如新教。清末的天主教徒入教时被要求放弃许多异教徒习俗，天主教徒在很大程度上成了一个与世隔绝的、孤立的和外在于中国同胞的团体，这样一来，对汉语言文化的学习，天主教传教士就比新教传教士差了很多。（赵玉华、刘凌霄，2003）至于东正教来华传教士，由于民国时期人数更少，学习汉语的资料就更少了。所以本文讨论传教士的汉语以新教传教士为研究对象。

1.2 基督教新教的两大派别

历代在华基督教新教传教士的传教方法可分为两种：属灵派（基要派、保守派）和世俗派（自由派），清末民初的新教传教士也分上述两派。前者可以戴德生为代表，后者可以丁韪良、林乐知等人为代表。

1.2.1 属灵派

（1）戴德生及属灵派。自19世纪初到20世纪中叶，基督教新教来华差会达130多个。其中中华内地会（China Inland Mission）是基督教新教在华传教历史上绝不可忽视的一个差会。中华内地会成立于1865年，创始人戴德生1853年9月19日作为中国传道会的传教士，于1854年3月1日抵达中国上海。

中华内地会以把福音传遍中国内地全境为目标，先后深入18个省份，其中包括苗、藏、回、蒙、维吾尔等少数民族地区。内地会在中国发展迅速，到1933年，已有传教士1300多人，占在华新教传教士的23%；在中国19个省建立了327个传教中心，拥有3500多名工作者，包括2200名善男信女志愿者，中国领圣餐者也达到了8万人。内地会由此发展成为近代基督教新教来华差会中人数最多、传教区域最广阔、最具特色、最具影响力的西方差会。（李亚平、王志通，2014）

戴德生是19世纪来华的最有影响的西方传教士之一。他本人和旗下内地会的国际影响不断扩大，推动了世界基督教对在华宣教事业的关注：使得内地会不仅得到英国国内传教士团体及民众的普遍认可，而且其影响力更扩展至北美、欧洲大陆、斯堪的纳维亚半岛。在成为名副其实的国际性差会的同时，也把世界各国宗派各异的传教士带到了中国。

（2）属灵派的指导思想。内地会持守的传教方式和神学思想使之成为一个独特的差会，被公认为保守派的大本营。内地会自己标榜的几个特点为：①这个差会是跨宗派的，任何宗派都可参加；②这个差会是国际性的，任何国家都可出人出钱；③这个差会寻求传教士与中国人打成一片，……尽量中国化；④这个差会的主要目标不是招收教徒，而是面向全世界以最快的速度传播福音。

戴德生接受麦都思（Walter Henry Medhurst）的建议，放弃西服，改穿中国服装，改说当地语言，以便到内地传教。此后，内地会要求其传教士在语言、起居和衣着上都尽量中国化，入乡随俗，与中国人打成一片。其主要目标不在招收教徒，而是以最快的速度向中国传播福音；不太注重大规模地建立学校和医院，该会传教士无固定工资，要刻苦献身；等等。这些和其他传教团队有很大的差别。因而内地会的传教方式被称为"戴德生模式"。该模式不仅体现在戴德生本人的传教实践中，而且被内地会其他传教士所信奉。例如，福姑娘（戴德生的第二任妻子）成绩非常好，因为她最能适应中国的环境，并深明中国妇女的心理。她曾对一个杭州妇人说："我到此地来做一个杭州女人，我吃你们所吃的饭。穿你们所穿的衣服，说你们的话，我愿意你们快乐，我们都是姊妹。""好得很！"那妇人说："那么我要叫你姊姊。"（宋莉华，2012）

既然内地会的教条要求其成员尽量与中国人打成一片，那么学习中国人的语言（包括汉语和少数民族语言）就势在必行了。美国语言学家霍凯特指出："传教士，他不得不学习某种陌生的语言，……学习它不仅是为了处理日常事务，而且也是为了更好地传教和翻译圣经。"（霍凯特，1986）在他们看来，尽快掌握汉语汉字"比多发展一万名基督徒还更有价值，因为这是为整个帝国的全面归化在做的准备。"（贝西尔，1978）传教士学习当地的语言（包括方言）可以说是出于传教士在当地生存和传教的基本需要。在这方面，戴德生是有切身体会的。戴德生初次来华时，由于不懂汉语，生活十分困顿，就连外国人也瞧不起他。他在给家写信的时候提道："天气这样冷，又受各种刺激，起头我几乎不知我究竟做什么事、说什么话。离家这么远，住在战区不懂别人的话，别人也不懂我的话。到这里我才完全明白这种经验之苦。"（戴存义及夫人，1950）1855 年 4 月戴德生与圣公会传教士卜尔顿从上海到崇明岛传教，在一座寺庙中向民众宣讲偶像崇拜的愚昧与基督教要义，先由戴德生用不太流利的官话讲解，再由卜尔顿用上海话讲一遍。掌握语言（方言）对促进布道工作的成效是显而易见的。

1.2.2 自由派

（1）丁韪良其人。丁韪良是美国基督教长老会传教士，字冠西，号惪三。1846 年毕业于印第安纳州大学，入新奥尔巴尼长老会神学院研究神学。1849 年被按立为长老会牧师。1850 来中国传教。研究清末民初传教士在中国的影响就不能不研究丁韪良，因为有人在丁韪良生前就曾发表了如下文字："如果问这样一个问题，'谁是当今在中国最著名的两个外国人？'答案恐怕只有一个——那就是：'赫德爵士和丁韪良博士。'二者的经历在很多方面是相类似的。他们都在中国生活了半个世纪以上，都熟练地掌握了被人们风趣地称之为'不是一门语言，而是一门秘术'的中文，都在实际上使自己成为中国政府所必需的人物。前者掌管中国海关；后者是清末在华外国人中首屈一指的"中国通"，同时也是一位充满争议的历史人物。道光三十年（1850），丁韪良在长老派神学校毕业后，被派来中国，在宁波传教。随后为美国政府提供太平天国情报。同治元年（1862）一度回国，不久又来华，在北京建立教会。1865 年为同文馆教习，1869—1894 年为该馆总教习，并曾担任清政府国际法方面的顾问。光绪十一年（1885）得三品官衔。1898 年又得二品官衔。1898—1900 年，任京师大学堂总教习。丁韪良仇视义和团运动，主张列强划分势力范围、"以华制华"和由美国割据海南岛，以加强奴役中国。继返美国，寻复来华，协助湖广总督张之洞在武昌筹建大学堂。未成，随又去北京，创立北京崇实中学（现北京二十一中学）并任第一任校长。"没有另外的美国人能够像他那样受到中国人如此的高度尊重。"（Porter，1907）

（2）自由派指导思想。丁韪良曾一再表明他从事传教工作的两大目标：一为赢得中国人相信基督教，以便在他心中播下永生的盼望；一为以西方知识的技术教导中国人，使他们远离知识的沼泽地区与文化的落后。他认为当中国人有了科学的训练后，自然易于接受基督教，苟能如此，则一股属灵的力量必将对中国人的内在生命产生一极大的革新。对于这两大目标的工作，丁韪良渐渐深信，布道虽然急切，但作用却有限。他认为改宗基督教固然重要，但改宗以后如何能为更广泛地接受基督教预备一更良好的环境背景，则尤为重要。所以他终于献其毕生之力，从事于中国传统文化中与基督教信仰及实际背道而驰的部分的重建工作，他极力宣传铲除迷信、不道德的社会习俗以及不当的思想方法。所以他在中国大力从事教育文化工作。丁韪良来华之初也和包括属灵派传教士在内的大多数传教士一样，从事直接布道工作。但从资料上看，受他感化而皈依基督的信徒似乎并不多，除少部分下层知识分子外，这些皈依者大都是下层百姓。

丁韪良的传教特色是"孔子加耶稣"的创意传教。丁韪良力主传统中国文化是所有传教士必须重视的一股力量，作为一个传教士应该设法使这股力量与基督教的优点相协调。他要求传教士对于中国文化的有关部分采取容忍而非破坏排斥的态度，也就是他大力提倡的"孔子加耶稣"，因为他知道"古老而令人起敬的中国文化遗产是传教士必须予以重视的一种力量——对这种力量，既要与之斗争，又要与之妥协。只要可能的话，就应利用它为基督教的利益服务"（Duus，1966）。另外，他认为中国的变革如由上层社会开始，终必渐及于一般的大众；如果有知识的官绅阶级及中国文化政治及教育的领袖能支持基督教，则宣教工作的成功势为必然。他采用灵活适应的态度，间接传教，即宁可透过文字写作、教育工作、用课堂及印刷品来争取中国人，而非如一般的教士只在街头和教堂直接布道。

研习汉语是"孔子加耶稣"传教的基础。丁韪良采取的是"孔子加耶稣"的传教策略，凭借对基督教信仰与中国文化体系的紧密联系，减少基督教在中国的传播阻力。《天道溯源》通过"补儒""超儒"，传播基督教，成效显著，对此丁韪良本人深有体会："在这一时期，我开始用文言或古文来进行写作，并且完成了《天道溯源》这本在中国和日本流传甚广并多次再版的中文书。我相信，在文人学士中，有许多人就是因为这本书才皈依基督教的。"（丁韪良，2004：31）中国传统文化的巨大价值已经为丁韪良等传教士所知晓，"这些古书中的道德教诲是如此的质朴纯正，除了希伯来人之外，世界上没有一个民族曾经从古人那儿继承过这么珍贵的遗产。在印度教的圣书中尚有一些不堪入目的段落，但在中国的典籍中你却找不到丝毫有失礼节的东西"（丁韪良，2004：32）。在清末民初那个特殊时期，如果要拉近传教士和中国知识分子对基督教的认同距离，自上而下地推动基督教在中国的传播，不仅要在传教的初级阶段学习现代汉语，方便交流，而且还要熟练掌握中国文化典籍的具体内容和话语形式。而学习汉语无疑是上述工作的基础，因为语言是文化的载体。

2 汉语学习

2.1 属灵派

内地会传教士的汉语学习教材主要是《日日新》和《英华合璧》。在此主要以《日日新》为例。

2.1.1 教学内容

（1）以习语为基础的30篇口语会话课文。每一课涉及一个惯用语，用对话体方式通过八个句子表现出来。30篇简短的课文，安排的格式都一样。首先是八个句子形成的课文，从左到右竖行排版。接下来是字词的学习，每课学习八个汉字，（30课）共计240个（包括词语形式在内，实际上有的课文不止八个字）。每课八个汉字，采用三种注音方式：内地会拼音方案，威妥玛拼音方案，注音字母，并且每个字词附有英文释义，以帮助初学者更好地理解和学习。字词下面是八句课文的英文译文。最后是每课四句英译汉的练习。

下面以第一课《有没有》为例，有关会话体30篇口语课文编排情况如下：

我有钱，他有钱，你有钱没有？
我没有钱，他没有钱，你有钱没有？
他有笔，我有书，你有钱。
我没有书，他没有笔，你没有钱。
他有书，有笔，有钱。
你有钱没有书，他有书没有钱。
他有书没有？他有书。
他有钱没有？有。我有笔没有钱。

然后是英汉对应的生词表和课文的英文翻译。

（2）每六课学习完之后安排有一次大练习。这些练习是对前面所学的每六课内容的大综合复习，要求学生把汉语句子翻译成英语，以检测自己学习的进展情况。30课共分五个单元，也就是五个汉译英的阶段综合练习。"从这五个综合练习中，学习者可以学到一系列的词语，温故知新，更好地巩固以前所学的口语知识，同时也是对自己学习情况的一种检测。"（倪春风，2010）以练习一为例，综合练习题的形式如下：

练习：那个人做买卖，他卖什么？他卖碗、书、笔，我现在去给你买两个碗，饭碗，一把水壶。我买好了就拿来给你。好不好？好。他们两个人现在吃饭。我听人说，他们吃好/完了，就要去买两把水壶、一个饭碗。他说话我听不见，你来看他写吃字、饭字、碗字，我没有看见他的笔，我看见他的书。你把我写的书拿给他。我给了他，他说，现在不要。他不要，你要不？我不要，我有了。吃完了/喝完了这碗茶，我就去给你买那个好茶碗。你们有钱没有？我有一个钱，他有两个钱。饭好了/得了，我们就吃。吃完/好了，就吃/喝碗茶。我们的水壶他拿去了没有？拿去了。他们拿什么去？他们拿一个饭碗、两个茶碗去。你的书他们没有拿去。吃了饭去不去？不去。现在去好不好？好，我们现在就去。

（3）第三大部分是20篇简短的阅读课文。基本是讲故事为主的记叙体。从辑要第一到辑要第二十，都是以英文做课文题目，中文做课文内容，没有练习安排。我们以辑要第一为例，课文的内容如下：

今年三月有一个少年从外国到中国来，他姓高，年纪不大，不过有二十六岁，初来，不会说一句中国话，写一个中国字。他有一个朋友，在中国多年，给他请了一位中国先生，姓李，这位先生有三十几岁，是有本事的人，很有学问，人也很和气。

2.1.2 教学特点

（1）课文短小精悍，具有简约性，字词选择讲究实用性和科学性。供初学者使用的初级汉语口语教材，课文篇幅短小，字词集中，高度浓缩，它所提供的词语是初学者到中国来进行日常交际必需的词语。课文中的句子尽可能精炼、实用，同时编者还控制了每课出现的字词和句型的数量（如会话课部分），并有计划地使它们重现，编者如此精心的安排方便了初学者的背诵和记忆。

（2）课文内容讲究实用，会话体、记叙体相结合，故事性强，激发初学者的学习兴趣。课文内容大多是来自日常生活和学习生活各个方面，选择常用字词、常用句型，并且按照常用率和难易程度，循序渐进，有计划地加以编排。为了帮助学生熟练掌握所学的知识，适量地安排练习，方便了学习者的自我检测。另外，课文内容还注意对中国文化的介绍并适当地比较中西方文化的差异。因此，学习者可以在学习汉语的过程中带着好奇和兴趣，渐渐走近并了解中国文化。

（3）比较重视口语的实践性，交际性教学方法采用循环教学法。学完这本小书，学习者基本上可以在日常生活和学习生活中用汉语和中国人进行简单的交流。在教学方式上，采用循环教学法，由易到难，让所学的知识在不同的语言环境中不断重现，以达到边学边复习边巩固的目的。

（4）重视培养学生的听和说的能力，避免教条式的教学，学有所用，学以致用。不是用语法规则的条条框框来教学生，甚至避免罗列语法规则和标准，而是通过口语的不断练习以打开学习汉语的大门，听说并重，读写跟随，使初学者从入门开始就学有声汉语，而非哑巴汉语。学习的汉语来源于生活又能回归生活，真正达到学有所用，学以致用。

总之，内地会的汉语教材主要是帮助传教士学习在中国日常生活的现代口语，便于传教士和中国的老百姓打成一片。

2.2 自由派

2.2.1 教学内容

下面以《认字新法　识字双千》为例进行介绍。

第一部分是方法论（method），包括五节内容，分别是汉字的选择、汉字的分析、有关翻译的论述、学习方式、在学校的使用。

第二部分是课文和翻译。在每个宗教教义小标题上，用常用字编成四字的短句课文，如第一章："论古始造物，未生民来，前有上帝，唯一真神，无圣能比。"下面则是对应的英文翻译。

第三部分是汉字分析。包括三个表。表一是拆字，把两千多个常用字中他认为的合体字拆成两个部分，如："上"拆成"卜"和"一"，"比"拆成两个"匕"，"且"拆成"月"和"一"等。表二是部件，有两三百个部件，如"杀、寺"，有成字部件，也有非成字部件。表三是字体（书写风格），包括楷书、草书、行书、隶书、篆书五种字体。

第四部分是附录。包括部首表和词汇表。

2.2.2 教学特点

（1）从实用出发确定汉字学习范围。丁韪良这方面的思想主要来源于清末来华的美国传教士汉文圣经印刷专家姜别利。

1）对研究所需材料的明确认识：以特定内容的文献为抽样对象。

著名古文字专家王宁先生（1994）谈到建立古籍字库时，不主张采用古今字书的第二手字料，而要采用第一手字料，这样看来费事，但可省却整理之功，因为"中国历代的字书大多重视音、义的整理，而对字形却着眼于广泛搜求，多多宜善，因而辗转互收、南北古今交杂，不分层面与体系。如果今天利用计算机这种效率极高的手段再将这些转收、重抄的字书合抄一遍，造成的芜杂将是极为可惊的"。马礼逊编纂英汉辞书就是把《康熙字典》和《五车韵府》作翻译底本，并分别把自己的辞典命名为《字典》和《五车韵府》。但是，"《康熙字典》《五车韵府》中所收的汉字并不都是均质的，其中有很多古僻字、废弃字。这些'字'只是一种遥远年代语言'符号'的化石，而不再是书写记录汉语的有效成分了"（沈国威，2011）。丁韪良确定传教士学汉字的范围则采用了以文献为抽样对象的稳妥办法，"为了确定《康熙字典》40919 个字哪些是常用字，尤其是在用于传教而使用和出版的图书中，检查了 4166 页八开的书页，包括所有的圣经，连同其他 27 本在长老会出版社出版的出版物，包括合计 120 万的汉字"（丁韪良，1867：10）。另外，因为丁韪良制定汉字学习字表是直接为传教士传播基督教服务的，文献的内容又基本上是属于宗教内容，所以这样确定的汉字字表很有针对性。120 万字的提取样本看似不大，但因为丁韪良所用的语料是以圣经（包括新约和旧约）为主要内容的文献，所以在一定程度上来看，语料的取用也就具备了相当的穷尽性，由这样的语料提取出的常用字概括性就相对较高。如果以这样选出的汉语常用字为传教士编成一本字典，查得率应该是高的，而"词典的第一要素是查得率，没有其他方面可以与之相提并论"。

2）对汉字使用特征的明确认识：总字量很大，常用字很少。

他雇佣了两个中国的文人，花了两年的时间，进行用字统计：在旧约 503663 个汉字中，只有 3946 个不同的汉字，使用的版本是伦敦传教出版社印刷的；在新约 173164 个汉字中，也只有 2713 个不同的汉字，使用的版本是长老会传教出版社出版的。(丁韪良，1867：11) 他宣布《四书》包括 2328 个不同的汉字；《五经》包括 2426 个不同的汉字，没有出现在《四书》中，十三经中不同汉字的总数是 6544 个。这还包括了 928 个罕用或已废弃的出现在《尔雅》中的字，几乎所有这些字都可能被省略，所以总字数要少于 6000。这就是说汉语的总字量可能是 4 万到 8 万，但通用字不过五六千，"这些字是该语言中出现的总字数的七分之一（15% 左右）"。在通用汉字中常用字又占很少的一部分，通过调查他认为，"非常少的汉字，出现的频次非常大，构成了一本书的大部分，大部分的汉字都出现得非常稀少"。前 14 组 2285 个字在总字数是 1166335 的文献中的覆盖率是 98.33%。其他 3715 个汉字的覆盖率只有不到 1.5%。这种运用现代统计学方法统计出来的汉字使用结果是比较可信的。(丁韪良，1867：113) 传教士可以通过有针对性地学习这些汉字，有效解决汉语阅读和书写的最大难题，事半功倍。

3）对汉字学习目的的明确认识：为读写书面语传教材料服务。

丁韪良学习研究汉语，其目的很明确，主要是为了帮助传教士能够读懂汉文圣经，进而能够读懂中国的文化经典，以利于传教士了解中国文化，利于和中国的知识分子、官方人士打交道，利于借助中国文化来顺利传播基督教。为此，学习研究汉语就以书面语的学习为主，学习研究书面语就以学习书面语需要的汉字为主，学习书面语需要的汉字就以圣经等宗教书面材料为主。上述做法与属灵派如内地会传教士学汉语汉字的取向明显不同。内地会成员鲍康宁的汉语教材《日日新》(*An Idiom a Lesson*) 和《英华合璧》(*A Mandarin Primer*) 等虽然也给出福音书中牧师最需要的词语和表达方式，使牧师可以尽早把救助的喜讯说给中国人听；引入了一个构想的与基督教来访者的对话，即《叙谈真道》，希望学生可以从中挑选出一些有用的口语短语。但鲍康宁教汉语的主要目的是给初学者提供到中国来进行日常交际必需的词语，课文内容大多是来自日常生活和学习生活各个方面，学完鲍康宁的课本后，学习者基本上可以在日常生活和学习生活中用汉语和中国人进行简单的交流。所以鲍氏的汉语教学不太像丁氏那样重视宗教内容的学习，也不太注重汉语书面语的学习，更不太重视书面传教材料中常用汉字的学习。

(2) 从汉字特征出发，通过部件组合降低记忆难度。

1）汉字识记的难点在字形。

丁韪良认为与拼音文字不同，汉字的读法和写法之间没有什么联系。他认为，在中国，正音法和正字法完全没有关系，一个完全是耳听的，另一个全部是目视的。反切系统与前者（正音）相关，后者（正字）是最难的，必须要学习，而且还没有任何帮助体系。这样的判断太绝对了，因为形声字的正音法和正字法就有明显程度不同的关系。半音符半记号字由音符和记号构成，主要来自古代的形声字，音符还能表音，意符因为不能表意而变成了记号。如"球",本指一种美玉,从王(玉)求声。后假借为毬,引申为圆形的立体物,玉变为记号(苏培成,2015:109)。丁氏的话虽然过于绝对,但也指出了外国人汉字学习乃至汉语学习最大的难点是字形。"汉字是二维的,拼音文字是一维的。一般来说,拼音文字在外观上是一种线性字符列,它只有先后顺序,而不存在上下、内外、中心与周边的错综关系。因而对于很多没有接触过汉字的外国人来说,汉字不是'写'出来的,而是'画'出来的。他们认识汉字汉字时,往往只记个大概的轮廓,不注意细节。字形的细微差异,初学者常常不易分辨而造成混淆。"(周健,2007:107)

2)如何解决汉字识记的难点。

灵活拆字是主要办法。既然汉字的正音法不明显,丁韪良就在正字法即字形方面下功夫。"这本字典将每个字都作为一个整体提供,有时候涉及字源,则通过猜想的方式给出其构成部分;但是一个简单的手册从部分到整体,首先提供要素,然后提供作为正音和正字结果的单词,这仍然是我们最大的希望。"在丁韪良看来,记忆汉字字形的主要途径是对汉字进行字形分析,而这是符合汉字学习实际的。清代汉字学家王筠在《文字蒙求·自序》中说:"雪堂谓筠曰:'人之不识字也,病于不能分。苟能分一字为数字,则点画必不可以增减,且易记而难忘矣。'"(苏培成,2015:72)人们分析汉字可以分析到以笔画为单位,也可以分析到以部件为单位,孰优孰劣呢?汉字本体研究者认为,汉字的构字成分分为三个层次:笔画、部件和整字,其中部件是核心。(苏培成,2015:74)对外汉字教学的研究者认为:"学生识记汉字的错误,与部件识记不准确有较强的相关性。一般来说,学习者没有掌握所学汉字的表现为:不认识,不会写,写别字,写错字。错字表面看是丢笔画、笔画错位、形体错位,但是这些错误多可以归结为部件问题。"(崔永华,1997)上述论断都告诉我们,部件分析是汉字分析的核心和关键所在。

3)如何拆字。

丁韪良是如何进行汉字拆分(分析)的呢?他从中国人区别同音姓氏的"权宜之计"得到了启发:

> 习惯要求中国人在见面时要互通姓氏;但是其中的很多其声音很相近,正如在我们中间就有 Lee、Lea、McLean、McLain、MacLane,如果没有进一步的描述,要懂得对方的回答是很困难的。
> 问:您贵姓?
> 答:免贵,姓 zhang。
> 问:怎么写?
> 答:立早"章",不是弓长"张"。也就是由"立"和"早"构成的"章",不是由"弓"和"长"构成的"张",是"章",不是"张"。"(丁韪良,1867:8)

由上面举的例子,丁韪良得到启发,"下面的姓氏和其他的形式都做如下类似分析",如:何—人可、许—言午、胡—古月、陈—耳东等几百个姓氏的拆分。由此及彼，丁韪良进一步联想，"名字是这样拼出来，如果为了确保听者正确地写下来，其他的汉字为什么就不能用来做同样的处理呢？每个独立的汉字都能分割成两个或三个要素，每一个要素都是一个清晰的整体，有它自己的声音和意义。在每种情况下，说到应用这种解决问题的办法，几乎不是一个疑问。"（丁韪良，1867：9）

丁韪良在拆字的过程中，首先将汉字分为独体字与合体字：独体字，如"工"；合体字，如"贫"，包括"分"和"贝"两个部件。

为了拆分合体字，他确定了一个部件表，列出241个部件。学会了这241个部件，就可以拆分2000多个常用字，方便记忆。

3 总 结

戴德生代表的属灵派和丁韪良代表的自由派，由于传教的指导思想不一样，所以汉语学习的情况也不相同。属灵派重点学习现代汉语的日常口语，为的是方便直接布道，通过运用汉语的听说技能，实现向中国的广大下层百姓传教的目的。自由派重点学习古代汉语书面语，因为该派的传教士不太重视直接布道，而重视文字事工，通过运用汉语的读写技能，利用"孔子加耶稣"的传教策略，传播传教的书面材料，广泛接触中国的知识阶层和官员，实现自上而下传教的目的。

参考文献
贝西尔. 利玛窦中国札记［M］. 1978（法文版）：序言.
崔永华. 汉字部件和对外汉字教学［J］. 语言文字应用，1997（3）.
戴存义暨夫人. 戴德生传：上卷［M］. 胡宣明，译. 上海：上海内地会，1950.
丁韪良. 认字新法 识字双千［M］. 上海：美华出版社，1867.
丁韪良. 花甲忆记［M］. 沈弘，等译. 桂林：广西师范大学出版社，2004.
霍凯特. 现代语言学教程［M］. 索振羽，叶蜚声，译. 北京：北京大学出版社，1986：1 – 2.
李亚平，王志通. 近代中国内地会青海传教策略与方式［J］. 青海民族研究，2014（2）.
倪春风. 鲍康宁《日日新》研究［D］. 上海：上海师范大学，2010.
沈国威. 理念与实践：近代汉外辞典的诞生［J］. 学术月刊，2011（4）.
宋莉华. 19世纪传教士汉语方言小说述略［J］. 文学遗产，2012（4）.
苏培成. 现代汉字学纲要［M］. 3版. 北京：商务印书馆，2015.
王宁. 计算机古籍字库的建立与汉字的理论研究［J］. 语言文字应用，1994（2）.
赵玉华，刘凌霄. 清末天主教和新教在华传教活动的异同［J］. 山东大学学报：哲学社会科学版，2003（1）.
周健. 汉字教学理论与方法［M］. 北京：北京大学出版社，2007.
Duus P. Science and Salvation in China：The Life and Work of W. A. P. Martin［C］// Kwang-ching Liu. American Missionaries in China. 哈佛大学东亚研究中心，1966：33.（皮特·杜斯. 科学和中国的拯救：丁韪良的生平和事业［C］//刘广京. 美国教士在华言论论丛. 哈佛大学东亚研究中心，1966：33）.
Porter A. An American Mandarin［M］. New York：The Outlook，1907.

三、东亚教材史

《中国语教本类集成》所辑汉语教本文献内容及资料来源考订

陈珊珊

（吉林大学文学院）

摘　要：六角恒广编《中国语教本类集成》，收录了日本近代在中国语教学中使用过的具有代表性的教本达 250 部。这些难以寻觅、鲜为人知的原始珍本，不仅揭示了日本历史上汉语教育发生、发展的历史过程，同时教本中采录的汉文资料也从一个侧面再现了近代中国社会的文化历史原貌。本文以日本各个时期中国语教育发生、发展的历史背景及时代特征为线索，全面探寻与梳理其语料来源，以期挖掘其深藏的汉语史和汉语教育史价值。

关键词：日本；《中国语教本类集成》；汉语教本；资料来源

六角恒广编《中国语教本类集成》，收录了日本近代在中国语教学中使用过的具有代表性的教本达 250 部，这些难以寻觅、鲜为人知的原始珍本，不仅揭示了日本历史上汉语教育发生、发展的历史过程，同时教本中采录的汉文资料也从一个侧面再现了近代中国社会的文化历史原貌。日本近代 80 年间开展的中国语教育，其基础是建立在日中关系和对华侵略战争之上的，由此确立的培养计划和教育方针始终服务于战争的需要。同时，自明治到大正、昭和时期，又是日本教育思想经历了儒学、洋学、国学论争—欧化主义—儒教复兴—国家主义—军国主义时期的历程，在其种种复杂背景下编纂的汉语教本，被明显地烙上了时代的印记，真实地记录了这段无论对于中国还是对于日本的特殊历史。这些汉语教本，不仅为那个时代做了重要记录，也为近代汉语史留下了丰富、原始的研究材料。本文以历史年代为线索，将从以下三部分展开。

1　江户至明治初期的南京官话教本

江户时代的唐话教学是作为吸收和输入中国文化的媒介出现的，同时培养中国进入长崎港的商船进行贸易活动时所需的翻译。《中国语教本类集成》"补集"收冈岛冠山编江户时代唐话教本五种，即《唐话纂要》（1716）、《唐译编览》（1726）、《唐话便用》（1726）、《唐音雅俗语类》（1726）、《经学字海便览》（1725），另一部《唐诗选唐音》为李攀龙编选，刘道注音。另外，唐话教本还有明治初期使用的五种抄本，即《汉语跬步》《闹里闹》《小孩儿》《官话纂》《养儿子》，作者、编年不详，但从语言的使用情况看，均为南京下江官话语体，应该作于享保年末至明治初，为会话或阅读性教本。

1.1 译注儒学文献和中国古典诗歌

江户时代，出于治理国家的需要，历代主政的幕府将军在政治思想上都尊崇中国的儒学。如第一代幕府将军德川家康力倡程朱理学，使之成为日本的官学；第五代将军纲吉在幕府设儒官，在汤岛建孔子圣堂并亲书"大成殿"匾额，还在圣堂讲解《论语》。因此，以中国儒家经典和古典诗歌作为教本语料应该是其首选。

1.1.1 《经学字海便览》

冈岛冠山所著《经学字海便览》七卷七册，全部是从《朱子语类》中有关四书五经的俗语中挑选难解之词加译注而成。由于《朱子语类》篇章多由当时俗语构成，仅据日本的汉文知识，不解其意者甚多，故冈岛冠山对其俗语部分加了译注，编成《经学字海便览》。如《太极上·太极天地上内俗话》选注的词语有"将那处做极、这里、挂搭、推究、凝结、物事、这个、底、合当如此、别无勾当、甚麽、撒出、鼻息、赶出、一霎时、运转、条绪、胡乱"。编辑此书的目的显然是为当时的学习者提供一部可供查阅的参考书。

1.1.2 《唐诗选唐音》

由李攀龙编选、刘道注音的《唐诗选唐音》是一部教习发音的语音课本，编者从《唐诗选》的五言绝句、七言绝句中分别抽取了74首和165首，在每个汉字旁以日语片假名进行标注。

チイ　ジン　ボ　スヤン　シツ　ゲウヅ　ヲ　ライ　リン　ヅユン
主　　人　　不　相　　識　　偶　　坐　為　林　　泉
モ　マン　チウ　クウ　ツイウ　ノン　チヨン　ズウ　ユウ　ツユン
莫　謾　　愁　　沽　　酒　　　囊　　中　　　自　有　　錢

1.2 围绕《圣谕广训》的"训诫""议理"材料

近代中国传统的蒙学读物中，用于教化、议理、训诫的"宣讲"始终占主导地位。雍正二年（1724），雍正帝颁布《御制圣谕广训》（以下简称《圣谕广训》），发出了以后三年里，必须每月朔望在各省的学校宣读的诏令。作为周边文化圈内的日本国，其汉语教科书的编写始终得到了比中国域内文献更为敏锐的记录。于是，以"训诫""议理"为话题的口语体文献遍布日本的汉语课本。

1.2.1 威妥玛《寻津录》

威妥玛1856年编纂的《寻津录》中，收录了根据《圣谕广训》第一条"敦孝悌以重人伦"转写的白话文材料。

如今萬歲爺坐了位，想看著聖祖教人的意思，做出聖諭廣訓十六篇來，先把這個孝弟的道理，講究給你們眾百姓聽聽。怎麼是孝呢？這個孝順的道理大得狠，上至天，下至地，中間兒的人，沒有一個離了這個道理的……

1.2.2 《闹里闹》

《闹里闹》是初级学习阶段结束后使用的阅读教材，由三部分即"三话"构成。第一话，劝诫节约用钱，不要乱花钱，如果乱花钱，会倾家荡产，甚至导致偷盗、放火、杀人等犯罪行为；第二话，告诫人们警惕被欺骗及小偷；第三话，说的长崎一位寡妇，深夜遇火灾，背着生病的婆婆，带着三个孩子逃生，之后受衙门对其孝行的奖赏。

1.2.3 《唐话纂要》

《唐话纂要》卷三、卷四编入了部分"常言"，是日本早期汉语教科书会话模式的先驱。从这些收录到教本中的警示名言，也可以反映出日本江户时代的文化价值取向和道德规范行为，充斥了"训诫""议理"的色彩：

家貧顯孝子　　世亂顯忠臣
德微而位尊　　智小而謀大
遠非道之財　　戒過度之酒
骨肉貧者莫疏　　他人富者莫厚
水至清則無魚　　人至察則無徒
平常不做虧心事　　半夜敲門不吃驚
酒不醉人人自醉　　色不迷人人自迷

2　明治至日清战争期间的北京官话教本

在明治初期强烈"脱亚入欧"、追慕西方的风潮中，日本与中国的关系发生了变化，表现为一方面吸收西方先进文化，另一方面对周边国家实行"富国强兵"的基本国策。日本学者福泽谕吉于明治十八年（1885）3月发表了蔑视中朝的《脱亚论》，文中写到："我日本国土，虽位于亚细亚东边，但其国民之精神已脱亚细亚之固陋，移至西洋文明……"①

日本汉语教育从明治九年（1876）起开始由"南京官话"向"北京官话"转变。恰逢此时，英国人威妥玛的《语言自迩集》传到了日本。于是，《语言自迩集》以及美国传教士高第丕编纂的《文学书官话》自然成为日本汉语学界对西方先进文化吸收与

---

① 六角恒广：《日本中国语教育史研究》，王顺洪译，北京语言学院出版社1991年版，第201页。

继承的对象。

2.1 译介《语言自迩集》等域外文献

明治初期，外务省设立的"汉语学所"最先使用了中田敬义从北京带回的《语言自迩集》。随后出版的几部北京官话教本，如《清语阶梯语言自迩集》《新校语言自迩集》《参订汉语问答国解》及《亚细亚言语集》，都是以《语言自迩集》为底本编译而成，教本材料的选取完全照搬《语言自迩集》。同时，译介欧洲寓言、奇话等通俗读物的教本如《北京官话伊苏喻言》等，也在此时期成为教本关注摄取的主要材料。如《亚细亚言语集》除照搬《语言自迩集》的全部语料外，还特别在正文上栏收录了欧洲奇话。

2.1.1 《语言自迩集》

《语言自迩集》的会话材料被《亚细亚言语集》等全部照搬，《官话指南》的话题选择和体例也基本依据《语言自迩集》。《语言自迩集》第五章"谈论篇"由40段对话构成，内容多涉及主仆、邻里间的见面沟通，包括学习汉话、道德品性及"训诫""义理"等方面的内容。例如：

> 我听见说你如今学满洲书呢么？很好。满洲话是咱们头一宗儿要紧的事情，就像汉人们，各处儿各处儿的乡谈一个样儿，不会使得么？/可不是么？我念了十几年的汉书，至今还摸不着一点头绪呢！若再不念满洲书，不学翻译，两下里都耽误咯。因为这么着，我一则来瞧瞧兄台，二则还有奉求的事呢。只是怪难开口的。

2.1.2 《伊苏普喻言》

《伊苏普喻言》收入寓言故事237则，均用当时的北京官话口语译成。其用语鲜活、时代特征词突出，还具有深入浅出、发人深省的意义，所以是明治时期的经典教本，在日本战后经田中秀改订，实藤惠秀、鱼返善雄监修，变为《华译伊苏普喻言》，于昭和三十一年（1956）5月再次出版发行。例如：

> 蜜蜂和羊較比誰與人的益處多、兩個各自誇各自、議論不定、去求人給評論、這人說、自然是羊的益處多、蜜蜂不服、問你怎麼見得、這人說、蜜是最甜的、自然頂好喫、但是沒有也可以、到了羊、是人人離不開的、打頭沒羊毛就不行、而且人取羊毛、羊是順情順理的叫人取、若是取蜜、那蜂就要拿鉤子蟄人、可見人若是有好處給人、總得像羊那樣才好。

2.2 从战地及商务往来交际中撷取实用会话

1894年爆发的甲午战争及1904—1905年爆发的日俄战争,促进了日本的中国语教育事业的普及与兴盛,同时教科书的实用化倾向也空前加剧。教科书内容的选取紧跟时事,急用先学,大部分对话语料都是在战场上搜集来的,没有任何语音、语法教学理论的支持,一如安腾彦太郎所概括的那样,为"沿线大兵外语"。这一时期出现的"军用、商用"教科书达50种之多,基本以对译或"速成会话"的形式出现。

2.2.1 "军用"教科书中的"大兵外语"

日本学者鱼返善雄在《支那语界·回顾与展望》中回忆:

> 明治时期的两次战争之际,出现了数十本支那语课本,大部分为速成会话。而且,令人吃惊的是,当时还出版了四分钱一本的速解支那语书,比如"到北京多少里""打旗""支那败了",今天看来,非常可笑。①

明治三十八(1905)年,足立忠八郎的《实用日清会话》、汤原景政的《实用日清会话》,均收录了部分军用会话内容。这类教科书一般由"词组""问答"和"会话"构成。词组多涉及武器、兵营、编制、兵种、官衔、军备、谈判及作战用语等范围的日常词汇,充斥课本的会话清晰地再现了当时的作战场景:

> 这地方有粮草么/有不多的/我给你赏钱探听军情来罢/那山里头的敌兵有多少么/有一千多兵/有马队么/没有马队但有部队炮队工程队/这一带有炮台没有/河岸上就有三座炮台/若是那么样敌兵是在河那边儿扎营的么/是河那边儿扎营/各险要的地方都有埋伏/你去打听打听敌营的动静就赶紧的来告诉我。②

2.2.2 "商用"教科书中的商务会话、尺牍及书翰

甲午战争、日俄战争相继取得胜利后,日本政府和日本国民都把目光投向了中国,企图在中国寻找发财、发展的机会,面对高度增长的日本经济,大批高等商业学校应运而生。这一时期出现的"商用"会话课本达20余种,如《便商沪语》(1892年)、《日文翻译北京官话贸易丛谈》(1901年)、《北京官话士商丛谈便览》(上、下卷,1902年)、《华语教科书商贾问答》(1905年)、《燕语生意筋络》(1903年)、《实用简易日台商用会话篇》(1904年)、《东语士商丛谈便览》(1905年)等。

《东语士商丛谈便览》中的句子如:

---

① 《中国语教学书志》,第31页。
② 足立忠八郎:《清国时文辑要》,见六角恒广《中国语类教本集成》第三集(3),(东京)不二出版社1992年版。

[1] 赶平安之后，那地方儿的买卖，一定可以振兴的。
[2] 你是愿意是不愿意，脆快一句话，别这么拉丝。
[3] 我不过先说个大概，那细话现在立刻也不能说。
[4] 现在您要买什么东西，可以先由我们柜上开发钱，赶您多咱要走的时候儿，你们再算账。
[5] 大概连来带去也就是这么个三两个月的光景。
[6] 在贸易场中打头是会说话要紧。
[7] 从前我劝过他，当官差或是做买卖，他都懒怠干。

《中国商业用文》① 中的尺牍如：

○○宝号台鉴顷读

赐电嘱以（某货）之款以（三个月）为期云云、彼此相信最深、原无不可惟、敝号与他家来往向例均系（两月）、倘此次勉循尊议、是事出两歧、恐他人喷有烦言、于敝号名誉有碍、好在宝号殷实素著、断不于此较短长、也梗命尚祈曲、恕不胜幸甚

肃此布复敬问财祺

2.3 摘取清政府朝廷奏章与官厅令文的"时文"

"时文"在中国原是适应科举考试的文体，在日本专指中国的新闻报道文章和公文之类。自明治末期始，"时文"教学日益兴起，到了大正、昭和年代，已与"会话"成为中国语教学的两大支柱。最初在没有"时文"教科书的情况下，通常是把日本官厅的政令、告示或是上海申报的记事散文等译成吏牍文。之所以选择这些作为"时文"汉文科目的教材，据六角恒广介绍，一方面通过这些文件可以了解现实中国社会的方方面面，同时也借此接触中国最时尚、流行的活的语言。

出版于明治三十五年（1902）足立忠八郎的《清国时文辑要》，是当时使用范围广泛、影响较大的时文教本。全书5卷本，材料基本来自清政府与周边各国往来的启牍、照会、告示、奏折、上谕（图1）及国书等文件，如"弹压民心""申禁烟赌""台地改租""金陵火药局经费报锁""特设仕学馆学习洋务""甲午之战役宣战""日俄战争中立""着授李鸿章全权大臣""皇上奉慈驾西幸"等。

---

① 宫锦舒文：《中国商业用文》，载六角恒广《中国语教本类集成》第三集（4），（东京）不二出版社1992年版，第5页。

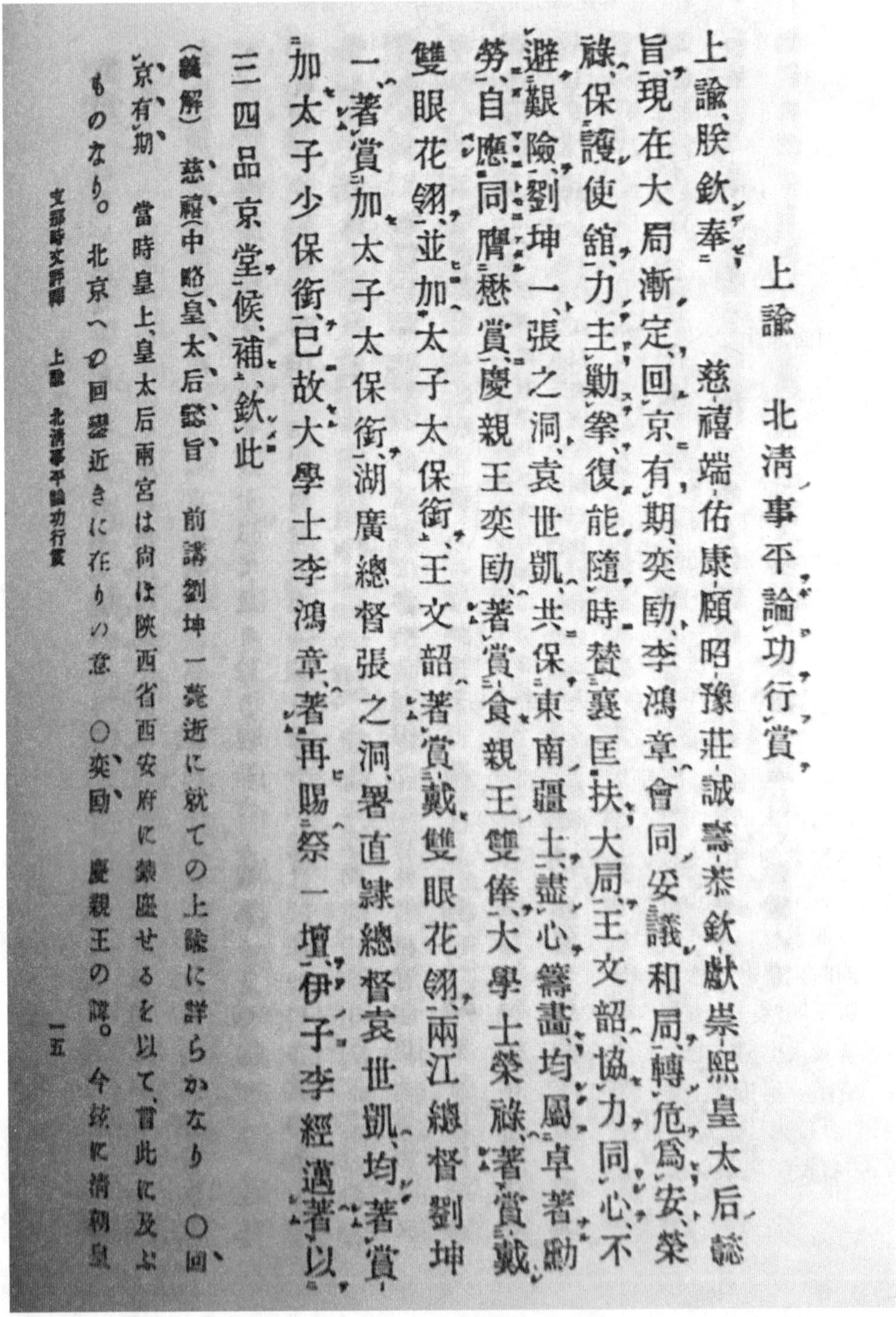
上諭　北清事平論功行賞

上諭、朕欽奉　慈禧端佑康頤昭豫莊誠壽恭欽獻崇熙皇太后懿旨、現在大局漸定、回京有期、奕劻、李鴻章、會同妥議和局、轉危爲安、榮祿、保護使舘、力主勦拳、復能隨時贊襄匡扶大局、王文韶、協力同心、不避艱險、劉坤一、張之洞、袁世凱、共保東南疆土、盡心籌畫、均屬卓著勛勞、自應同膺懋賞、慶親王奕劻、著賞食親王雙俸、大學士榮祿、著賞戴雙眼花翎、並加太子太保銜、王文韶著賞戴雙眼花翎、兩江總督劉坤一、著賞加太子太保銜、湖廣總督張之洞、署直隷總督袁世凱、均著賞加太子少保銜、已故大學士李鴻章、著再賜祭一壇、伊子李經邁著以三四品京堂候補、欽此

(義解)　慈禧(中略)皇太后懿旨　前講劉坤一薨逝に就ての上諭に詳らかなり　○回京有期　當時皇上、皇太后兩宮は尚ほ陝西省西安府に蒙塵せるを以て、自此に及ぶものなり。北京への回鑾近きに在りの意　○奕劻　慶親王の諱。今玆に清朝皇

支那時文評釋　上諭　北清事平論功行賞　一五

图 1　《上谕　北清事平论功行赏》

3 大正、昭和及全面侵华时期的汉语教本

甲午战争后，中国有识之士认为如不改革政治，普及教育，不足以自存于世界，随后清末的三大语文运动兴起。随着国语运动的普及深入，中国新文学运动中产生的摆脱了文言的优秀现代文学作品和黎锦熙的《新著国语文法》等语言著作传到了日本，日本的中国语学界在此方面产生了相应的反响，教科书中收录了大量的鲁迅、郭沫若、茅盾等人的作品。

随着1937年卢沟桥事件后日中战争全面爆发，日本占领中国东三省，并进一步向东南沿海地区深入，日本的中国语教育再度出现"支那语"教育的全盛时代。教科书选材不再笼统而泛泛，大批日中接触中使用的重要文件和新闻时事稿件都被应用到教科书中，从事汉语教育的教师和到中国作战或寻找机会的军人和商人，都成为国家使命的执行者和实践者，教科书更加扮演了政治时事课本和历史教科书的角色。

3.1 反映中华民国社会动态的新闻报道

随着日本对中国侵略、扩张的不断深入，教科书的选材范围也在不断地扩大和丰富，关注中国、关注日中关系的发展、反映中华民国社会最新动态的新闻时事报道等成为时文教科书的首选材料。出版于昭和九年（1934），宫越健太郎、清水元助编纂的《最新支那语教科书·时文篇》，选取了属于时文范围的题目10项，包括报纸上所登载的政治家动向、广告、社会报道、尺牍、契约书、公文、声明书等（图2）。

中国语教育，一般都是在日本本土进行。自明治十七年（1884）起，日本在上海以"它日经营大陆"为名先后设立了"东洋会馆""日清贸易研究所""东亚同文书院"等中国语教育机构。这些书院除日常教学外，还制定了学生在中国内地调查旅行的教学实践环节，主要是进行以政治、经济为中心的交通、地理、风俗、文化等的实地调查。调查结束后写成书面报告，作为毕业论文提交到学校；部分写得有价值的，经指导教师审阅后，被收入《支那经济全书》。

前田清哉于明治三十四至三十五年（1901—1902）编辑的《支那语学校讲义录》外号，收录了善邻书院藏版的小越平陆的"清国地理述"一节，其中包括"满洲旅行记"一册，又名"白山黑水錄"，其目录如下：

一、满洲於露人经营
二、满洲陆军水运
三、山河鑛山森林
四、风俗人情一般
五、通货渔猎牧蓄
六、都府及地方實况等

1

實業部布告

爲布告事查近來各省鑛產以治安未復致鑛業監督權之行使有所未及乃竟有不法人等未經呈請官廳許可乘機盜採殊屬違犯鑛業法令倘不嚴行查禁影響鑛政誠非淺鮮除令行各省飭屬嚴防外嗣後凡未經本部許可擅行盜採者一經查出定予嚴懲不貸仰各商民人等凛遵勿違切切此布

大同二年四月二十四日

一〇

图2　《实业部布告》

3.2　中国近现代白话小说

中国新文化运动潮流的兴起，不同程度地影响和折射到日本的中国语教科书中，反思批评前期实用化倾向，吸取中国传统和现代民族文化，日本中国语学界呈现出向科学、文化的中国语发展过渡的态势。会话语料着眼于天文地理、名胜古迹、风土人情，时文课本从清末的教育制度、帝室系图、皇族官员别称、文武官员品级、官员服制、货币、行政官厅的布局及公文条例的改革等选取材料。到了昭和时期，中国古代和现代文学作品大量进入日本的教科书，其显露的文化内涵更加证实日本的中国语教育正在向富有"文化语学"的学科性建设迈进。

3.2.1 转载或改写中国近代白话小说

日本汉语教学自明治初期起，就有以中国近代白话小说作为中高级阶段阅读教材的历史，但以之作为教学主体材料进入日本的汉语教本，是在大正、昭和时期。综观该时期入选日本汉语教本的中国近代白话小说，集中在如下作品的如下章节：

曹　霑《石头记》	刘老老进大观园
李汝珍《镜花缘》	女儿国
刘　鹗《老残游记》	老残
罗贯中《三国演义》	长坂坡
蒲松龄《聊斋志异》	仇大娘
施耐庵《水浒传》	武松打虎
文　康《儿女英雄传》	能仁寺
吴承恩《西游记》	齐天大圣
吴敬梓《儒林外史》	范进中举

3.2.2 选录中国现代文学作品

随着对前期中国语教育实用化倾向的批评与反思，加之中国国内国语运动和新兴文化潮流的影响，日本中国语学界要求吸纳中国"高度知识"的呼声逐渐强烈。随之出版了一系列《中国现代文选》等吸纳中国优秀文学作品的教本，它们作为日本中国语教育向学科性建设发展的过渡，拉开了日本科学中国语建设的序幕。昭和十二至十八年间（1937—1943）出版的中国现代文读本，收录了如郁达夫的《一个人在途上》、黄慧的《洋化的东京》、谭子豪《三月》、俞平伯的《西湖的六月十八夜》、郭沫若的《山茶花》、冰心的《一个慈蔼的兵丁》、梁启超《学问之趣味》等，都是白话文初期的原始珍品。

　　　　《三月》（谭子豪）
　　我久渴望着的三月的阳光啊，
　　你像大海中的光涛一样向我流来。
　　你快把这地上的残雪和流冰溶化罢，
　　我的生命正被新的力量鼓动着呢。
　　我歌颂过赤色的夏天，黄色的秋天，

现在我是该歌颂青色的春天了。
献给那些为自由为正义而奋斗的战士。
……

4 余 论

日本中国语教本文献内容的摄取，随着时代的发展、教育思想的转变以及国家战略需求的变化，在不同时期表现出不同的特征：

（1）江户时代，是日本教育走向发达的历史时期，中国儒学被日本全面继承，朱子学走向日本正统官学，四书五经一类的儒学教材大量被采用，"东洋道德，西洋艺术"的口号为日本近代化发展确立了基本方向。

（2）明治初期到日清战争期间，是日本为实现"富国强兵"，开始全方位大举引进外来文化，"求知识于世界"的发展时期，日本政府大力推动"文明开化""脱亚入欧"，全面向西方先进文化靠拢。《语言自迩集》在这一契机中，以全新的语言理论体系和北京官话口语词研究方法成为日本中国语学界追慕、效仿的对象。

（3）日清战争后到全面侵华，日本在甲午战争中获胜，极大地刺激和唤醒了日本人的国家意识，日本汉语教育也随之出现了"支那语黄金时代"。在这一背景下编纂的汉语教本，完全被"国家主义""军国主义"所驱使，大量战争时使用的国际公文、官厅文件及日本留学生中国内地调查纪实被收入教科书中，日本对中国的窥视与关注已深入中国的各个领域及各个层面。

（4）日本于第二次世界大战战败，日本中国语教育的基础也随之彻底破产，随着战后要求和平与民主呼声的高涨，中国语学界展开了对前期实用中国语教育的反思与批判；同时，中国新文化运动的风起云涌也对此时期日本的中国语教育形成影响，关注中国新兴的学术成果，追求科学的富有文化意义的中国语教育已成为共识。1946年10月，由仓石武四郎发起的汉语学界第一个全国学术性组织"中国语学研究会"在日本京都宣告成立，标志着汉语教育开始摆脱实用工具的面貌走向学科性建设的发展，汉语学习由此始作为"科学之阶梯"开启了通向学术意义的汉语研究之门。

日本的中国语教科书，在百年间经历了从文言到白话、从儒学到西学、从南京官话到北京官话、从文化学习媒介到实用扩张工具的过程，历经战火和社会动荡的磨砺。作为文化、语言的载体，这些教科书成功地充当了历史教科书的角色，其中大量鲜为人知的材料，为这段历史、为这个时代做了重要记录。

参考文献

安藤彦太郎. 中国语与近代日本 [M]. 卞立强, 译. 北京：北京大学出版社, 1991.
六角恒广. 日本中国语教育史研究 [M]. 王顺洪, 译. 北京：北京语言学院出版社, 1991.

六角恒广. 日本中国语教学书志 [M]. 王顺洪, 译. 北京: 北京语言文化大学出版社, 2000.
六角恒广. 日本近代汉语名师传 [M]. 王顺洪, 译. 北京: 北京大学出版社, 2002.
六角恒广. 中国语教育史稿拾遗 [M]. 王顺洪, 译. 东京: 不二出版社, 2002.
钱婉约. 从汉学到中国学——近代日本的中国研究 [M]. 北京: 中华书局, 2007.
王顺洪. 日本汉语教育的历史和现状 [J]. 语言教学与研究, 1989 (4).
王顺洪. 近十年来日本的汉语教科书 [J]. 语言教学与研究, 1991 (3).
王顺洪. 仓石武四郎——现代日本汉语教育的先行者 [J]. 国外语言学, 1993 (3).

《拉丁化新文字中国语初级教本》与《中国语模范会话》"序言"译注[①]

范常喜　陈　辉

(中山大学外国语学院国际汉语系)

摘　要：《拉丁化新文字中国语初级教本》与其录音《拉丁化新文字中国语模范会话(初级)》是20世纪50年代日本汉语教学史上一套代表性教材。该教材由日本著名汉学家、汉语教育家仓石武四郎先生编写，中国著名现代作家冰心母女等参与录音，是他们通力合作的结晶。本教材编写理念先进，注重听说，不强调汉字学习，采用拉丁化新文字标记汉语，并配有录音，极便初学者，在"二战"后日本汉语学习者当中有着广泛的影响。本文将仓石武四郎先生为该套教材所做的两篇日文序言译成汉语，并对其中涉及的具体人、事、物等做了尽量详尽的注释，希望能在还原那段历史的同时也为当前的国际汉语教材编写提供些许参考。

关键词：《拉丁化新文字中国语初级教本》；《中国语模范会话》；国际汉语；仓石武四郎；冰心

1　译注说明

《拉丁化新文字中国语初级教本》日文原名为《ラテン化新文字による中国語初級教本》，是一本日本人学习汉语的初级教材，此教材由日本著名汉学家、汉语教育家仓石武四郎[②]先生编写，1953年6月由日本岩波书店正式出版。整部教材共计174页，除序言、目录、附录外共有20课，每课又分成A、B、C三部分。A部分是拉丁化拼音书写的汉语课文对话，未用一个汉字，每个拼音上方均附有表示声音高低强弱的音波图，直观地标示出了语调和声调。每句话的左侧附有日文翻译。课文后附有该段课文所涉及的语音、词汇、语法等事项的日文注释。B、C两部分是为复习课文对话所设计的会话练习，所用句子基本上是A部分的重复，但在表达上更加注重语境意识的培养。这两部分同样也用拉丁化拼音书写，未用汉字。全书课文由6个人一天的生活对话构成，对

[①] 译文承蒙正在日本法政大学访学的北京大学日语系汪然博士审正，特此谨致谢忱！

[②] 仓石武四郎(1897—1975)，日本著名中国学家，尤其在战后以对汉语研究、汉语教育及辞典编纂的功绩而成为现代日本汉语研究的泰斗，编著有《仓石中国语教本》《岩波中国语辞典》等教材和工具书。他创立中国语学会、日中学院，一生致力于日本汉语教育的改革，是日本现代汉语教育的奠基人，也是中日文化交流的友好使者，1974年被授予日本朝日文化奖。他曾在1928—1930年被日本文部省派往北京留学并游历中国许多地区，与当时许多著名学者有过往，如章太炎、钱玄同、俞平伯、陈寅恪等。回国后先后担任京都大学和东京大学教授，在日本中国学界产生了巨大的影响。参见荣新江(2002：前言1-12)。仓石与冰心友好交往频繁，也是冰心作品在日本主要的介绍者与研究者。1949年仓石武四郎作为东京大学中文系文学部主任，邀请冰心出任东京大学任课讲师，冰心也因此成为东京大学建校以来的第一位女性讲师。参见林敏洁(2013：182)。

话场景涉及家庭、路上、车站、公园、茶馆、书店等多个方面。

该教材配有录音唱片,名为《拉丁化新文字中国语模范会话(初级)》,日文原名为《ラテン化新文字による中国語模範会話(初級)》,1952年6月由日本哥伦比亚唱片公司单独发行。录音存储在2张78 rpm的黑胶唱片上,发卖号码分别为AK-221和AK-222。除两张唱片外还附有录音内容的小册子。小册子共31页,内容包括序言、目录、课文录音的拉丁化拼音和日文对译、汉字版课文附录等。其中目录页下部详细列出了6位录音者的姓名,分别是谢冰心、吴宗远、吴宗黎、曹庆稀、曹庆颐、田英英。谢冰心即我国著名现代作家冰心,吴宗远和吴宗黎即冰心的两个女儿,曹庆稀和曹庆颐则是五四运动时期被打倒的曹汝霖之女。可见,该教材是日本著名汉语教育家和中国著名作家通力合作的结晶,在当时的历史背景下,这种合作有着特殊的中日文化交流史意义。

此外,本教材深受美国"二战"时所编军事汉语口语教材 *Spoken Chinese* 的影响,编写理念先进,注重听说,采用拉丁化拼音标记汉语,并配有录音,不强调汉字学习,所编对话简洁实用,非常便于初学者使用,是"二战"后日本汉语教育史上一部极具代表性的教材。该教材和录音虽完成于60多年前,但其独特的编写理念、中日著名作家和汉学家通力合作的编写实践均可以给当下的国际汉语教材编写以启迪。

这套教材因录音唱片单独发行,所以仓石武四郎先生为教材和唱片分别做了一篇序言。两篇序言介绍了教材编写和录音制作的缘起和过程、编写理念、具体内容等事项,具有很高的国际汉语教材史研究价值。有鉴于此,我们将这两篇日文序文做了翻译,并且查阅相关文献,对其中所涉及的具体人、事、物等做了尽量详尽的注释,希望在还原那段历史的同时,也为当前的国际汉语教材编写提供些许参考。该套教材的纸质版和录音唱片在日本国立国会图书馆均有收藏,本文所用作翻译的底本即该馆所藏1953年和1952年的初版本。

2 《拉丁化新文字中国语初级教本·序言》译注

序　言

在那场回想起来都会让人战栗的无法忘怀的战争结束之后,在日本兴起了新一轮的汉语学习热潮。这是战后取得中国国籍的人①,想要在久居的日本学习新"国语"的一个热潮。应此热潮,在留日中国学生中有志之士的带领下,在东京神田的东方学会大厦②开办了一些汉语讲习会活动。那时,我每年都会从京都到东京大学参加几次讲习活

---

① 这些人应是指已在日本生活多年、"二战"后准备回国的华侨。参见蔡振翔(2009:52-54)。

② 东方学会是日本学术机构,1947年6月成立时称作"东方学术协会",1948年3月11日更名为"东方学会"。会员由各大学、研究院所中研究中国问题、朝鲜问题、蒙古问题、印度以及东南亚问题、中亚问题、西亚问题、日本问题的学者组成,其中研究中国问题的学者占多数。研究领域包括历史、社会、经济、民族、民俗、思想、哲学、宗教、文学、语言、艺术、考古等,涵盖了人文科学和社会科学的各个学科。著名中国学专家吉川幸次郎(1904—1980)、池田温(1931—　)等均当过该学会的会长。该学会所在地址为东京都千代田区西神田2-4-1,官方网址为:http://www.tohogakkai.com/。

动。战后的东京没有我的住宿之地,应各位留学生之邀,我得以住在神田的学生宿舍,方才有幸看到留学生中这批有志人士在这一过程中所做的努力。

从那之后,在战后新形势下,日本人中也出现一些以战后的新姿态而学习汉语的人,他们也参加了这个讲习会。这样一来,也需要日本老师。不知不觉中,两国有志之士便一起踏上了合作的征程。也正是在三年前,日本中国友好协会①创立之时,我承担了协会的一部分工作。那个时候,我也刚好搬到了东京,并被推举为该协会组建的"中国语讲习会"②的会长。那之后的一年,我暂且退出了协会的工作,开始名副其实地成为讲习会的负责人。③ 多亏各位友人的热心参与和支持,才使得我们的讲习活动至今还能够每天晚上在东方学会大厦继续开展。

我最初接受讲习会咨询时,最为担心的是初级的教科书问题。虽说我当过大学老师,有过在大学教授汉语的经验④,但是我也深知,从来没有一本汉语教材不受环境的限制,适用于男女老少所有的学习者。最终,解决办法只能是编一本新的。在新教材中我决心采用拉丁化新文字,并提议将重点放在听力和口语的训练上。这一提议得到了相关人员的赞成,教科书的编写也便成了我的责任。

拉丁化新文字⑤是 1929 年由瞿秋白先生创制的,主要是将汉语通过罗马字的形式来书写。最初成功用于居住在西伯利亚东部的中国文盲劳动者的教育,然后逐渐开始用于中国国内文盲的教育。现在中国国内拉丁化新文字虽说尚不能一举取代汉字,但毫无疑问,如果使用罗马字,不仅简单而且有效。作为标记汉语的标音文字,在这之前有

---

① 日本中国友好协会成立于 1950 年 10 月 1 日,宗旨是增进日本人民和中国人民之间的友谊,促进两国在政治、经济、文化、科技、体育等各个领域的交流,推动两国睦邻友好合作关系的发展,实现两国人民世世代代友好下去的愿望,维护亚洲和世界和平。该协会总部设在东方学会大厦的三层,官方网址为:http://www.j-cfa.com/。

② 1950 年 4 月,仓石武四郎在东京参与组建了日本中国友好协会,并决定协会最初的事业就是组建中国语讲习会。会议推举仓石武四郎担任中国语讲习会的会长,经商讨决定从 1950 年 4 月开始开课。参见仓石武四郎(1973:93-94)。

③ 1951 年 4 月,独立的"仓石中国语讲习会"创立,仓石武四郎任讲习会主讲,此讲习会一直延续到 1967 年 3 月才解散。参见日中学院官方网站:http://www.rizhong.org/info/。

④ 作者仓石武四郎曾先后担任京都大学和东京大学文学部教授,教授汉语,1958 年才从东京大学退休。此时作者的身份仍然是东京大学文学部的教授。

⑤ 俄国十月革命后,苏联掀起了一个被列宁称为"东方伟大的革命"的文字拉丁化运动。在这个运动的影响下,为了加速当时苏联远东地区 10 万中国工人的扫盲工作,莫斯科劳动者共产主义大学的"中国问题研究所"开始研究中国文字的拉丁化问题。主要参加者有在苏联的中国共产党员瞿秋白、吴玉章、林伯渠、萧三以及苏联汉学家郭质生、莱赫捷、史萍青等。1929 年 2 月,瞿秋白在郭质生的协助下拟订了第一个中文拉丁化方案,并在 10 月写成一本小册子《中国拉丁化字母》。该书出版后,引起苏联语言学界很大注意。1930 年 4 月,列宁格勒苏联科学院东方学研究所中国研究室的汉学家龙果夫和瞿秋白、郭质生三人组成专门小组负责修订这个方案。不久瞿秋白回国,吴玉章、林伯渠等移居远东海参崴,这个工作由东方学研究所组织的"中文拉丁化委员会"继续进行。委员会的主席是Д.阿列克谢耶夫,秘书长龙果夫,成员有萧三和一些苏联汉学家。委员会经过反复研究并参考了中国过去的几种主要方案后,在瞿秋白方案的基础上拟成《中国的拉丁化新文字方案》。1931 年 5 月,这个方案经全苏新字母中央委员会批准,并于 9 月 26 日在海参崴召开的"中国文字拉丁化第一次代表大会"上正式通过。此方案是以北方话为基础音的拉丁化新文字方案,所以简称"北拉"。这是一个在中国文字改革运动中起重要作用的拼音文字方案。参见倪海曙(1948:119-120)、刘丹丹(2008:4)。

1913 年制成的注音字母①，针对学校教育，我提倡并实践了这种方式②。然而，就讲习会的情况来说，如果不是更容易的入门方法，可以想象对于好不容易聚集起来的学习者来说都是不小的负担。注音字母是汉字的拐杖，如果想要能够尽快读懂汉字写的读物，灵活使用注音字母是最好的方法。但是如果主要是掌握听力和口语，完全抛开汉字的拉丁化新文字则是最方便的。当然，并不是说汉字要马上被废止，也不是说不要去读汉字。事实上当前汉字也不会马上就会被废止，根据自身学习的需要读一些汉字书写的读物还是很有必要的。然而，语言学习一定要谨记切勿急于求成。日本人有利用日文汉字来读解中国汉字文章的倾向，从而导致小觑了汉语。有这种想法的日本人是普遍存在的，这是造成汉语学习意识低下的最重要的原因。我们的讲习会虽然最终也会阅读汉字的教材，但开始的第一步第二步仍坚持用标音文字，因此选择了距离汉字最远的拉丁化新文字。另外，战后之初得睹美国陆军制作的两册 *Spoken Chinese*③，此教材也给了我不少的灵感。因为学习这本教材的对象是美军士兵，所以教材中没有使用任何汉字。该教科书主张在学完初级前不要学习汉字。此外，本教材使用过程中也没有配备固定数量的老师来教授，而是通过几人组成的共同学习小组来进行自学，并通过反复强调练习的方法和要领来指导学生进行自我学习。这样做取得了很好的成效。我也通过实际演练从中领悟了不少。本教科书的形式基本上是学习 *Spoken Chinese* 的做法，这样做也是想好好运用这些好的经验。*Spoken Chinese* 使用了独特的拼音标记法，这也是为什么我前面说要使用拉丁化新文字的原因。

　　Spoken Chinese 本来也是附带有录音，因为对学习者来说，如果只有罗马拼音所记的发音同样也是很难自学的，特别是要记住汉语的声调需要花费很大的功夫。而另一方面，拉丁化新文字也没有标记声调，这对于本国人来说没有关系，但就外国人而言，还是希望能够注明声调，并且最好是准确地标记。为此，本教科书的全部课文都配备有录音。录音的完成有赖当时正好在日本的谢冰心女士。一起参加录音工作的共有六人，分

---

　　① "注音字母"即为汉字注音而设定的符号，1913 年由中国读音统一会制定，1918 年由北洋政府教育部发布，1930 年改称作"注音符号"。参见倪海曙（1948：66 – 87）。

　　② 仓石武四郎非常重视"注音字母"，1924—1926 年曾将其介绍到日本，1938 年出版汉语教材《支那语发音篇》，完全用注音符号标注汉字读音。参见潘艺梅（2007：222 – 223）。

　　③ "二战"期间，为了帮助参加对日作战的美军官兵学习汉语，美国陆军总部聘请了美国著名语言学家霍凯特（Charles F. Hockett, 1916—2000）和中国明清史研究专家房兆楹（Chaoying Fang, 1908—1985）教美国军人学习汉语。霍凯特和房兆楹合作编写了两册速成汉语口语教材，名为 *Spoken Chinese*，被列入美国《陆军部教育手册》（*War Department Education Manual*），于 1944—1945 年在华盛顿出版。该教材通篇不用汉字，而用耶鲁大学肯尼迪教授所作的罗马拼音体系书写。全书由情景会话构成，用直接法教学，以听说为主。这个汉语口语课本经受住了时间的考验，1976 年、1980 年再次印行。参见党宝海（2005：26 – 27）。

别是谢冰心女士和她的两个女儿,女儿的两个朋友和一个正好寄住在她家的小女孩。①录音由日本的哥伦比亚唱片公司②完成,现在正以《中国语模范会话》(AK – 221～2)的名字在另外发售。此外,本录音还利用了东京大学理工研究所已故教授小幡重一③博士生前发明的"音高音强显示仪"④,对每一个音都进行了测定,并制成了音波表。本来声调可以抽象为四声,但是在语流中由于音节之间的搭配导致原来的声调产生了各种各样的变化,如果只是简单地标记四声记号,无论如何都无法在初学者的汉语教材中起到应有的作用,因此本教材中音波表的引介与使用,可以说为汉语声调的学习开辟了新的途径。

  我们在准备教材出版的同时,在讲习会上也曾分发使用了誊写的教材。利用这些机会我们对教材进行了五六次修改,也将一些根本性的修正加了进去。但是,教材的正式出版还是经历了很多的困难,所以直到讲习会成立三年以后才得以面世。此时,当初参加讲习会的人的汉语水平已经很高了。不过此后将不断有人来通过这个讲习会继续学习汉语,而学校教育方面也开始采用这种方式。在去年夏天的 NHK 语言学习广播中⑤,

---

  ① 根据该教材所配录音唱片《拉丁化新文字中国语模范会话(初级)》所附说明册可知,6 位录音者是谢冰心、吴宗远、吴宗黎、曹庆稀、曹庆颐、田英英。谢冰心(1900—1999),原名谢婉莹,笔名冰心,中国现代著名作家。抗日战争胜利后,她曾于 1946 年 11 月至 1951 年 8 月随丈夫吴文藻和家人作为驻日中国代表团成员一起赴日,期间与时任东京大学教授的仓石武四郎往来频繁。1949 年受仓石之邀于 1950—1951 年被东京大学聘为第一位外籍女讲师,讲授"中国新文学"课程。这段时间冰心参与了仓石所编汉语教材的录音,为战后日本的汉语教学做出了贡献。参见林敏洁(2013:182 – 187)、宮本めぐみ(2013:39 – 40)。冰心回国后与仓石一直保持着良好关系。经冰心介绍,1954 年夏仓石受到中国方面的邀请,同安倍能成、阿部知二等 13 人赴华,参加中华人民共和国国庆五周年的庆祝活动。仓石还借此机会参加了中国文字改革研究委员会的座谈会,对中国语言文字改革的现状有了进一步的了解。参见仓石武四郎(1973:98 – 100)。1952 年冰心回国后将长女"吴宗远"改名为"吴冰",次女"吴宗黎"改名为"吴青"。参见卓如(2001:6)。吴宗远(1935—2012),即吴冰,1958 年毕业于北京大学西语系,后长期执教于北京外国语大学,曾任全国美国文学研究会理事,北京外国语学院英语系副主任、教授、博士生导师。吴宗黎(1937—),即吴青,北京外国语学院英语系毕业,教授,现已退休。曹庆稀(1927—),曹汝霖(1876—1966)之女,也是曹的第七个孩子,因出生时恰逢曹汝霖母亲古稀之庆前夕,故名庆稀。1950 年随父赴日住在东京,后来嫁给董履和(美伊利诺伊大学化学博士)为妻,育有二子。曹庆颐(1937—),曹汝霖的第八个孩子,也是曹最小的女儿,因其出生时恰逢曹汝霖母亲八十之年,故名庆颐。1950 年随父赴日住在东京,毕业于东京圣心女学校,后来嫁给宋允嵩(宋斐卿之子)为妻,生有一子。参见曹汝霖(1966:264 – 265、425 – 426、453)。田英英,详情尚不得而知,据吴青教授说,此人现居美国。吴先生说蒙北京市社科院历史所研究员钟少华先生电话转告,特此谨致谢忱。

  ② 原日文作"レコードコロムビア",该公司英文名作"NIPPON COLUMBIA CO., LTD",官方网址为:http://columbia.jp/。

  ③ 小幡重一(1888—1947),日本音声学专家,东京大学航空研究所教授,侧重于飞机的声音测定和分析,此外还对日语和日本乐器三味线的音色做过测量和研究,著有《音声物理学》(明治书院,1933)、《実験音響学》(岩波书店,1933 年)、《音の映像》(协和书院,1936 年)等。

  ④ 日语原名写作"音の高さと強さとを直示する機械",此设备可以将音高和音强的变化通过波浪线展示出来。小幡教授利用这个设备将教材录音转换成了音波表,并将其置于课文中拉丁化拼音的上方。音波表首先由一条直线表示基本音高,在直线的上下,用波浪线表示语调的高低变化,波浪线的长度表示音的长短,粗细表示音的强弱。参见谭皓(2009:27)。

  ⑤ NHK 即"日本放送协会"的简称,因罗马拼音记作"Nippon Housou Kyoukai",故简称作 NHK,是日本第一家根据《放送法》而成立的大众传播机构,在日本有着广泛而深入的影响。NHK 在"二战"后的 1952 年开设广播"中国语讲座",1952—1955 年度仓石武四郎担任该讲座的讲师。参见刘山(1983:149)。

本教材的一部分还被用作了汉语广播的素材，而且最近又得以再次播放。经过一年的时间，其影响有扩大之势。如果我这些微不足道的工作能够给战后新的汉语学习者带来一些帮助，我将深感荣幸。

本教材编写过程中得到竹内实①君的大力协助，汉语音值的测定在东京大学理工研究所完成，此项工作全赖荒井昌昭②先生的费心协助，教材中音波图的插入则是由赖惟勤③先生完成的。教材编写过程中还得到许多人诸多方面的帮助和建议，所以这本小册子实际上是众人共同努力的结晶。此外，我认为今后要根据学习者对本教材的使用建议进行及时的修订，同时也要尽快着手编写与本教材相衔接的中级汉语教材。

一九五三年三月二十九日
仓石武四郎

3 《拉丁化新文字中国语模范会话（初级）·序言》译注

编者的话

昭和④二十五年（1950）4月再次开展中国语讲习会，我接手教学任务时首先承担起了教科书的编写工作，于是我便和竹内实先生一起来负责这项工作。但是，讲习会上大家一致的意见是汉语教学最重要的是要用拉丁化新文字，至少应该从起步阶段开始使用。为此，我们应这一要求开始编写教科书。不管怎么说，这并不是一件容易的工作，后来几经修改，截止到今天才得以完成。

通过讲习会的成功开展，拉丁化新文字的成果已经充分显现。在起步阶段使用拉丁化新文字学习汉语是非常重要的，这一点也开始为人们所接受，当然这也是很顺理成章的事情。然而，这同时也出现了一个困难，就是声调的问题。对于中国人来说，因为已经掌握了声调，即使拉丁化后不标记声调也是没有任何障碍的；但是，这对于日本人而言则是一大困难。虽说如此，但是——标注声调却并不是拉丁化的本来宗旨。为此，首先对本教科书进行录音，然后画出分析每个音的高低、强弱的曲线，并且制作了相应的教材。

本教科书以6个人一天的生活对话为线索制成，录音的工作便需要拜托6个人来进

---

① 竹内实（1923—2013），1923年6月出生于中国山东，"二战"后考入京都大学文学系中国文学专业学习，毕业后转入东京大学研究生院，师从仓石武四郎教授继续学习中国文学，后在东京都立大学任教，并积极参加日中友好活动。从20世纪50年代起，竹内实致力于毛泽东生平和思想的研究，被誉为日本"毛泽东学"的权威和"现代中国研究第一人"。参见程麻（2013：007版）。

② 荒井昌昭，曾任日本东京大学教授，音声学专家，曾以《音響系のシミュレーションとその応用》为题，于1962年获得东京大学理学博士学位。

③ 赖惟勤（1922—1999），早年就读于东京大学中国文学专业，师从仓石武四郎，1943年毕业后曾先后于京都大学、东京大学文学部任职，1953年起历任御茶水女子大学讲师、副教授、教授，一生致力于汉语音韵学、中国古典学、日本汉文学、中国历史等方面的研究。参见水谷诚、梁晓虹（2004：371-372）。

④ 昭和是当时日本天皇的年号，具体时间为1926年12月25日—1989年1月7日。

行。此时恰逢谢冰心女士在日本，也很赞成我这一计划，于是便请她和两个女儿，还有女儿的两个朋友以及正好寄宿在她家的一个小女孩，共有 6 人，于昭和二十六年（1951）7 月，由哥伦比亚唱片公司完成了录音的制作。

　　本录音一经完成便交由东京大学理工研究所进行分析，该录音经已故教授小幡重一先生和小林隆治①先生合作发明的"音高音强显示仪"测定后，最近才由岩波书店②正式出版。此外，受汉语学习热潮高涨的影响，NHK 的夏季讲座将我们的教科书及录音的一部分作为汉语入门的材料。也因为这一机缘，我们的录音才正式由哥伦比亚唱片公司制成发售。

　　日本人学习汉语自古以来都是以汉字为中心③，虽说这暂且可以称之为捷径，但因为不是一步紧接一步循序渐进地学，所以急于求成的结果反而很令人担忧。我一直以来就希望，无论如何能够多下点功夫，在汉语入门的时候抛开汉字来进行汉语学习。我们这里所说的拉丁化新文字在将来会击败汉字，旨在将汉语罗马字化。当然，何时能够实现我们也都无法预测。然而，使用这一工具可以抛开汉字，对于刚刚学习汉语的人来说也不会造成障碍。当然，读汉字写的书也是很有必要的，为此也必须知道作为注音之用的注音符号。不过在这之前首先还是应该使用拉丁化新文字来学习，主要是通过听和说就可以基本上完成，这之后再使用带有注音符号的汉字去阅读文献也为时不晚。对于我个人来说，灵活使用这一录音进行这一系列的训练是比什么都高兴的事。

昭和二十七年（1952）6 月 30 日
东京大学教授
仓石武四郎

参考文献

蔡振翔．建国后日本归国华侨的工作与生活——以《建国初期回国旅日华侨留学生文集》为考察对象［J］．外国问题研究，2009（2）．

仓石武四郎．中国語五十年［M］．東京：岩波書店，1973．

---

①　小林隆治，日本音声学专家，曾于 1961 年撰成《音声ピッチ測定に関する研究》，在东京工业大学获得工学博士学位。

②　岩波书店成立于 1913 年，是一家日本出版社。岩波书店不仅出版了大量的学术书籍，并且也出版了岩波文库与岩波新书等丛书，对经典作品与学术研究的成果在日本社会中的普及有所贡献，对文化的大众化发挥了很大的影响。1937 年，书店创始人岩波茂雄曾有意向中国赠送岩波书店所有的出版物，由于后来中日关系转趋紧张，遂成为一个无法实现的构想。"二战"结束后，岩波茂雄已离世多年。但书店同仁按照他生前的遗志，于 1947 年 1 月至 1948 年 3 月间，赠书给中国的北京大学、武汉大学、中山大学、暨南大学及中央大学。虽然曾因中国内战一度中断，但战后又重新继续赠书。赠书对象调整为北京大学、中山大学、武汉大学、东北师范大学和国家图书馆。这项赠书传统一直延续至今，除了促进中日的文化交流外，也打开了两国互赠图书的良好风气。

③　长期以来，日本都是使用"训读"汉字的方式进行汉语教育，用日语讲授汉语，许多汉文教师不会说汉语，有的发音也不是很好。仓石武四郎对此提出了尖锐的批评，并亲力亲为进行了改革，强调汉语口语的教授和学习，从而为战后日本的汉语教育开辟了新路。参见王顺洪（1993：29 - 32）。

曹汝霖. 一生之回忆 [M]. 香港：春秋杂志社，1966.
程麻. 竹内实："可以走了" [N]. 中华读书报，2013-09-04.
党宝海. 房兆楹先生和他的学术研究 [J]. 中国史研究动态，2005 (2).
宮本めぐみ. 近代日本における中国語教育と氷心：倉石武四郎の中国語教育を中心に [J]. お茶の水女子大学中国文学会報，2013 (32).
林敏洁. 冰心任教日本事迹考 [J]. 中国现代文学研究丛刊，2013 (4).
刘丹丹. 拉丁化新文字及其运动研究 [D]. 长沙：湖南师范大学，2008.
刘山. 日本 NHK 电视、广播 "中国语讲座" 介绍 [J]. 语言教学与研究，1983 (1).
倪海曙. 中国拼音文字运动史简编 [M]. 上海：时代书报出版社，1948.
潘艺梅. 仓石武四郎与其中国语教育实践 [J]. 応用言語学研究：明海大学大学院応用言語学研究科紀要，2007 (9).
荣新江. 前言：仓石武四郎与《述学斋日记》[M] //仓石武四郎. 仓石武四郎中国留学记. 荣新江，朱玉麒，辑注. 北京：中华书局，2002.
水谷诚，梁晓虹. 赖惟勤先生传·赖惟勤先生论著目录 [C] //南京大学汉语言文字学学科《南大语言学》编委会. 南大语言学：第1编. 北京：商务印书馆，2004.
谭皓. 仓石武四郎中国语教育思想研究 [D]. 沈阳：辽宁师范大学，2009.
王顺洪. 仓石武四郎——现代日本汉语教育的先行者 [J]. 国外语言学，1993 (3).
卓如. 冰心全传（下）[M]. 石家庄：河北教育出版社，2001.

从跨文化交际看《增广贤文》的二语教学价值

孟柱亿

(韩国外国语大学)

摘　要：一度被遗忘的中国传统启蒙教材，近年重新受到重视。但在汉语第二语言教学领域还很少有人正式探讨它的应用。《增广贤文》具有传承中国传统文化的作用，对汉语二语者跨文化交际能力的培养也有很高的价值。它不仅反映中国传统的道德教育观，而且是现代汉语口语和书面语的桥梁。二语者可以从中汲取丰富的语言文化知识，增强跨文化交际能力。该书语料主要由具备汉语修辞特点的"对偶格"构成，适合可理解性输入（comprehensible input），能帮助学习者有效提高汉语水平。但是由于时空差异和缺乏针对性，该书在用于二语教学时有一定局限性，需要积极寻找古为今用的办法。

关键词：蒙学书；书面语；跨文化交际；可理解性输入

《增广贤文》是明代问世的传统启蒙教材，到了现代曾经一度被人们遗忘，近年来重新受到广泛的重视。重新受到重视的主要原因，是这些书籍在伦理道德及人格修养方面有传统文化教材的意义。目前在中国，传统启蒙教材开始发挥积极的作用，但在作为第二语言的汉语教学的领域里还没有正式探讨传统启蒙教材的应用问题。这些传统启蒙教材对培养第二语言学习者的跨文化交际能力也有积极意义。传统启蒙教材不但可以成为口语、现代汉语和书面语、古代汉语之间的桥梁，也是反映中国传统精神文化的道德教育教材。我们可以从跨文化交际角度汲取非常丰富的语言与文化方面的知识，这样有利于增强跨文化交际能力。本文拟探讨传统启蒙教材在当今跨文化交际中的意义。

1　传统启蒙教材的意义

传统启蒙教材是古时候启蒙教育所用的教材，又称蒙学书，常见的有《三字经》《百家姓》《千字文》《增广贤文》等。《三字经》《百家姓》《千字文》这三部影响大而流行广，经常合称为"三百千"。

《三字经》《百家姓》《千字文》等古代的启蒙教材一般采用韵文和短句式，多按照"三字格"或"四字格"的形式编写，此类形式有利于儿童的诵读和背诵。但这些蒙学书存在着句式单一刻板的问题，这就使蒙学书的内容受到了严重的形式上的束缚。所以从跨文化交际的角度来说，蒙学书能适用的空间也有限。只有《百家姓》不受时间的限制，仍然有实际交际上的意义，但它的适用面未免略窄。

《增广贤文》辑录了多种不同来源的语言片段，采用三言、四言、五言、六言、七言，也包含不少散文的语料，甚至还有长句和短句混合的杂言句式排列，灵活多变。传统启蒙教材一般很重视押韵，但《增广贤文》换韵自由，只要能让人读起来抑扬顿挫、朗朗上口，就尽量做到内容表达上的生动活泼，因此在形式上实与其他蒙学书有明显区别。这点对汉语二语者来说，有利于掌握、运用语料的内容，尤其对中高级水平的汉语二语者而言有十分实用的教材意义。

《增广贤文》不是某一个人所创的著作，而是以组合方式汇集而成的。它选取了经史子集和语录等书籍中圣贤的嘉言懿行，诗词、小说、戏曲等文学作品中的片段，或流传于民间的格言、谚语、家训等，故释道儒等涉及中国传统文化精神内核的思想均有体现。有些直接引用原文，有些是加工的。加工的有删除原文前后半截的，也有把两三句合成一句或把一句拆成两句的，还有一些是稍加改动的引用。虽然选取了许多不同原文的字句，但一律没标明出处。这与早些时候问世的启蒙教材《明心宝鉴》中，很多标明出处的引用相比，或许显得不够严谨，但鉴于其作为通俗读物的属性，更容易接近广大的读者，方便读者吸收各家哲学思想的精华。

《增广贤文》在古代读书人眼里被视为名不见经传的通俗读物，但它对中国老百姓的影响非常大。《增广贤文》记录了许多反映生活哲理的格言，这些内容不仅儿童喜欢，就连成年人也乐于阅读，以至于其中许多格言至今仍广为流传，常被人们挂在嘴边，这正是传统文化的力量所在。旧时代有这样的一句口头禅："读了《增广》会说话。"这是民间对《增广贤文》的评价。《增广贤文》曾被人们奉为"做人的准则，处世的法宝，交际的妙术，治家的秘诀"（陈振桂，2011）。该书虽然没有诸子百家的经典地位，但起着对广大人民传播传统语言知识和文化修养的作用。虽然是时隔已久的启蒙教材，但是由于广泛流传的普遍性和巨大的生命力，不少语句在现代也是人们嘴上常说的俗话、谚语，具有很大的实用价值。

2 增强修辞能力

修辞是通过对语言的调整和修饰，使所表达的话或文章更正确、明白、生动、有力的方法。简而言之，修辞是提高语言表达效果的方法。一般来说，对二语者在要求遵守语法方面规则的基础上，尽早让其同时注意修辞，是全面培养跨文化交际能力的合理方针。

2.1 语体

《增广贤文》不但在形式上自由，而且在语体上也不拘泥于传统蒙学读物贯穿始终的书面语体。因为吸收了在民间流行的小说、戏曲、语录体文章以及格言、谚语等语句，所以采用了大量的口语体要素，更容易为大众所接受。可以说，这是《增广贤文》深入民间的原因之一。不过，《增广贤文》因为本来辑录了经史子集、诗词等文献的语料，所以同时含有丰富的古汉语书面语的成分。结果从语体方面看，成了口语体的句子和书面语体的句子混合的语料了。这对从现代汉语口语入门的二语者来说，是可以根据他们的现代汉语口语的基础，有效吸收书面语诸多要素的语料。

2.1.1 常用虚词

句子中是文言文的常用虚词跟白话文的常用虚词对应。

(1) 将心比心。（以、用）
(2) 无钱方断酒，临老始读经。（才；才）
(3) 你急他未急，人闲心不闲。（不）
(4) 世上万般皆下品，思量惟有读书高。（都）
(5) 当时若不登高望，谁信东流海洋深？（如果）
(6) 红粉佳人休使老，风流浪子莫教贫。（不、不要；不、不要）
(7) 黄河尚有澄清日，岂能人无得运时？（尚且：还；岂：表示反问的副词）

2.1.2 常用实词

句子中是书面语的常用实词跟口语常用实词对应。

(8) 两人一般心，无钱堪买金；一人一般心，有钱难买针。（能）
(9) 有钱道真语，无钱语不真。（说）
(10) 逢人且说三分话，未可全抛一片心。（遇见、碰见）
(11) 酒逢知己饮，诗向会人吟。（喝）
(12) 易涨易退山溪水，易反易复小人心。（容易）
(13) 光阴似箭，日月如梭。（像；像）
(14) 流水下滩非有意，白云出岫本无心。（不是；没有）
(15) 若登高必自卑，若涉远必自迩。（低处；近处）

2.2 修辞格

《增广贤文》常用的修辞格是对偶。使用对偶修辞格的两个文句"字数相等，结构、词性大体相同，意思相关"。这种对称的语言结构，形成表达形式上的整齐和谐和内容上的相互映衬，具有独特的艺术效果。全书几乎都用了对偶的修辞方式，可基本分为严式对偶和宽式对偶两大类。

2.2.1 严式对偶

严式对偶结构关系完全相同,各个组成部分的词性也相同,约占 55%。

(16) 来如风雨,去似微尘。
(17) 守口如瓶,防意如城。
(18) 一年之计在于春,一日之计在于晨。
一家之计在于和,一生之计在于勤。
(19) 先到为君,后到为臣。
(20) 钱财如粪土,仁义值千金。
(21) 近水知鱼性,近山识鸟音。
(22) 运去金成铁,时来铁似金。
(23) 莫信直中直,须防仁不仁。
(24) 长江后浪推前浪,世上新人赶旧人。
(25) 责人之心责己,恕己之心恕人。

2.2.2 宽式对偶

宽式对偶指整体上对偶成句,不强求整齐划一,约占 45%。对偶句绝大多数是单句对偶,只有某些地方偶尔用了偶句对偶。《增广贤文》中的宽式对偶又可分为前后结构相似和相异两类。

其一,前后结构相似。前后形式基本对应,只有部分结构或部分词语的词性不同。这类约占 14%。

(26) 只恨枝无叶,莫怨太阳偏。
(27) 虎身犹可近,人毒不堪亲。
(28) 马行无力皆因瘦,人不风流只为贫。
(29) 求人须求大丈夫,济人须济急时无。
(30) 久住令人贱,频来亲也疏。
(31) 酒中不语真君子,财上分明大丈夫。

其二,前后结构相异。字数相同,形式基本不对应。但连接符合常理,逻辑衔接自然。这类约占 31%。

(32) 逢人且说三分话,未可全抛一片心。
(33) 莺花犹怕春光老,岂可教人枉度春?
(34) 有酒有肉多兄弟,急难何曾见一人?
(35) 平生不做皱眉事,世上应无切齿人。
(36) 莫道君行早,更有早行人。

《增广贤文》语言的最大特点是常用对偶语料，其组句方式富有克拉申（Krashen）所提出的输入假说（input hypothesis），比较容易达到可理解输入（comprehensible input）的效果。该书有小部分对偶语料理解难度较大，如"时来风送滕王阁，运去雷轰荐福碑"；但是多数语料表达流传广泛的典故，并用通俗易懂的句子组成平实的内容。从第二语言习得的角度看，该书无论是内容选取，还是对偶修辞，对汉语二语高级水平者来说，都是自主学习的好材料。

3 吸收文化知识的意义

蒙学书被古人当作伦理道德修养的教材，在中国历久不衰，广为流传，对文化认同感的形成有不可低估的作用。它既是广大老百姓的识字读本，也是为人处世的依据，含有丰富的文化内容。语言是文化的载体，代表着使用某种语言的群体的民族文化，伦理道德代表的是某个民族社会的精神文化。在民间，《增广贤文》对传统文化传承功不可没。书中大部分句子至今还是脍炙人口的格言或俗语。它的巨大生命力和通俗性是诸多经典所不具备的。因此，它对二语者了解中国传统文化，尤其是传统精神文化的宝藏，具有激发学习、应用动机的特点。由于历史原因，该书也有一些封建观念、迷信、宿命论等消极色彩，但只要有分辨时代的眼光，就不难剔除糟粕。书中呈现出的中国传统文化精神内核，反映中国社会面貌的要素，可以从以下几方面讨论。

3.1 精神世界的面貌

劝善：善必寿老，恶必早亡。
　　　善有善报，恶有恶报，不是不报，时候未到。
忍让：忍得一时之气，免得百日之忧。
　　　忍一句，息一怒，饶一着，退一步。
防范：得宠思辱，居安思危。
　　　年年防饥，夜夜防盗。
惜时：未晚先投宿，鸡鸣早看天。
　　　少壮不努力，老大徒伤悲。
劝学：读书须用意，一字值千金。
　　　世上万般皆下品，思量惟有读书高。
体谅：知己知彼，将心比心。
　　　责人之心责己，恕己之心恕人。
诚信：一言既出，驷马难追。
　　　人而无信，不须礼之。
知足：知足常足，终身不辱；

　　　　　　知止常止，终身不耻。
大量：将相场中堪走马，公侯肚内好撑船。
待人：相逢不饮空归去，洞口桃花也笑人。
　　　　在家不会迎宾客，出门方知少主人。
前瞻：富人思来年，穷人想眼前。
明哲：近水楼台先得月，向阳花木早逢春。
　　　　富贵多忧，贫穷自在。
孝道：羊有跪乳之恩，鸦有反哺之情。
节俭：由俭入奢易，从奢入俭难。
　　　　富从升合起，贫因不算来。
勤勉：欲求生富贵，须下死工夫。
　　　　勤奋耕锄收地利，他时饱暖谢苍天。
智慧：求人须求大丈夫，济人须济急时无。
　　　　知音说与知音听，不是知音莫与谈。
洞悉人心：易涨易退山溪水，易反易复小人心。
　　　　　　画虎画皮难画骨，知人知面不知心。
明察世道：有钱道真语，无钱语不真。
　　　　　　人情似纸张张薄，世事如棋局局新。
　　　　　　贫居闹市无人问，富在深山有远亲。
警戒：莫将容易得，便作等闲看。
　　　　已覆之水，收之实难。
谨言慎行：守口如瓶，防意如城。
　　　　　　若要人不知，除非己莫为。
重义：钱财如粪土，仁义值千金。
金钱观：财上分明大丈夫。
　　　　　君子爱财取之有道。
至理名言：因风吹火，用力不多。
　　　　　万金良药，不如无疾。
　　　　　良田万顷，日食一升。

3.2　中国社会面貌（国情）

地理：当时若不登高望，谁信东流海洋深？
　　　　长江后浪推前浪，世上新人攒旧人。
天文水文：天上众星皆拱北，世间无水不朝东。

度量衡：但存方寸地，留与子孙耕。
宗教：平时不烧香，急来抱佛脚。
农耕：学者如禾如稻，不学如草如蒿。
动物：羊有跪乳之恩，鸦有反哺之情。
植物：牡丹花好空入目，枣花虽小结实多。
喜庆：洞房花烛夜，金榜题名时。
科举：十年寒窗无人问，一举成名天下知。
　　　一举首登龙虎榜，十年身到凤凰池。
医学：黄芩无假，阿魏无真。

长期以来《增广贤文》是广大中国老百姓的伦理道德教材，反映了儒释道各家的思想境界、价值取向、为人处世的道理等，同时也反映了中国社会的风俗习惯、人情世故等。汉语二语者可通过此书了解中国的传统文化和国情。

4　余　论

如前所述，《增广贤文》在漫长的岁月里起着传承中国传统精神文化的作用，由于其巨大的生命力和丰富的实用性，对汉语二语者跨文化交际能力的培养也有很高的价值。但是由于时空的差异和针对性的缺乏，在当今的跨文化交际平台上直接搬用有一定的局限性，因此需要积极寻找古为今用的办法。

该书内容的编排本来没有根据纲目分门别类，也缺乏对语言要素难易度的考虑。为提高教学和交际的效果，需要按照文化要素和语言点重新编排。在同一个纲目下根据句子的长短或结构繁简等难易程度由浅入深地编排。让学习者理解每个句子的意义，再使其从学习、观察、批判等多种视角去判读文化上的意义。

参考文献

陈振桂．试论《增广贤文》的文化价值［J］．中小学教育，2011（20）．

Krashen S. The monitor model for second language acquisition［C］//Gingras R. Second language acquisition and foreign language teaching. Washington D C：CAL, 1979.

Krashen S D. Second language acquisition and second language learning［M］. Oxford：Pergamon, 1981.

Krashen S D. The input hypothesis：Issues and implications［M］. New York：Longman, 1985.

四、西方教材史

谋乐《德汉课程》(1914) 词汇教学特点管窥

高 兰

(上海师范大学第一附属小学)

摘 要:《德汉教程》由青岛德占时期翻译官谋乐写就,是德国国内汉语学习专业化与中国境内汉语教学现实需要的产物。从适用对象、教学目的与编写体例等方面可将其定位为一本初级汉语口语教材。该书词汇选取讲求实用,贴近生活;关注女性为主的教学对象;注重在词汇中贯穿文化学习,体现出地方特色与时代特点;强调词汇积累,巧用附录拓展学习;词汇讲解详实精深,字本位占主导,辅以词汇聚合。

关键词:《德汉教程》;谋乐;词汇教学;特点

1 谋乐的生平与著述

1.1 谋乐生平履历

谋乐[①](Friedrich Wilhelm Mohr,1881—1936),德国法学博士,德占胶澳总督府翻译官、盐务协理官。

1881年5月25日,谋乐出生于德国一个铁路官员家庭,先后求学于波恩大学、柏林大学和马尔堡大学。他于1900年左右作为法律系学生在柏林大学的东方语言研究院(Seminar fur Orientalische Sprachen)学习中文。1905年用中文通过硕士毕业考试,次年通过国家法律考试进入科隆65步兵团。

1907年谋乐调入海军,同年被派往青岛。1907—1913年,谋乐担任德国胶澳总督府翻译官,负责翻译工作,以笔译为主。兼任胶澳政府办公室代表,并无明确官方职责。其间,谋乐于1911年主编《青岛全书》德文版,并因此获得四等皇冠勋章。1912年出版《青岛全书》中文版。1912年,他计划出版一本针对中国人的德国书,用中文描述德国的政治、社会、经济等方面。1914年初步成稿,但因第一次世界大战爆发无

---

① 亦译作谟乐,见中国社会科学院近代史研究所翻译室:《近代来华外国人名辞典》,中国社会科学出版社1984年版,第334页。本文以《青岛全书》作者署名"谋乐"为准。

法出版成书。1913年，他短暂回国完成其法学博士考试论文。1913年善后借款①成立，谋乐被德国银行团推荐为山东盐务稽核分所协理，驻济南。

1914年，出版《德汉教程》以及《青岛全书》中文版第二版。同年7月，第一次世界大战爆发，谋乐卸任盐务稽核分所协理一职，入伍青岛储备军。1914—1920年为日军羁押，并移送日本拘禁，1920年5月获准回到德国。回国后，在柏林移民管理委员会任职一年半。1922年担任亚太商会的法律顾问，后被调往汉堡，担任"汉堡—不来梅东亚协会"（Ostasiatischer Verein Hamburg-Bremen）理事，并主编《东方舆论》（Ostasitische Rundschau）。为了解东亚局势变化，他携夫人于1925年、1935年两次探访东亚。1936年归国途中，在轮船"斯图加特"号上去世。②

1.2 谋乐著述简介

谋乐在华7年，在胶澳政府先后担任过翻译官与盐务官。在华期间，谋乐以其较为深厚的汉语功底及在胶澳总督府任职的工作经验撰写了较多关于中国政治与文化的著述，尤其是主编《青岛全书》（Handbuch für das Schutzgebiet Kiautschou）。该书上、下两卷，1911年9月出版德文版，1912年6月出版中德双语版。③ 该书主要记载德占青岛17年间（1897—1910年）社会历史状况，因其记载内容详实而成为研究青岛地方史的重要参考书目。

《在中国的租借地：它的行政管理和司法审判组织》（Die Pacht Gebiete in China. Die Organisation ihrer Verwaltung und Rechtspflege）④，此书为谋乐的法学博士学位论文，于1913年在柏林出版。其后，著有《国外的德国人》（Deutsche im Ausland）、《关于新德国对华新政策的思考》（Gedanken zur Neudeutschen China-Politik），由Neuwied a. Rhein. Strüder于1920年出版，共237页；《外国人与德国人在中国的文化活动》（Fremde und Deutsche Kulturbetätigung in China），1928年在明斯特（Münster）出版，全书主要记录德国占领青岛后的对华政策。

另据青岛地方志官方网站称，谋乐是《山东德邑村镇志》一书的作者，但经多方考证，在《胶澳租借地经济与社会发展——1897—1914年档案史选编》中核实，谋乐并非该书的作者，该书的真实作者为慕兴立（Heinrich Mootz），谋乐仅为该书撰写前言。

---

① 1913年北洋政府向英、法、德、俄、日五国银行团的一次大借款，款项高达2500万英镑，年息五厘，分47年偿清，以解决北洋政府的国库空虚问题。
② 谋乐生平履历均译自德国波恩大学教授马维立（Wilhelm Matzt, 1930—2016）于2008年10月创办的记载1897—1953年间对青岛有贡献之人事迹专题网站：http://www.tsingtau.org/mohr-dr-jur-friedrich-wilhelm-1881-1936-dolmetscher-u-publizist/。
③ 中文版撰者是青岛特别高等学堂总稽察蒋楷。蒋楷（1853—1912），字则先，时称"青岛圣人"。著有《经义亭疑》《河上语》《平原拳匪纪事》《（光绪）莒州志》《那处诗抄》等。
④ Klaus Mühlhahn, Herrschaft und Widerstand in der "Musterkolonie" Kiautschou Interaktionen zwischen China und Deutschland, 1897-1914.

2 《德汉教程》编写体例与主要内容

《德汉教程》全书 121 页，包括序言、目录、22 章课文、附录。

序言介绍了成书目的及适用对象，并推荐两本适合高级汉语学习的用书：卫礼贤《德汉语言课程》、雷兴和欧特曼《汉语通释》。

目录反映出每一课学习内容的安排。每课包含语音、词汇、语法。其中教学语法涵盖范围较广，主要为基础语法点。

主体为以语法为纲的 22 章教学内容，主要包括词汇表、词汇注释、语法点讲解、例句。以第 9 章为例，先列出词汇表（Vokabeln），词汇表分左右两列，依次出现"谋乐式"拼音、汉字、德语对照释义，如"lu 路 Weg, Strasse"。若两个或两个词语的意思相同，则用大括号"}"表示；当一词有两种读音时，也用大括号表示。

da-lu 大路 }
da-dau 大道 } Hauptweg, der richtige weg.

jï-ben-jen }
yí-ben-yin }

词汇表对其中部分词汇进行注释标注说明，大多涉及中国地理、文化实际情况和计量单位等。注释之后，紧接着讲解本课语法。先列出大标题如介词（Präpositionen）；再列出小标题如：a) von-her = tsung 从（tsung = folgen, von-her）；接着举例讲解，如：Von hier = tsung dschö-li 从这里。每课的最后会给出一个综合式的例句（Beispiele），即把一课的语言点都尽量放进例句中。如："Mittwoch nächster Woche will ich nach Peking gehen = hsia li-bai-san wo yau schang（wang）Be-jing tjü 下个礼拜三我要上北京去。"例句中汉语部分的标点符号只有逗号和句号，其中句号一律用黑色实心点表示，没有问号等符号。德语翻译部分标点符号则明显丰富，有逗号、分号、引号等。全书的页码用阿拉伯数字标注（图1）。

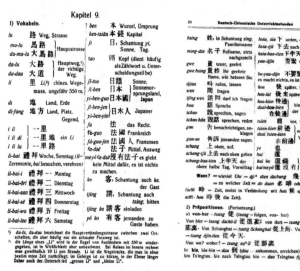

图 1 《德汉教程》第 9 章教学内容书影

附录是按照话题排列的专有名词汇编。内容从法律制度到日常生活，占全书篇幅的22%，类似"小百科全书式"的词典，具有检索功能，是谋乐对教材的补充与提高。

语音教学主要体现在前4章，在"德国式"拼音方案的基础上改编为"谋乐式"拼音方案，大多采取借用德语词拟音方式来帮助完成语音学习，对个别词的声调用1、2、3、4予以标注。

词汇教学贯穿全书，除去每一章节单列的词汇表，在语法讲解的部分也扩充一定量的词汇。语法教学是在德语语法框架下的汉语语法教学，对语法点进行较为浅显易懂的阐释，而后列举大量的例句，以对例句模仿操练的方式，使学习者快速掌握该项语法。全书随着教学难度的增加，每章篇幅逐渐增多。前10章大致为2～3页，后10章大致为4～6页不等。

3 《德汉教程》词汇教学分析

3.1 生词量的统计与分析

《德汉教程》全书共22章，以词汇表进行词汇教学，体现各章生词量。统计每课Vokabeln（词汇表），每课生词量（除两课没有生词外）从最低17个到最高69个不等（图2）。

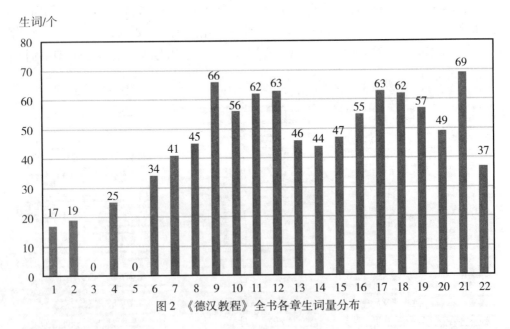

图2 《德汉教程》全书各章生词量分布

谋乐希望学习者在短时间内尽快掌握957个生词。本文以《汉语水平等级标准与语法等级大纲》（国家汉办，1996）为标准进行参照分析，其中规定汉语一级掌握的标准词汇量为甲级词汇 1033 个。谋乐共选取了 957 个词汇，从数量上看差别不大，总词汇量对于初级汉语学习者来说是恰当的。

谋乐在词汇量的选择分布上大体遵循循序渐进的原则。其中 1～9 章的词汇呈现出平稳增长的趋势，基本以每课增加 10 个左右的幅度增长，每课平均词汇量为 48 个。10 课以后词汇量分布波动较大，本文认为这与教材每章的授课主题及语法点相关。以第 9 章为例，单章的生词量高达 66 个之多，超出学习负荷。第 9 章主要讲解"路、礼拜、上、下"等词，只"礼拜"一词，词汇表中列出"礼拜一、礼拜二、礼拜三、礼拜四、礼拜五、礼拜六"六个生词，此例在其余各章词汇教学中不胜枚举。

《德汉教程》在词汇分布上亦有不足，各章节生词量分布不均、起伏较大。造成这一编排缺憾的原因有三：一是谋乐急于求全，想尽可能多地呈现相关词汇；二是谋乐对于部分重点词汇的超详细举例；三是因每章主要教学内容不同而有所差异。

词汇是初级汉语学习的重点，而其中又以名词、动词为主，它们是汉语学习的基础，是用汉语进行日常交流的前提。从《德汉教程》生词量的各类词性来看，作为一本初级汉语口语教材，全书名词、动词词汇数量最多，然后依次是形容词、副词、数（量）词[①]等。《德汉教程》的词汇编排实词居多，虚词很少。

综上所述，《德汉教程》词汇教学部分的生词分布呈现出如下特点：①总生词量适中，部分章节词汇量分布不均。从整体数量上看，对于初级汉语学习者，957 个总生词量符合学习标准及需求。各章词汇量整体呈现出循序渐进的趋势。聚焦到每章词汇量，教材后半部分生词分布不均、起伏较大，这与教学内容息息相关。②词汇表编排重实词、轻虚词。实词以名词、动词、形容词占主导，数（量）词次之。虚词学习则在语法教学部分给予相应的弥补。

3.2 词汇内容的侧重

《德汉教程》大部分章节首先呈现词汇表，各章的词汇教学均以话题为主线，同时结合语法点的讲解。

谋乐在序言中明确指出成书目的在于为服务德侨在中国的生活与工作，全书的词汇大多为基本词汇。本文对全书的基本词汇进行了分类梳理，大致可以根据主题分为以下几类：

动作行为，如：要、喝、拿、骑、等、看、摆、擦、借、还、收、问、喂。

家居生活，如：书房、写字屋、睡觉屋、卧房、盘子、刀子、叉子、勺子、匙子、碟子、筷子、电气灯、火油灯。

形容性质，如：白、冷、热、快、慢、干净、难、长、短、高、矮、宽、窄。

商业，如：东家、买卖、木匠、货物、出口、进口、洋行、画押、名片子。

节令时间，如：一点钟、明天、正月、礼拜一、现在、从前、春天、秋天。

一般称谓，如：父亲、爹、祖父、爷爷、母亲、祖母、奶奶、儿子、闺女。

---

① 谋乐将量词与数词混为一类，认为二者并无区别（因为德语中无量词概念）。

食物，如：茶、咖啡、汽水、酒、啤酒、红酒、牛油、黑面包、白面包。
交通，如：马车、铁路、火车票、头等票、机器车、电气车、自行车、飞船。
政府与军事，如：公事房、衙门、邮政局、电报局、步兵、步队、海军。
自然界，如：河、海、雨、石头花、风、日头、太阳、山。
专有名词，如：外国、德国、英国、法国、法国人、西国、山东、黄河。
数量，如：一个、一块、一间、一张、一把、一里、一分、一包、一斤。
娱乐交际，如：跑马场、赶集、上集、听戏、打球、拜客、拜年、打鱼。
服饰，如：帽子、裤子、马褂子、袜子、靴子、皮袄、领子、裁缝。
地理方位，如：东、西、北、南、西南、西北、东北、东南、外边、里边。
教育，如：铅笔、学生、学房、学堂、大学堂、高等学堂。
宗教，如：庙、礼拜堂、天主、天主堂、天主教、耶稣堂。

通过统计本文发现，在列入统计的词汇中①，数量由高至低前5位依次是：动作变化14.3%，家居生活13.8%，形容性质12.7%，商业8%，节令时间8%。另外，关于食物、交通、政府军队等词汇也占较大比例。

谋乐偏重对基本词汇的教学，且事无巨细。他选取大量能够满足日常的基本交际基本词，包括家居生活、政府军事、交通、教育、商业等。其中也出现了一些如"东洋车、马褂子"等现在看来是历史词的词汇，但在20世纪初期这些词汇有较强的普遍性。

谋乐在词汇内容的选择上突出与青岛地区及当时特殊政治局势有关的词汇。如从第17章开始收入相当篇幅的有关军队、贸易、行政机构的词汇。

谋乐着重呈现官话词汇，同时也收录不少方言。如"卧房、睡觉屋、困觉屋"体现出了语体的不同，"日头"一词则是山东方言对于"太阳"一词的称呼。

综上，谋乐词汇内容编排以基本词占主导，其中不乏有呈现与学习者生活的政治、时代背景相关的词汇，辅以少量的方言词，兼顾书面语及口语，力图达到"满足日常生活需要"的目的。

3.3 《德汉教程》词汇教学方法

3.3.1 字本位

"语言的特点都是通过它的基本结构单位表现出来的，所以印欧语的特点凝聚于'词'和'句'以及它们的相互关系，而汉语的特点凝聚于'字'，应该以字为基础去挖掘汉语的特点。"② 汉语的"词"是由"字"组成的，具有较强的理据性。受到汉语双音化及印欧语系"词本位"习惯的影响，对外汉语词汇教学大多强调直接记忆双音词义，而忽视了对"字"的释义。在多年的对外汉语教学实践中，不少学者认识到要

---

① 此处统计的词汇中不包括词汇表中的短语。
② 徐通锵：《"字本位"和语言研究》，《语言教学与研究》2005年第6期。

重视"字"的地位，开始注重培养学生的"字本位"观念。

"字本位"的教学理念与方法均在《德汉教材》中得到了较为充分的体现。谋乐在第 6 章详细阐述了汉语的组词规律，他认为汉语音节少，大约有 420 个音节，同一个音节可以对应很多汉字，因此需要通过不同汉字的组合来避免词义的混淆。其中包括添加词缀"子"、相同意义的汉字组合及由单个汉字组成的动宾结构式的词。谋乐以"字"为本，以汉字为基础，通过连接汉字的方式进行词、短语等更高语法结构单位的教学。

图 3 显示谋乐在讲解生词时，通常是列出单个的汉字，紧抓汉字字义注释，而后用已拆分讲解的汉字构成词汇进行整体注释。例如讲解"花瓶"一词，先分别解释"花""瓶"的意义，再合成"花瓶"一词进行解释。在讲解"花瓶"后紧接着讲解"盆"，利于直接推测"花盆"的词汇意义。字是汉语词汇衍生机制的核心，可以扩充出一批批新的字组，核心字与构成的新字组的意义有着或多或少的联系，具有其理据性。如"皮"，在注释"皮"的字义的基础上扩展出词汇"皮衣服""皮衣裳"，扩展出的词在词汇意义上均与核心字"皮"有很大的联系。在《德汉教程》中谋乐大量运用了这种以核心字为基础进行词汇扩展的教学方式。拓展教学时不仅会有词组，有时也会出现短语及固定搭配。如：学 = lernen，学生 = Schüler，高等学堂 = Schule oberer Klasse, Hochschule，上学 = die Schule besuchen。另外，谋乐释义时有时会列出一个字的全部义项，如"道 Weg, Lehre, Wahrheit（道路，教学，真相）"，"夫 herr, Gebieter（先生，君主）"，"道"和"夫"，谋乐均给出了多个义项，而在词汇表中讲解的词只有"知道"，对"道"其他深层义项的罗列容易使学习者产生疑问，增加记忆负担。

hua	花	Blume	hsië, sië	寫		schreiben
ping	瓶	Flasche, Vase	dsë	字		ein chines. Zeichen
hua-ping	花瓶	Blumenvase	hsië(sië) dsë	寫字		schreiben
pen	盆	Topf, Becken	hsië-dsë-wu	寫字屋		Arbeitszimmer, Schreibzimmer
hua-pen	花盆	Blumentopf				
			da	打		schlagen
pi	皮	Pelz	da yü	打魚		Fische fangen, fischen
pi i-fu	皮衣服	Pelzkleider	djiu, dsiu	毬		Kugel, Ball
pi i-schang	皮衣裳		da djiu	打毬		Tennis spielen
pi-au	皮襖	Pelzmantel				

图 3 《德汉教程》生词表

《德汉教程》"字本位"教学方法的使用，有利于学习者摆脱德语为母语的"词本位"的负迁移，较快地培养汉语的语感，不断推进学习中运用已知的汉字意义推测新学字词的意义，更好地理解词的意义，逐渐把握汉语词汇的组词的理据性及其规律。

3.3.2 词汇聚合

汉语的词汇存在着各种聚合关系，包括同义关系、反义关系、类义关系、上下位关系等。词汇聚合法，就是把词语放在一定的语义聚合场中，利用词汇间的聚合联系进行教学。谋乐在对德汉语的教学中运用了词汇聚合法。

谋乐通过教授反义、近义、类义等有规律的语义场，使初级学习者能够尽快掌握新词，学习更有条理性。词汇教学主要呈现以下三类语义聚合场。

（1）反义词。《德汉教程》在词汇教学时有意识地将正反义词列出来，用"成对"出现的方式来讲解词汇，其中以形容词居多。据统计，全书共有20对典型的反义词组，如"多、少，快、慢，冷、热"等。反义词的音节一般是相同的。在《德汉教程》也出现了一些音节不相同的反义词组，如"难、容易，贵、便宜，脏、干净"，这些反义词虽在音节上不相同，但它们在理性意义上也是相反或相对的。

（2）近义词。对于初级汉语学习者来说，同义词的学习可以使他们积累更多的词汇，从而进行替换使用，对词义的内部区别暂不做要求。《德汉教程》中讲解词汇时共罗列出37对近义词组。对于同义词，谋乐使用了特定的符号"｛"以示区别。其中大部分的近义词展现出不同的语体色彩，大多是口语或方言中的词汇表达。如："日头＝太阳，屯＝庄＝疃，本事＝能奈"等。

（3）类义词。《德汉教程》在各章的词汇教学中主要讲解了以下几个类别的类义词词群。

亲属类，如：父亲、爹、祖父、爷爷、母亲、祖母。
家具类，如：凉台、楼、梯子、楼梯、箱子、木头。
水果类，如：苹果、梨、白梨、橘子、柑子、葡萄。
方位类，如：东、南、西、北、东南、西北、里头。
军队类，如：炮兵、步队、马队、陆军、海军。

这种将类义词聚合在一起讲解的方式能够有效地激发学生的学习兴趣，在同类型的词语教学中积累词汇，利于记忆与背诵，具有一定科学性。

综上，谋乐在《德汉教程》中使用的词汇聚合法，是能够激发学生联想能力、牢固掌握词汇意义与用法的有效教学方法。

3.3.3 附录拓展

《德汉教程》全书共122页，附录28页，占教材的23%，篇幅较大。附录是对正文内容的补充与拓展，并非重点。附录以18个话题为主线，每一个话题下包含23～155个不等的词组、短语及固定用法，共888个条目（表1）。附录中第一栏为德语，第二栏为汉字，第三栏为汉语拼音，如"Gesetz 律例 lü-li"，与正文词汇表中顺序相反。

表1 《德汉教程》附录话题及包含词组、短语等数量统计

话　　题	词组、短语及固定用法/个
1. 法庭、法律、诉讼、警察（Gericht, Gesetz, Prozess, Polizei）	51
2. 工匠及其工具（Handwerker und deren Arbeitsgerät）	155
3. 房子及设施（Haus und Einrichtung）	39
4. 侍者、佣人（Boy, Diener）	23
5. 厨师、厨房、厨具、调料、用餐（Koch, Küche, küchengeräte, Gewürze, Essen）	84
6. 身体、洗浴、服装（Körper, Waschen, Kleider）	90
7. 生病、疾病（Krank sein, Krankheiten）	52
8. 树木（Bäume）	42
9. 花（Blumen）	26
10. 蔬菜（Gemüse）	27
11. 水果（Früchte）	25
12. 耕作及粮食（Ackerbau und Getreide）	32
13. 动物、鸟类及昆虫（Tiere, Vögel und Insekten）	54
14. 军队用语（Militärische Ausdrücke）	43
15. 命令（Kommandes）	16
16. 土地及一些相关的表达（Länder und einige Ortsbeyeichungen）	50
17. 中国最高行政部门（Die höchsten Beamten der zentral und Provinzialregierung in China）	37
18. 青岛值得了解的地方（Wissenswerte Ortsbezeichnungen in Tsingtau）	42

　　附录可分为5个主题：行政、家庭、自然、军队及青岛。每个主题下设3～6个不等的分话题小类。从分布比重上来看"家庭"与"自然万物"两大话题收录条目最多，其次为"行政、军事、青岛"。谋乐如此组织话题，关联有三：

　　一是家庭事务是学习者在日常生活中必须面对的。附录的拓展教学紧扣"满足日常生活需要"的教学目标，"住所设施、佣人侍者"中补充了大量在正文中未曾涉及的表达，词条之丰富，类似"百科全书"。

　　二是与殖民政府行政治理及地区形势有关。胶澳殖民政府的建立，直接影响了谋乐对于附录词条的选择。"行政"收录了关于法制、地区名称，"军事"又详细列举兵官军衔、军队设置。胶澳殖民政府隶属海军管辖，德人在青岛建立了较为完善的政府管理

体制，补充各大重要社交场所的专有名词是为满足青岛德侨工作、生活所需。

三是与谋乐自身经历有关。谋乐对殖民地的政策十分熟悉，于 1911 年编辑《青岛全书》，内容为早期颁布于青岛殖民地的各种章程。在 1913 年任盐务官后，谋乐短暂休假游历山东各地，探访局势与风土人情。《德汉教程》出版于 1914 年，有理由推测附录中的词条极有可能为谋乐此前多番积累。

附录中，谋乐有意将德语与汉语位置互换，以德语先行的词汇表供学习者查询使用。部分词汇，选取地道方言来表达，如"耐冬（山茶花）、洋柿子（番茄）、长虫（蛇）"等词，既可以体现山东的地域特色，也隐含"减少误解"的目的。

与正文词汇的"字本位"教学方法一致，附录用此法横向拓展教学，以一个词为基础进行扩充，形成复合词或复合短语。如讲解"擦"时，用相同的动宾结构拓展出"擦地板、擦窗户"。

附录拓展的词汇主题既有实用性，又有地区政治特色。从附录词汇编排来看，德语居左、汉字居中、拼音居右的形式，方便学习者查阅与积累。但附录未遵循德语或汉语音序，学习者在查找时，不能迅速定位，是为不足。另外，仅对词汇进行简单罗列，未对任何条目进行解释，完全依赖学习者的领悟力，这一点也有欠妥当。

3.4 《德汉教程》词汇教学特点

3.4.1 关注女性为主的教学对象

教材在编写的过程中要有针对性，要依据学习者自身的情况及需求而量化地选取词汇。《德汉教程》的适用人群范围较广。综合分析全书的词汇及语言材料后可知，其授课对象以生活在胶澳地区的德国家庭妇女为主。

谋乐在《德汉教程》的序言中写道：该书在出版之前，第一批授课对象是在青岛的德国女性，全书以上课讲义为基础整理而成。扉页中，谋乐也题词"谨以此书作友好纪念献给我的女学生们"。因此，谋乐在词汇与语言材料的选取上也有所偏重。

从词汇表中的词汇来看，谋乐选取的词汇以基本词汇为主，关于家庭生活的词汇占绝大部分，如全书 446 个名词中关于家庭事务、日常交往的就有 404 个，占 90%。且这些词均是高频、交际需要度很高的词汇，讲解详实细致。

从全书的语言材料来看，都是鲜活真实的、受家庭妇女欢迎的材料。在词汇操练时的例句均是取自生活，如下面这几句太太与先生的对话例句："您明天穿什么衣服（衣裳）。/今天比昨天冷，我看穿皮衣服好。/这个领子不干净，拿一个别的。"书中也不乏太太与家中仆人之间的话语的例句："告诉大师傅，他今天可以三点钟作茶。/你现在可以上衙门去拿我的刀子。"这些鲜活的例句是家庭妇女们在谋乐授课过程中操练词汇时的真实语料。

从附录的主要内容来看，附录内容从法律政治到瓜果蔬菜、花草树木，种类繁杂。家庭妇女作为家眷随同丈夫来到中国生活，而丈夫们也大多从事政府相关工作，受其影响，家庭妇女们有必要了解有关这些主题的词汇与表达。关于花草树木等园艺方面的词汇，作为一般的汉语学习者无需了解得如此详细；对于悠闲的家庭妇女，这些园艺词汇则是她们日常生活的一个重要组成部分。因此，附录中的词汇也集中体现了谋乐对女性为主的教学对象的关注。

3.4.2 注重词汇中的文化学习

在《德汉教程》中，谋乐重视文化教学，注重在词汇中贯穿文化学习，善于寻找德汉词汇在文化上的共同点。

从词汇表中的词汇及其注释来看，谋乐对家庭成员的称谓表达上罗列详细；在食物上则是选取更多的西方食物并予以介绍；在家居生活方面则是充分体现了中西结合的生活方式，既有"筷子"也有"叉子"。如讲解"面包"时注释道："chinesisches Brot ist bo-bo 饽饽 oder mo-mo 馍馍（饽饽或馍馍就是中国的面包。）"解释既富有趣味又便于理解。"教材的文化教学中应取双向文化的态度，以汉语文化为主线，也适当地介绍差异文化。"① 谋乐善于抓住德汉两种语言在语义上的相似性。如第10章中介绍了词汇"写字屋、睡觉屋、困觉屋"，在注释中，谋乐写道，"写字屋、睡觉屋"这样的用法是为了让家中的仆人更好地明白，而"书房、卧房"更佳。谋乐认为与仆人的交流是日常生活非常重要的一部分，他们大多没有接受过太多的教育，因而通俗易懂的说法更适合用于与他们的交往，这正是考虑到了当时中国的社会文化现实。

谋乐在词汇的选择与注释中都考虑到了人们的文化通感，考虑到了两种语言之间的异同，融入了中国文化，使其为词汇教学锦上添花。谋乐是想通过潜移默化的文化教学达到他在序言中提到的"减少与中国人民在交往中的误解"的目的。

4 结　语

《德汉教程》是20世纪初由素有"中国通"之称的德国胶澳总督府翻译官谋乐编写的一本对德汉语初级口语教材。其教学目的明确，旨在拉近中德两国人民之间的距离，减少交往中的误解，满足各类来华德人的交际需要。全书语言要素齐全，包含语音、词汇、语法教学三大板块。

《德汉教程》词汇选取讲求实用、贴近生活、语料鲜活，词汇教学内容适用人群也较广。各章节中的用法和用例都是生活中的语言，不生涩难用，紧扣德国人在中国的生活情况。在实用的基础上，词汇覆盖面广，涉及教育、商业、交通、娱乐等方面。

词汇教学具有鲜明的时代与地区特征，突出女性主体。《德汉教程》成书于德国占领胶州湾的历史时期，词汇上具有山东的地区特点及政治色彩。附录编写内容迎合女性为主的教学对象，印证了作者在《德汉教程》扉页中所言：献给女学生之作。

作者注重文化学习，异中求同。有意识地将中国文化与德国文化进行对比，以期能够中西结合，寻找语言上的共同点。文化教学可以帮助学习者找到两国文化通感，增加学习者的学习兴趣。

---

① 罗艺雪：《对外汉语高级教材文化因素处理探析》，《内江师范学院学报》2010年第3期。

作者强调词汇积累，巧用附录拓展。运用字本位的教学理念，对词汇以字为基础进行多项拓展，善于激发学习者的联想记忆。附录的编排，学习者可以得到提升，积累新词。同时附录兼有类似"小词典"式的检索功能，方便学习者查阅。

　　当然，《德汉教程》也存在一些不足，如：各章词汇量分布起伏较大，易使学生产生畏难情绪；部分词汇未有词性标注，易产生混淆；无配套练习，使学习者缺乏有效的巩固训练。总体而言，《德汉教程》词汇利弊皆有，但作者在词汇教学的宏观把控上体现了词汇讲解详实、讲究实用、注重积累的特点，符合一本初级汉语口语教材的定位。

参考文献

戴昭铭．文化语言学导论［M］．北京：语文出版社，1996．
何玉洁．石密德、陆懿《标准国语校本》研究［D］．上海：上海师范大学，2016．
罗艺雪．对外汉语高级教材文化因素处理探析［J］．内江师范学院学报，2010（3）．
齐沪扬．现代汉语［M］．北京：商务出版社，2010．
徐通锵．"字本位"和语言研究［J］．语言教学与研究，2005（6）．
赵金铭．对外汉语教材创新略论［J］．世界汉语教学，1997（2）．
Friedrich Wilhelm Mohr. Deutsch-Chinesische Unterrichtsstunden，Druck und Verlag von Adolf Haupt［M］．Tsingtau，1914．

司登得《汉英合璧相连字汇》谱系考

韩一瑾
（中山大学外国语学院国际汉语系）

摘　要：《汉英合璧相连字汇》（1871）是司登得在华期间编写的一部汉英对照词汇集，虽在编排体例上借鉴了前人成果，但由于全书词条均是在长期汉语小说阅读过程中摘抄积累的，故可视作一部原创汉英词典。此外，其与加拿大传教士季理斐《英华成语合璧字集》（1898）、石山福治《支那语辞汇》（1904）等有明确的继承关系，且对卢公明《英华萃林韵府》（1872）也产生过直接影响。本文对司登得的生平及学术成就进行考证，在此基础上对以《汉英合璧相连字汇》为源头的相关词典谱系进行梳理，进而明确《汉英合璧相连字汇》在汉英词典史上作为独立一支谱系源头之作的特殊历史地位。

关键词：司登得；《汉英合璧相连字汇》；谱系研究

晚清民国时期，以传教士为主的来华西方人编纂了形式各样的双语词典。其中，海关洋员司登得（George Carter Stent，1833—1884）所编《汉英合璧相连字汇》（A Chinese and English Vocabulary in the Pekinese dialect，1871）虽在编排上借鉴了威妥玛（Thomas Francis Wade）、马礼逊（Robert Morrison）等前人的著作，但由于全书词条均是在作者长期汉语小说阅读过程中摘抄积累的，而不是以某部词典为底本扩充改编而来，因此可将其视作一部原创汉英词典。不仅如此，从谱系关系上来看，这部词典与加拿大传教士季理斐（Donald MacGillivray）所编《英华成语合璧字集》（A Mandarin-Romanical Dictionary of Chinese，1898）、石山福治《支那语辞汇》（1904）等有明确的继承关系，而且对卢公明（Justus Doolittle）《英华萃林韵府》（A Vocabulary and Hand-book of the Chinese Language，1872）也产生过直接影响。

因此，虽然在司登得《汉英合璧相连字汇》出版的19世纪70年代，罗存德（Wilhelm Lobscheid）、卫三畏（Samuel Wells Williams）等传教士和翟理斯（Herbert A. Giles）等在华外交官也有类似著作问世，但与同时期的这些双语词典相比，司登得的这部词典无疑应该得到更多的关注。其研究价值在于该词典的传承脉络清晰、自成一体，是汉外双语词典出版史上能够作为独立一支谱系源头之作品。但至今尚无专文讨论该词典的谱系问题①，因此本文将在对司登得生平及学术成就进行考证的基础上对《汉英合璧相连字汇》的谱系进行讨论，以期明确司登得编写的这部词典在汉外双语词典

---

① 关于司登得《汉英合璧相连字汇》的版本问题，那须雅之曾有详尽考察，见《G. C. Stent とその著書について——A Chinese and English Vocabulary in The Pekinese Dialect（〈漢英合璧相連字彙〉）を中心として》，《中国語学》1993年第10期，第122～131页。此外，高永伟有专文介绍司登得的生平及著作，见《词海茫茫——英语新词和词典之研究》，复旦大学出版社2012年版，第274～284页。

编纂史上的地位。

1　司登得的生平及学术成就

司登得 1833 年 6 月 15 日出生于英国坎特伯雷（Canterbury），成年后加入龙骑兵第十四团赴印度从军。在其所著的 Scraps from my Sabretasche. Being personal adventures while in the 14th (King's light) dragoons (1882) 一书中，司登得为人们展现了一位在印度从军的普通英国士兵的真实生活，其中既有他担任兵团附属戏剧团舞台经理一职时的工作情况，也有其在印度战场上的战斗情况。

关于司登得的具体来华时间，目前尚无定论。1885 年 Journal of the China Branch of the Royal Asiatic Society（《皇家亚洲文会北中国支会会报》）上一篇署名为 E. B. D[①] 的文章 "In Memoriam" 中有 "while belonging to the British Legation Escort in Peking, now more than sixteen years ago" 的说法，由此可推断司登得 1869 年已在北京公使馆任职。而在司登得所编《汉英合璧相连字汇》（1871）的落款时间为 1871 年 11 月 1 日的序言中，他提到 "Some years ago, while residing in Peking, it was my intention to endeavor to translate a Chinese novel into English"，由此推断，司登得的来华日期可能早于 1869 年。

司登得起初作为英国公使馆成员来到北京，1869 年 3 月起在中国海关工作[②]，由于没有接受过高等教育[③]，起初只能得到一个下等职位（subordinate rank），直至 1873 年也还只是江海关（上海）的一个编外通事。根据《新关题名录》[④] 的记载，司登得 1877 年才升为中国海关二等帮办 B 班，最高职位是打狗关的代理税务司，就职年份为 1883 年，直至 1884 年 9 月在打狗关去世。表 1 是根据《新关题名录》等海关档案整理的司登得在海关任高级职位的情况。

表 1　司登得在中国海关任高级职位情况

时　间	任职海关	职　位
1877 年 4 月起	江海关（上海）	二等帮办 B 班
1877 年 9 月起	东海关（烟台）	二等帮办 B 班
1880 年	瓯海关（温州）	二等帮办 B 班

---

① 笔者推断 E. B. D 应为杜德维（Edward Bangs Drew, 1843—1924），美国人。依据为：《皇家亚洲文会北中国支会会报》中大部分文章的作者均为该会会员，根据会报中的历年会员信息表，姓名缩写为 E. B. D 的仅有杜德维一人，且杜德维 1865 年进入中国海关工作，直至 1908 年退休，作为司登得的同事，为其撰写悼念文章也在情理之中。

② 赵晓阳《19—20 世纪外国人研究北京方言的文献资料》一文中称其"是第一个到中国海关工作的人"，疑因对《英汉口语词典》（A Dictionary From English to Colloquial Mandarin Chinese）序言中，"He was first appointed to the Chinese Customs Service in March 1869" 一句的理解有误。

③ 根据 "In Memoriam" 中 "who has failed to enjoy the advantage of the liberal education" 一句。

④ 《新关题名录》（China imperial maritime customs service list）是专门记录海关职员基本情况的资料，第一册刊于光绪元年（1875），由总税务司署造册处编印，详细记录了当年海关所有职员的人数、姓名、国籍、进入海关日期、升任现职日期、关名、职位等内容。至 1948 年，每年刊印一期，共计 74 期。

续表 1

时　间	任职海关	职　位
1881 年 1 月起	潮海关（汕头）	二等帮办 A 班
1882 年	打狗关	二等帮办 A 班
1883 年—1884 年 9 月	打狗关	二等帮办 A 班、代理税务司

司登得没有受过高等教育，却有杰出的汉语能力，不但曾得到英国驻华公使威妥玛先生的鼓励，也因此受到中国海关总税务司赫德（Robert Hart）的赏识。仅在《汉英合璧相连字汇》序言中，司登得就先后六次提到威妥玛，不仅对其汉学成就表示钦佩，也表达了自己对威妥玛的深深谢意，词典献辞则表明要将此书献给海关总税务司赫德①，由此可见二者对司登得汉语学习和研究方面的帮助和影响。

司登得 1875 年成为皇家亚洲文会北中国分会的会员，直至 1884 年去世。该文会成立于 1858 年，以调查研究中国之艺术、科学、文学、天然产物为主要任务，并于 1858 年 6 月起出版会刊，发表学会成员的研究成果。司登得在会刊上发表过多篇文章，如 *Chinese Lyrics*、*Chinese Legends*、*Chinese Eunuchs* 等。关于司登得的著作，除了下文中会重点介绍的《汉英合璧相连字汇》外，还包括两部词典——《汉英袖珍字典》（*A Chinese and English Pocket Dictionary*，1874）、《英汉口语词典》（*A Dictionary From English to Colloquial Mandarin Chinese*，1905），一本诗集译著 *The Jade Chaplet in Twenty-Four Beads*（1874，伦敦）、一本歌谣集译著 *Entombed alive and Other Songs*（1878，伦敦）等。在《英汉口语词典》序言中对司登得的学术成就是这样评价的：凭借能力和天赋，司登得使自己处于同时代汉学家中的领先地位。②

2 《汉英合璧相连字汇》版本考

2.1 《汉英合璧相连字汇》第一版

《汉英合璧相连字汇》的初版时间为 1871 年，第一版共 677 页，由海关出版社（The Customers Press）出版，出版地是上海。词典包括序言、正文、音序索引、部首索引、部首一览、附注以及勘误。其中附注部分有 104 个词条，均出自正文，对中国的风俗习惯等进行了比正文更加详尽的解说。该词典收录了约 4200 个独立汉字，并在汉字后提供了用此汉字组成的常用双音节、三音节、四音节词，总计约 20000 条。整部词典的注音系统采取威妥玛拼音，词条来源于中国的白话小说，在编纂上借鉴了威妥玛、马

---

① 献辞全文为：To Robert Hart, Esquire, Inspector general of H. I. C. M. Customs, to whose liberality and kindness the following pages owe their publication, this volume is respectfully dedicated by his obedient servant the author.

② "By industry and native ability, raised himself to a leading position among the Sinologues of his day."

礼逊和麦都思等前人著作。

在长达五页的序言中，司登得谈到了以下几个问题：成书过程、全书体例和规模、采用的拼音系统、量词的整理与呈现、收词和词义选取原则、词典构成及编排方法、词典的性质和价值、向威妥玛和贾逊（DeWitt Clinton Jansen）致谢。

其中作者提到：这部著作我唯一敢自诩的就是在编排上的原创性。① 而且司登得认为这种编排对中高级阶段的汉语学习，特别是在没有老师指导情况下的独立学习有益。通过对序言和全书文本的整理，笔者认为其原创性主要体现在以下几个方面：

（1）作品中有不少在其他词典里不被认可的常用汉字，因为作者只收录他老师在没有参考书的情况下认识的字。

（2）作品中有不少新词义，因为在词义的选择上，作者舍弃了古汉语中书面的过时的词义，倾向于选择目前正在使用的意思。这样做一是能够照顾到词典的体量和实用性；二是能够与现代语言风格相一致，有助于发现真实可用的汉字与语义。

（3）词首字编排原则：通过若干词或字串来展现汉字，或者说把汉字放进多音节的词中，使其尽可能接近英语辞典的做法。②

（4）提供音序、部首两个索引。

2.2 《汉英合璧相连字汇》第二版

《汉英合璧相连字汇》的第二版出版时间为1877年，出版机构为美华书馆（American Presbyterian Mission Press），出版地为上海。司登得在序言中首先解释了出版第二版的原因：一是第一版已经脱销，但仍有来自中国各地的索书申请；二是希望通过一些变化和改进，使这本辞典能够令读者更加满意。

这一版正文从572页增加到643页，增加了大约3000个常用汉字组合。但司登得似乎认为即使如此，仍无法满足日常表达的需求。③ 第二版删除了音序索引，并重新做了部首索引——第一版分为 Alphabetical Index 和 Radical Index 两部分，第二版只保留一个索引，名为 Index of Characters arranged according to radicals and in Alphabetical order，体例与第一版的 Radical Index 相同，但内容上做了不少修改。

值得注意的是，第二版并不是由司登得独立完成的，当时在海关服务的第图晋（N. Titoushkin）④ 对第二版进行了校正，并独立制作了部首索引。⑤

---

① The only credit I pretend to in its production, is the originality of the arrangement.

② Being an attempt to bring Chinese characters into words and syllables, or words of syllables, assimilating it as near as possible to an English dictionary.

③ These, however, although they will materially increase its usefulness, still leave it very far from being complete; thousands might yet be added, in fact, book might be made double its present size and yet be deficient of many expressions or phrases in everyday use. （第二版序言）

④ 第图晋，俄国人。1869年11月进入中国海关工作，曾任同文馆俄文、德文教习。1877年任江海关二等帮办B班。

⑤ In fact, to him is due the entire credit of correcting the proofs and putting the book through the press and I must also, in justice to Mr. Titoushkin, add, that the stroke Index was compiled entirely by him. （第二版序言）

2.3 《汉英合璧相连字汇》第三版

《汉英合璧相连字汇》的第三版出版时间为 1898 年，出版机构为美华书馆，出版地为上海。封面除了书名、作者、出版社等信息外，增加了如下内容：Revised and Enlarged By REV. D. MACGILLLIVRAY, M. A., B. D., Canadian Presbyterian Mission。MACGILLLIVRAY 即季理斐（1862—1931），加拿大长老会来华传教士。1888 年开始在河南北部传教；1899 年收到李提摩太的邀请，转到上海的广学会从事基督教文字出版工作，同时保留豫北长老会成员的身份；1919—1929 年担任广学会的总干事。

这一版共收录了约 4500 个独立汉字，与之前两版相比，增加了约 300 个首字，首字合成词则增加了约 5000 个。在"To the User of This Vocabulary"中，季理斐指出他在"官话"词的基础上特别增加了部分在学术演讲中能够使用到的"文理"词①。首字后注明其他两部重要辞典——H. A. Giles（1892）和 S. Wells Williams（1874）的相关页码。这样做的目的是使读者们获得关于这个首字更加完整的信息。此外，首字合成词后加参考文献及页码。

3 《汉英合璧相连字汇》与《英华成语合璧字集》

由于季理斐 1905 年出版的这部词典名为《英华成语合璧字集》（*A Mandarin-Romanized Dictionary of Chinese*），所以常被误以为是季理斐在司登得所编词典基础上重新加工完成的一部新词典。但实际上这本词典可以认为是《汉英合璧相连字汇》第三版的修订版。就连季理斐自己也在"To the User of This Dictionary"中说："There are about seven thousand more phrases nowinserted than in the first revision."这里的 first revision 指的应该就是《汉英合璧相连字汇》第三版，那么《英华成语合璧字集》就是 second revision 了。

在 Note 部分，季理斐对于更换词典名称的原因做了说明，认为这部词典在其不断修订与完善过程中已经与原书大为不同。②

《英华成语合璧字集》第一版的出版时间是 1905 年，作者季理斐，由 The Presbtterian Mission Press 出版，出版地是上海。封面上没有词典中文名，只有英文名 *A Mandarin-Romanized Dictionary of Chinese*，并有"the same Principle as G. C. Stent's Vocabulary（与司登得词典相同的原则）"字样。全书由 To The User of This Dictionary、Memoir of George Carter Stent③、Comparative Romanizations、正文、Radicals、Index of Characters Arranged According to Radicals and Number of Strikes、Notes、Tables（朝代更替表、十八省、

---

① While Kuan-hua is given the preference in number of phrases inserted, a number of Wen-li phrases are also allowed a place, especially if common in the speech of scholars.

② The labor expended on this work, and the vast differences from the original "Stent," practically make it a new book. The old name has therefore been dropped and a life of Geo. Carter Stent will preserve his fame and memory.

③ 这一部分摘自上文中提到的《皇家亚洲文会北中国支会会报》上杜德维纪念司登得的文章。

官职）等组成。内容上增加了约 7000 个合成词，体例上在罗马字注音右侧增加部首和该汉字的其他写法，并且在部分词语的英文解释后，还在括号里用拼音写出该词的同义词。

第二版的出版时间是 1907 年，封面上出现词典中文名《英华成语合璧字集》，附录中多了一个 "Books by Mr. & Mrs. Mac Gillivray, Shanghai"，其余变化不大。

第三版的出版时间是 1911 年，英文名改为：*A Mandarin-Romanized Dictionary of Chinese with Supplement of New Terms and Phrases*。附录的 Table 中增加了 The Metropolitan Boards, Etc, in 1911。附录新增 "现代文学及其他组合"（Modern Literary and Other Combinations mostly current since the New Education）。

第四版的出版时间是 1918 年，英文名改为 *A Mandarin-Romanized Dictionary of Chinese Including New Terms and Phrases*，删掉了前三版封面中的 "与司登得词典相同的原则（the same Principle as G. C. Stent's Vocabulary）" 字样。季理斐在这一版 "To the User of This Dictionary" 中提到，他已从司登得遗孀那里获得了《汉英合璧相连字汇》的版权，并且由于他在不断修订中付出了大量的劳动，更改了大部分词条，所以以独立作者的名义出版《英华成语合璧字集》。① 季理斐还提到第三版附录中的 "现代文学及其他组合"（Modern Literary and Other Combinations mostly current since the New Education）被编排到正文中，在英文解释后用大写字母 N 表示新词，大写字母 O 表示旧词②，如果读者想要了解更多新词，可以参考莫安仁（Evan Morgan）和狄考文夫人（Add Haven Mateer）所编写的有关新词的词典。

至 1930 年，《英华成语合璧字集》共修订 9 次，季理斐为此付出了大量的劳动。虽然该词典以司登得《汉英合璧相连字汇》为底本，但季理斐在修订过程中不断增加新词、完善标音释义方式，以独立编者身份出版该词典实在也是无可厚非。

4 《汉英合璧相连字汇》与《支那语辞汇》

石山福治的《支那语辞汇》初版时间为明治三十七年（1904）12 月，由文求堂书店刊印。全书包括例言 5 页、五十音顺序索引 10 页、笔画索引 37 页、正文 496 页、字母索引 10 页，收词共约 1 万条。发音以假名标记，四声以传统圈点标注。石山福治于明治三十一年（1898）入宫岛大八的善邻书院学习汉语，该辞典是其在明治三十四年（1901）北京执行公务之余在中国人吴氏的帮助下完成的。

---

① As Mr. Stent had been long dead a new edition was urgently, called for, and the late Dr. Mateer suggested to me the revision of the work. To this the heirs of Mr. Stent cordially agreed, at the same time generously handing over all right to reviser. The first edition was known as MacGillivray-Stent. Meantime the work of revision and change went steadily on according as I had opportunity. So, many were the changes and so large the amount of labour expended that it was deemed right to issue the third edition under the name of MacGillivray "on the same principle as Stent."

② In the first edition modern literary and other combinations were given in an appendix. In this edition they have been embodied in the main text. The letter "N" shows most, if not all, the new phrases. The letter "O" placed after a definition indicates that the term is out of date, and is of merely historical interest, e. g.

石山在例言中写到：在此基础上，我参照了司登得的 Chinese and English Vocabulary，只选取日常生活中最实用的词语，将原稿中的 3 万多个词条减少到约 1 万个。① 在这里石山提到的 Chinese and English Vocabulary 到底是哪部词典，石山在其中借鉴了哪些内容，目前还没有相关研究。六角恒广在《中国语辞典集成》中关于《支那语辞汇》的解题中写到：司登得 1869 年来到中国，成为海关官员，有 A Chinese and English Pocket Dictionary（1874）和 A Chinese and English Vocabulary in the Pekinese Dialect（1871）两本著作，石山福治参考的可能是后者。② 由前文可知，六角恒广在这里对司登得及其著作的描述并不准确。

通过将《支那语辞汇》和司登得所编词典进行对比，笔者发现石山福治主要参考了由季理斐修订的《汉英合璧相连字汇》（第三版）。试以首字"阿（a1）"为例，《汉英合璧相连字汇》第一版中收词为"阿哥、阿公子、阿妈、阿魏"四条，第二版中为"阿哥、阿公子、阿妈、阿嚏、阿魏"五条，第三版与第二版所收词条相同。而《支那语辞汇》中收"阿哥、阿妈、阿嚏、阿公子"四条，全部来自第二版或第三版。以上两版中的"阿魏"为植物学、医学专用名词，石山福治没有收录。

再以首字"挨（ai2）"为例，《汉英合璧相连字汇》第一版中收词为"挨着、挨了打、挨骂、挨打、挨村"五条，第二版收"挨挤、挨肩、挨着、挨了打、挨骂、挨打、挨村"七条，第三版收"挨挤、挨及国、挨肩、挨着排的、挨骂、挨门查、挨饿、挨保、挨打、挨次"十一条。《支那语辞汇》中收"挨挤、挨饿、挨骂、挨保、埃及国、挨门查、挨着排的"七条，且全部来自《汉英合璧相连字汇》第三版。我们可以发现，司登得所编词典中收录的词条有些不能称作"词"，这与司登得和季理斐重视收集口语中的词和短语有很大关系。

由于没有对所有词条进行比对，笔者无法断定《支那语辞汇》中到底有多少词出自《汉英合璧相连字汇》第三版，但可以断定的是：第一，石山福治的确参考了该书；第二，石山福治在序言中说他是参照司登得词典，把自己收集的 3 万多个词条减少为约 1 万个，这个说法并不完全可信。

5 余 论

除此以外，还有三部词典与《汉英合璧相连字汇》有关。

卢公明在其 1872 年出版的《英华萃林韵府》第二卷序言中明确指出，该词典第三部表 70 的前八页参考了司登得的《汉英合璧相连字汇》。但不管是从体例上，还是从具体词条上来看，很难说二者间有传承关系，故可认为《汉英合璧相连字汇》只是其参考资料中的一种。

---

① 更に George Cater Stent 氏の Chinese and English Vocabulary を参照し舊稿類輯したるの語数三萬餘語を減じて約壹萬語となし改删拔粹最も普通に必要なるもののみを採りて之を脱稿した。

② Stent は、1869 年中国にきて税関職員となり、A Chinese and English Pocket Dictionary（1874）と A Chinese and English vocabulary in the Pekinese dialect（1871）を出している。石山福治が参考としたのは、後者であったろう。

1874年司登得还出版了一本《汉英袖珍字典》(*A Chinese and English Pocket Dictionary*),经那须雅之考证,这本字典实际上是在《汉英合璧相连字汇》(1871年第一版)第627~650页 Radical index 和第575~624页 alphabetical index 的基础上编纂而成的。

司登得生前还有一部未完成的汉英词典——*A Dictionary From English to Colloquial Mandarin Chinese*,只完成了三分之二。后面的三分之一由中国海关的德国籍官员赫美玲完成。这部作品与《汉英合璧相连字汇》之间是否有继承关系有待接下来的考证。

参考文献

高永伟. 词海茫茫——英语新词和词典之研究 [M]. 上海:复旦大学出版社,2012.

六角恒广. 中国语辞典集成 [M]. 东京:不二出版,2003-2004.

那须雅之. G. C. Stent とその著書について—A Chinese and English Vocabulary in The Pekinese Dialect (《漢英合璧相連字彙》) を中心として [J]. 中国語学,1993 (10).

DrewE B. In memoriam [J]. Journal of the China Branch of the Royal Asiatic Society,1885,20.

Stent G C. Scraps from my Sabretasche:Being personal adventures while in the 14th (King's light) dragoons [M]. London:W H Allen & CO,1882.

马礼逊著作中的《拜客问答》

朱 凤

(日本京都圣母院女子大学)

摘　要：《拜客问答》是由来华耶稣会传教士编辑的《拜客训示》的一部分，至今为止已在世界各地的图书馆里发现了很多手稿本。可是还没有学者提到它的印刷本。笔者发现马礼逊的著作 *Dialogues and Detached Sentences in the Chinese Language*（1816）中收有《拜客问答》的一部分。本文对马礼逊收录的《拜客问答》与其他手稿本做一些粗浅的考察。

关键词：耶稣会传教士；马礼逊；汉语教材

自罗明坚（Michele Ruggieri，1543—1607）、利玛窦（Matteo Ricci，1552—1610）等天主教耶稣会传教士来华以来，为了传教需要，他们留下了很多学习汉语的资料。《拜客问答》就是其中的一部。近年来，一些学者在欧洲的图书馆里发现了多种《拜客问答》的手稿本，有的是单独本，有的是收录在《拜客训示》①中。有关《拜客问答》已发现的手稿本现状、抄写异同、抄写作者等诸课题，已经有很多学者发表了学术论文，在此不再赘言。本文将在参考已有的学术成果的基础上，着重考察马礼逊（Rebert Morrison，1782—1834）与《拜客问答》的关系。

1　已发现的《拜客问答》版本

现将笔者 2016 年 9 月在梵蒂冈图书馆（Biblioteca Apostolica Vaticana，BAV）所见的几个手稿本和其他学者发现的手稿本归总如下。

1.1　笔者所见手稿本（梵蒂冈图书馆）

（1）*Pà Kě Vén Tá*（罗马字注音本，附有葡萄牙文译文，没有汉字），藏书号码：Borgia Latino 523；

（2）《会客问答》（中文汉字本，没有罗马字注音，也没有外语译文），藏书号码：Borgia Chinese 316.2；

---

① 《拜客训示》是用中文编写的一部传教士在华生活必备。该书共有 10 个章节，分别为管堂中事、廚房的事、買辦的事、庫房的事、茶房的事、衣服帽房的事、拜客問答、行水路船工的事、教友告解罪過、看门的事。详见李毓中：《"洋老爷"的一天：从〈拜客训示〉看明末耶稣会士在中国》，张巍译，《清华学报》2016 年新 46 卷第 1 期，第 77～119 页；李毓中等：《〈拜客训示〉点校并加注》，《季风亚洲研究》2015 年第 1 卷第 1 期，第 133～167 页。

(3)《拜客问答》(*Pái Kě Vuén Tá*)(中文汉字本,附有罗马字注音和拉丁文译文),藏书号码:Borg. Cinese. 503(pp. 186 – 241);

(4)《拜客问答》(*Paí Kě Veń Tǎ*)(中文汉字本,附有罗马字注音和葡萄牙文逐字译文),藏书号码:Vaticano Estremo Oriente 14(该书已有电子版,仅限在梵蒂冈图书馆内阅览)。

1.2 其他学者发现的手稿本

(1)巴黎国家图书馆 BNF(Bibliothèque nationale de France)①:《拜客问答》(中文汉字本,没有罗马字注音,也没有外语译文),藏书号码:Chinois 7024;

(2)西班牙耶稣会托雷多教区历史档案馆 AHPTSJ(Archivo Histórico de La Provincia de Toledode la Compañía deJesú's)②:《拜客问答》(*Pai Kē Ven Ta*)(中文汉字本,附有罗马字注音和法文逐字译文,是 *Instrution Pour Les Visites de Manarins* 中的一部分),藏书号码:Caja101,China(Ⅱ),N33(Lg. 1042. 14)。

如上所列,迄今为止,有很多学者发表论文,报告并公开了一些他们在世界各地图书馆发现的《拜客问答》手稿本资料。这些手稿本内容整体相似,只因抄写人、抄写时间和地点的不同,在汉字、词汇以至句子中出现了一些异同,但这些手稿本应该出于同一原稿。手稿本内容可以分为两部分,前半部分为与中国人应酬拜访时的礼节及各种场面的标准会话句型,后半部分是通过传教士与中国人的会话,向中国人传播基督教知识和西方文化。所以学者们认为《拜客问答》是耶稣会传教士来中国传教的行为指南书,也是学习中文的一个很好的教科书。虽然现在已经发现了许多手稿本,不过他们并没有提及印刷本一事。李庆博士在他的论文中说:"自其写就,《拜客问答》一稿不见刻本,亦不见庞迪我、龙华等后继者有提及,不为第一份中国耶稣会士汉文著作目录《圣教信证 耶稣会西来诸位先生姓氏》所载,费赖之、荣振华等所作书目亦不得见。《拜客问答》一稿,极可能从未募刻,因而不见后世流传。"③ 也就是说,有关《拜客问答》的研究成果中并没有发现《拜客问答》的印刷本。

2 马礼逊与《拜客问答》

最近,我在阅览马礼逊的一部汉语教材时,偶然发现了《拜客问答》。在此之前,虽然阅览过数次,对这部教材有些了解,却不知这部教材的汉语资料源于何处。因为看到了有关《拜客问答》的研究成果,才使笔者有了这次偶然的发现。

---

① 参照李毓中:《"洋老爷"的一天:从〈拜客训示〉看明末耶稣会士在中国》;李庆:《利玛窦〈拜客问答〉及其流变考》,《第三届"利玛窦与中西文化交流"国际学术研讨会论文集》,中山大学出版社 2015 年版,第 195~196 页。

② 参照李毓中:《"洋老爷"的一天:从〈拜客训示〉看明末耶稣会士在中国》。该论文中还提到了梵蒂冈图书馆所藏 *Jan Sin I* 198 一书。经笔者考察该书现藏于罗马耶稣会档案馆,其内容并非《拜客问答》,而是葡汉字典。

③ 李庆:《利玛窦〈拜客问答〉及其流变考》,第 199 页。

马礼逊著作中的《拜客问答》收录在 Dialogues and Detached Sentences in the Chinese Language（1816，《汉语会话及短句集》，以下简称《会话集》）一书中。该书是他在澳门出版的一部汉语学习教材。该教材主要由31个会话和一些成语短句组成。综观会话内容，主要是以在华外国人与中国人在生意、日常生活、汉语学习等方面的会话为主。其中与《拜客问答》有关的只有三课（会话XVIII至XX）。会话的标题为"on the mode of visiting in China"，虽然没有汉语标题，可是内容却与《拜客问答》基本一致。从其收录的内容来看，只有《拜客问答》的前半部分，而没有传教士介绍基督教和西方知识的部分。马礼逊没有收录后半部分，也许是受当时编书时的条件所限而至（后论）。

马礼逊将前半部分分三课，是因为会话内容为三个不同的场面：会话XVIII是一个中国文人拜访在京的客，通过下人（长班和管家）的会话，交待了一些拜客、应酬礼节和句型；会话XIX是一个中国官员拜客后与主人的寒暄客套会话；会话XX是主人与客人之间的家常话题。

下面将马礼逊收录的《拜客问答》与笔者在梵蒂冈图书馆看到的三个汉语版本以及李毓中发现的西班牙版本，共五个版本做一个比较。因为手稿本出于不同人手、不同年代，抄写中均有字体（正字、俗字、异体字）、词汇上的差异，如：個—个，没—莫，比如—譬如，这等—如此。这些差异可以视为抄写人的擅自修改，并不影响整体的内容，在本文中暂不论及。不过，从有些差异中我们可以推测一下马礼逊收录内容与这些版本的关系。

2.1 "官"与"客"

例如，中国有一个人，或是秀才、监生、举人，或是有职官员，来拜在京的客。

1）一位官員來拜一客。長班先來問說某老爺在家不在。某老爺停會就要來拜。還有三四位同來。請老爺沒出門。或答說再等候至官員來拜時。（《会话集》，会话XIX）

2）大理寺堂官來拜一客長班先來問說某老爺在家不在家裡我某老爺停回就要來拜還有三四位同來請老爺莫出門答說在家等候至大理寺官來拜時。（《会客问答》，Borgia Chinese 316.2）

3）大理寺堂官來拜一客。長班先來問說某老爺在家不在。某老爺停會就要來拜。還有三四位同來。請老爺莫出門。或答說在家等候。至大理寺官來拜時。（《拜客问答》，Borg. Cinese. 503）

4）大理寺大堂官要拜一官。長班先來問說某老爺在家不在。某老爺停會就來拜。還有三四位同來請老爺莫出門。或答說在家等候。大理寺官來拜時。（《拜客问答》，Vaticano Estremo Oriente 14）

5）大理寺大堂。要拜一官。先長班來問說。某老爺在家不在。某老爺停會就來拜。還有三四位同來。請老爺莫出門。或答說在家裡等候。至大理寺官來拜時。（西班牙版本）

以上所示描述中国文人身份的"秀才、監生、舉人",以及"没、莫""再、在""會、回"等字句上的差异并不重要,重要的是拜访对象是"客"还是"官"。会话中说到拜访对象"今早四(更)鼓時便進朝裡去修理自鳴鐘"①,学者们认为从这个描述可以说明拜访对象是传教士,有的更直截了当地断定是利玛窦②。如果是这样的话,拜访对象应该是"客",而不是"官"。因为利玛窦1601年抵京后,明神宗曾下诏允许利玛窦等人长居北京,可是并没有赐给他官衔,可见利玛窦是"客"而不是"官"。马礼逊《会话集》及梵蒂冈三个手稿本均为"客"[4)有一处为"官"],而西班牙手稿本为"官"。另外,因笔者手头没有完整的资料,没有将法国手稿本列入比较范围内。可是参考一下李毓中的论文《"洋老爷"的一天:从〈拜客训示〉看明末耶稣会在中国》中的附录照片,其内容与西班牙版本一致,为"官",而不是"客"。由此可以推测,西班牙手稿本和法国手稿本很有可能是同出一处,而梵蒂冈本应该是另外一种手稿本。马礼逊收录的《拜客问答》除了上述的"官"与梵蒂冈本一致以外,其他的很多单词也与梵蒂冈本一致的较多,所以马礼逊使用的手稿本很有可能源于梵蒂冈本。

另外,马礼逊好像刻意将"大理寺(堂)官"改为"官员"。马礼逊修改的用意究竟何在,我们已经无法追究了。也许《会话集》的读者是一般在中国做生意或想学汉语的欧洲人,将会话人物的设定从固定的官员改为泛指的官员,使之更适合一般汉语学者的需要。

2.2 遗漏、误读

2.2.1 遗漏

1)這長班留下一拜帖說某相公回來多拜。(《会话集》,会话XVIII)
2)這長班留下一拜帖說某相公回來多拜上此拜客的相公自己說我要面拜相會改日再來相拜。(《会客问答》,Borgia Chinese 316.2)
3)這長班留下一拜帖說某相公回來多拜上。這拜客的相公。自己說。我要面拜相會。改日再來相拜。(《拜客问答》,Borg. Cinese. 503)
4)這長班留下一拜帖說某相公回來多拜上。這拜客的相公自己說。我要面拜相會。改日再來相拜。(《拜客问答》,Vaticano Estremo Oriente 14)
5)這長班留下一拜帖。說某相公回來多拜上。這拜客的相公自己說。我要面拜相會。改日再來相拜。(西班牙版本)

与其他的四个版本相比,马礼逊《会话集》缺了后面的部分。这样的遗漏在《会话集》里还有多处出现。

---

① Robert Morrison, *Dialogues and Detached Sentences in the Chinese Language*, Macao, 1816, p.127.
② 李庆:《利玛窦〈拜客问答〉及其流变考》,第195~196页。

2.2.2 误读

1) 只第二個小子資質好些。還可望重完了這個禮貌。(《会话集》，会话 XX)

2) 只第二個小兒資質好些肯讀書還可望中。(《会客问答》, Borgia Chinese 316.2)

3) 只第二個小兒。資質好些。肯讀書。還可望中。(《拜客问答》, Borg. Cinese. 503)

4) 只第二個小兒。資質好些肯讀書。還可望中。(《拜客问答》, Vaticano Estremo Oriente. 14)

5) 只第二个小儿。肯讀書。還可望中。(西班牙版本)

很明显，这里原意应为"第二个儿子有较好的天份，读书勤奋，有望中举"，而马礼逊的句子却显得不通。他的理解是 "The second has a pretty good disposition; something may be hoped from him; and that his behaviour will be good"，显然是误读。

从以上的遗漏和误读来看，马礼逊在刻印《会话集》时显得很匆忙，以致有一些遗漏和误读。

3 罗马字注音符号

马礼逊收录的《拜客问答》除了有汉字和英语的逐字翻译，意译句以外，还附有汉字罗马字注音。因笔者手中没有西班牙版本，仅就梵蒂冈的两个有罗马字注音版本做比较。

1) 他明日要收拾起身忙得緊。恐不得閒來領書。(t'ha ming jǐh yaon show shǐh k'he shin, mang tǐh kin, kung pa püh tǐh höen lae ling shoo sin.) (《会话集》，会话 XX)

2) 他明日要收拾起身忙得緊。恐不得閒來領書。(tā mǐng jě iaó xeū xě kǐ xīn mâng tě kìn, Kùng pŏ tě hièn laì lìng xū.) (《拜客问答》, Borg. Cinese. 503)

3) 他明日要收拾起身忙得緊。恐不閒得來領書。(tǎ mîn gě yaó xeū xè kî xīn mâm tě kìn, cūm pú hièn tě laì lìm xū.) (《拜客问答》, Vaticano Estremo Oriente 14)

从以上比较来看，梵蒂冈两个版本的罗马字注音比较接近[①]，而《会话集》完全不同，马礼逊使用了独自的注音符号。有关汉语注音符号，他曾经在 *A Grammar of the*

[①] 据内田庆市研究（《新发现的资料——以〈拜客训示〉为主》，2016年4月8日关西大学东西学术研究所语言接触班研讨会口头发表），梵蒂冈版注音是万济国式注音。

Chinese Language（1815,《汉语通用言法》）中写道："The different nationals of Europe who use the Roman alphabet do not agree in the powers of the letters, and so differ in the spelling of the Chinese syllables. In the English language little has been done relative to Chinese. Most of the spelling in Europe is that the Portuguese, and for this reason it is given in the following Table of syllables."他认为当时使用的注音符号几乎都是葡萄牙语为主，而与汉语的发音音节不符，所以他用英语注音符号做了一个汉语音节表。《汉语通用言法》与《会话集》是马礼逊最早编辑的两部汉语学习教材，《会话集》中也使用同样的注音符号系统。不仅如此，他以后编辑的汉语学习教材也都统一使用这个系统（《五车韵符》时做了一些改良）①，以致他的学生 J. F. Davis 也继承了这个系统②。

4　马礼逊是如何得到《拜客问答》的

马礼逊在 1807 年抵达广东后，积极从事学习中文和编辑各种汉语学习教材。在东印度公司的赞助下，马礼逊先后出版了 *Chinese and English Dictionary*, *English and Chinese Dictionary*（《英华·华英字典》，1815—1823）、*The Grammar of Chinese Language*（《通用汉言法》，1815）、*Dialogues and Detached Sentences in the Chinese Language*（《汉语会话及短句集》，1816）。这几本书的阅读对象主要是当时来华的欧洲商人和在欧洲的汉语学习者。

有关《会话集》中汉语资料的来源，马礼逊在前言里是这样写的："The Dialogues being collected from different sources, exhibit a considerable variety of style."（会话资料源于不同渠道，尽可能展示各种文体。）"The text（somewhat altered）of the pieces marked with a Dagger, were supplied by a gentleman of the Honorable East India Company's Establishment, at China."（附有剑标记号的资料（有些经过修改）是由一位驻华的东印度公司职员提供的。）

他这里提到的"一位驻华的东印度公司职员"究竟指的是谁呢？我想最有可能性的是 George Thomas Staunton（小斯当东）。因为直至 19 世纪初叶，《拜客问答》的手稿一直是在天主教传教士之间流传，外界还是鲜为人知的。而东印度公司驻华职员中有过与天主教传教士交流经历的只有小斯当东。

据小斯当东的父亲 Sir. George L Staunton（老斯当东）的记录，1800 年英国马戛尔尼（George Macartney）使节团来华时，在梵蒂冈红衣主教的推荐下，他从天主教的那不勒斯学校（the Roman Catholic College of the Propaganda at Naples）找来两位中国人传教士作为随行翻译。③ 在漫长的航行旅途中，12 岁的小史当东跟着中国人学习中文。"Before the end of the voyage the boy had learned, 'in a few broken lessons from a very cross

---

① 朱凤：《马礼逊的〈华英·英华字典〉与东西文化交流》，白帝社 2009 年版，第 99 页。
② 朱凤：《John Francis Davis 的汉语学习与语言观——以 *Commercial Vocabulary* 为例》，《汉字文化圈诸语言的近代语汇的形成——创出与共有—》，关西大学出版社 2008 年版，第 335~352 页。
③ 斯当东著：《英使谒见乾隆纪实》，叶笃义译，上海书店 2005 年版，第 20 页。

master,' to copy Chinese characters neatly as well as to speak a little Mandarin."① 在这里没有提到具体的教科书,我们是否可以推测来自天主教那不勒斯学校的传教士手中很有可能会有《拜客问答》一书呢? 因为《拜客训示》《拜客问答》是耶稣会专为来华传教士在华传教生活所编,来华传教士人手一册也是不难想象的。

另外,当使节团抵达北京后,使节团跟当时在宫中为朝廷服务的天主教传教士也有过一段来往。② 使节团与传教士接触的主要目的当然是想得到更多的有关中国的信息。基于以上的小斯当东与天主教传教士的两次长期相处的史实,我们可以推测小斯当东很有可能从他们那儿得到了《拜客问答》。还有一个旁证,据《梵蒂冈图书馆所藏汉籍目录》记载,斯当东家族曾经赠书给梵蒂冈图书馆,可见斯当东一家与梵蒂冈的关系了。

从以上几个史实来看,我们可以推测小史当东最有可能从耶稣会传教士那里得到《拜客问答》的手稿本,然后又把它交给了马礼逊。

问题是为什么马礼逊只收录了前半部分。作为传教士的马礼逊为什么舍去了介绍基督教知识的后半部分呢? 我认为其理由与该书的资金赞助者和印刷出版商是东印度公司有关。东印度公司非常需要马礼逊的汉语知识,可是对他的传教士身份却很警惕,生怕他在华的宗教活动影响到东印度公司在华的贸易活动。③ 东印度公司董事会在 1814 年决定派印刷工携印刷机及活字设备到广东印刷《华英·英华字典》时,就在决定通知文件中明确指出:"印刷工作只限于在澳门进行,也不准印刷任何传教书刊,但是如果有有空档,则无妨印刷一些'有用的'出版品,如语言、历史、风俗艺术、科学等,足以增进欧洲了解中国的图书。"④ 因此由东印度公司印刷所 (The Honorable East India Company's Press) 出版的马礼逊著作中几乎没有传播基督教的内容。而且马礼逊本人在每一本书的扉页或前言中都会写下对董事会的谢辞,以示对东印度公司的感激之情。⑤ 因此在这种赞助与被赞助的倾斜关系下,马礼逊不得不舍去《拜客问答》中传教士述说西方知识和基督教内容的部分,可以说是情有可原的。

---

① Susan Reed Stifier, "The Language Students of the East India Company's Canton Factory", *Journal N. China Roy. Asiat. oc.*, 1988, Vol. 69, p. 52.

② Susan Reed Stifier, "The Language Students of the East India Company's Canton Factory", p. 53.

③ 1815 年曾通过广东办事处的小斯当东致信马礼逊表达了对他的不满,并欲辞去他的中文秘书职位:"We feel it necessary to acquaint you, that the Honourable the Court of Directors, having been informed that you have printed and published in China the New Testament, together with several Religious Tracts, translated into the Chinese language, and having further understood that the circulation of these translation has been effected in defiance of an edict of the Emperor of China, rendering the punishment, are apprehensive that serious mischief may possibly arise to the British Trade in China, from these translations, and have in consequence directed that your present connection with the Honourable Company should be discontinued." Eliza A. Morrison, *Memoirs of the life and lablours of Robert Morrison*, London, 1839, pp. 414–415.

④ 苏精:《马礼逊与中文印刷出版》,台湾学生书局 2000 年版,第 89 页。

⑤ 比如在《会话集》的扉页是这样写的:"To the Honorable the Court of Directors of the United East India Company, The following work is most respectfully dedicated by their most obedient, and very much obliged humble servant, the compiler." *Dialogues and Detached Sentences in the Chinese Language*, Macao, 1816.

5 结 语

本文重点考察了马礼逊《会话集》中的《拜客问答》与手稿本的异同，以及周边的一些相关问题。虽然他收录的《拜客问答》只是其中的一部分，而且有遗漏和误读，我们仍然可以从他编辑收录并印刷《拜客问答》这一行为来评估一下，作为一个19世纪初新教传教士，马礼逊对汉语教学的贡献。

首先，马礼逊将这本在传教士中流传了200多年的手稿本印刷出版，并在英国和广东市场上出售，将之介绍给一般的欧洲汉语学习者，是一个不可忽视的功绩。有关当时这本书的印刷册数，我还没有找到有证可据的资料。可是据苏精博士的研究，当时《会话集》的定价为1英镑，字典的定价却高达20英镑，而字典的印刷册数为750册。[①] 可以想象对读者来说《会话集》是价廉物美的书籍，印刷册数当不会亚于字典。

其次，在马礼逊之前，因为《拜客问答》仅限于天主教传教士内部的汉语学习使用，所以注音符号也只有葡萄牙语式、拉丁语式和法语式，而没有英语式注音符号。马礼逊为《拜客问答》附上英语式注音符号，为英语圈汉语学习者了提供了一个学习汉语发音的新系统。

总而言之，在19世纪初，马礼逊收集包括《拜客问答》在内的各种汉语学习教材，编辑并印刷发行这一行为是值得我们关注的。特别是向一般读者印刷发行汉语学习教材，为19世纪之后的汉语教学发展树立了一个重要的里程碑。

补遗：本论文2016年11月6日在中山大学"汉语教材史国际学术研讨会——世界汉语教育史研究学会第八届年会"上发表后，江西科技师范大学的余颂辉老师给我提供了一个信息：巴黎遣使会传教士（Lazarist Missionary）童保禄（Paul-Hubert Perny，1818—1907）编写的 *Dialogues Chinois-Latins*（《拉汉对话集》，Paris，1872）一书中也收有《拜客问答》。我初步看了一下《拉汉对话集》，发现该书收有11篇对话，其题目分别为：①"房圈事情"；②"每食须知"；③"厨房的事"；④"買辦的事"；⑤"庫房的事"；⑥"茶房的事"；⑦"衣服房的事"（衣服帽房的事）；⑧"看門的事"；⑨"船上的事"（行水路船工的事）；⑩"管菜圃的"；⑪"拜客问答"。从这些题目来看，③至⑨和⑪源于《拜客训示》。由此可知，除了马礼逊印刷了《拜客问答》以外，50年以后又有了《拜客训示》的印刷本，可见作为汉语教学资料，《拜客训示》是很受欢迎的。有关童保禄《拉汉对话集》中收录的《拜客训示》，笔者将另撰文考察。

感谢余颂辉老师向我提供了《拉汉对话集》资料。

---

① 苏精：《马礼逊与中文印刷出版》，第91、95页。

五、当代汉语教材

论专业医学汉语教材的编写原则
——以《专业基础医学汉语——细胞生物学篇》为例

邓淑兰　莫秀英
（中山大学外国语学院国际汉语系）

摘　要：专业医学汉语的学习对象是来华攻读医学专业的外国留学生。因该类学生的汉语水平还不能完全适应中文授课的专业课学习，医学院校专门为其开设专业医学汉语课程，从听、说、读、写等方面提高他们的专业汉语水平。基于学习者的特殊性和课程设置的目的，专业基础医学汉语教材的编写更注重针对性、专业性和实用性原则。本文结合教材《专业基础医学汉语——细胞生物学篇》的编写经验，认为专业医学汉语教材要针对学习者的学习目的和需求等，在课文的编写、词汇和注释的编排、练习的设计等方面凸显其编写原则。

关键词：专业医学汉语教材；针对性；专业性；实用性

近10年来，由于中国经济的迅速崛起和发展、国际地位的不断提升，来华留学的人数急剧增加，对医用汉语的需求也急剧上升。从教育部公布的数据来看，2016年来华留学生已"打破以汉语学习为主的格局，学科分布更加合理"，"学历生中，就读人数最多的学科依次为西医、工科、经济和管理"。

目前，我国高校对来华攻读医科（西医）专业的外国留学生一般采用两种培养模式：一是用汉语授课（这类学生简称汉语生），二是用英语授课（这类学生简称英语生）。目前国内大部分医学院校都为这两类学生开设了必修课程"医学汉语"，但是其教学目的和教学内容是完全不同的。其中英语生的课程是针对临床实习需要而开设的，教学内容以实习时需要的职业医学汉语听说训练为主；汉语生的课程是针对一年级医学专业学习需要而开设的，教学内容以一年级中文版专业教材中重难点的阅读训练为主。

教育部规定，达到HSK 4级的留学生即可进入理、工、农、医专业与中国学生一起学习专业课程。但HSK 4级水平的留学生汉语水平较低，而且没接触过医学专业，更没接触过用汉语表述的医学专业内容，因此，他们既看不懂专业书，也听不懂专业课。实际上医学汉语的难度超过了6级，即便是HSK 6级的学生在学习过程中也认为专业医学汉语很难。因此，专业医学汉语的目的就是帮助他们扫除专业学习的困难。这一特殊定位，决定了编写专业基础医学汉语教材有别于一般的通用对外汉语教材。

针对汉语生的医学汉语教材，国内公开出版的目前仅有莫秀英、邓淑兰主编的《专业基础医学汉语——解剖与组胚篇》《专业基础医学汉语——细胞生物学篇》（以下简称《细胞生物学》）。① 结合学习者的学习需求和特点，这两本教材的编写更注重专业性、针对性和实用性。本文拟结合教材《细胞生物学》，主要从课文、生词、注释和练习四个方面分析该教材的编写原则。

1 课文的选编

1.1 课文的内容

针对学习对象的特殊学习需求，结合多年的教学实践，汉语生医学汉语教材的内容应该与专业基础课教科书直接挂钩。如果把课文编成医学科普读物或者是经过降低难度处理的改写课文，只能帮助学生掌握浅层的专业基础知识。学生学习了医学汉语后，仍然看不懂用书面语体写成的教科书，听不懂专业课上教师书面化的知识讲授；而直接从专业基础课教科书选取原文作为课文，可以帮助学生提高直接阅读专业教科书、听懂专业课的能力。

经过多年来的不断实践和改进，我们的教材在编写课文时，尽量引用专业教科书的原文，将其重点内容概括集中到课文里，并对相关内容进行整合。《细胞生物学》的课文主要从医学专业一年级开设的专业基础课"细胞生物学"教材中选出，根据专业课的学习进度和我们的教学时间，一共选取了17个教学内容（表1）。每课的课文内容表达和编排顺序与专业教材的章节顺序基本一致，且每课的学习内容基本概括了相应专业课一周的教学重点。

表1 课文篇名

课序	篇 名	课序	篇 名
第1课	生物小分子	第10课	胞吞作用和胞吐作用
第2课	核酸	第11课	内质网
第3课	蛋白质	第12课	高尔基复合体
第4课	细胞膜的组成	第13课	线粒体
第5课	生物膜的分子结构	第14课	细胞核
第6课	细胞连接	第15课	染色质和染色体
第7课	生物膜的特性	第16课	细胞增殖周期
第8课	细胞膜与物质运输	第17课	细胞分化
第9课	重要的离子泵——钠—钾泵和钙泵		

例如，第2课《核酸》第三段课文如下：

---

① 这两本教材获得中山大学2017年重点教材建设项目资助。

细胞内的核酸可分为两大类,即脱氧核糖核酸(DNA)和核糖核酸(RNA)。不论是 DNA 还是 RNA,它们的基本结构分子都是核苷酸,核苷酸由碱基加戊糖形成核苷后,再加磷酸形成。由于组成核糖的戊糖分为核糖和脱氧核糖两种,因此核苷又可分为核糖核苷(简称核苷)和脱氧核糖核苷(简称脱氧核苷)。

　　这段课文除了涉及较多专业术语外,还有如"……可分为……,即……""不论是……还是……,……都是……""……由……加……形成……,再加……形成"等专业教科书中常用的书面表达句式和用语。教材引用专业教科书的原文,在教学中基本扫除了学生专业课的学习难点,从而大大降低了学生专业课的学习难度,达到了医学汉语课的教学目的。

1.2　课文的长度

　　因医学专业课程较多,"细胞生物学"的学习时限一般为一学期,每周 4～6 学时。针对每周 4～6 学时的教学时间,本教材在选编课文内容时,针对每个主题进行了有针对性的重点择取,长度基本控制在 500～700 字,保证学生在学习该专业课之前先完成医学汉语的学习,真正达到帮助学生提高上专业课的学习效果的目的。本教材共选编 17 课,每课长度见表 2。

表 2　课文长度

单位:个

课序	篇　名	字数	课序	篇　名	字数
第 1 课	生物小分子	511	第 10 课	胞吞作用和胞吐作用	704
第 2 课	核酸	529	第 11 课	内质网	670
第 3 课	蛋白质	510	第 12 课	高尔基复合体	695
第 4 课	细胞膜的组成	533	第 13 课	线粒体	677
第 5 课	生物膜的分子结构	515	第 14 课	细胞核	690
第 6 课	细胞连接	640	第 15 课	染色质和染色体	706
第 7 课	生物膜的特性	550	第 16 课	细胞增殖周期	703
第 8 课	细胞膜与物质运输	693	第 17 课	细胞分化	728
第 9 课	重要的离子泵——钠—钾泵和钙泵	682			

2　生词的选编

　　医学汉语的特殊用途决定了医学汉语教材的生词选编原则不同于通用基础汉语教

材，不能以甲级词和乙级词为主，而是根据课文内容的需要来编排生词，因此对每课的生词数量和超纲词的数量都没有进行控制。总的来说，超纲词占生词总量的比例较高。

2.1 生词的分类和数量

针对学习对象的特殊性和学习需求，教材的生词表分为普通词语和专业词语两部分。其中普通词语是 HSK 4 级以上的词汇；专业词语是学生没学过的、出现在课文中的词汇，主要是医用细胞生物学的主要术语，如氨基酸、核酸、核苷酸、脂肪酸、戊糖、碱基、嘌呤等。本教材 17 课，每课的生词分类及数量统计见表 3。

表 3 各课生词分类及数量　　　　　　　　　　　单位：个

课序	普通词语	专业词语	小计	课序	普通词语	专业词语	小计
一	17	29	46	十	23	20	43
二	30	20	50	十一	35	16	51
三	35	10	45	十二	21	19	40
四	17	31	48	十三	23	20	43
五	30	12	42	十四	22	22	44
六	24	24	48	十五	9	21	30
七	39	11	50	十六	11	17	28
八	26	20	46	十七	9	17	26
九	25	22	47				

据表 3 可知，每课的总生词数最少的 26 个，最多的 50 个。每课的普通词语最少为 9 个，最多有 39 个；专业词语每课最少是 10 个，最多 29 个。可见，专业基础医学汉语教材不仅每课生词的数量差距较大，而且每课的普通词语和专业词语数量差距都很明显。

究其原因，主要是因为汉语生医学汉语教材的课文为书面语体，句式多为长句、复句。针对专业教科书的特点，本教材以学生的专业课学习为目的，生词主要依据专业教科书的内容来选择，不以《汉语水平词汇与汉字等级大纲》为选词标准。编写本教材时我们对课文内容的表达和词汇的选择都没有刻意控制，基本呈现专业教材的原貌。因此，基于不同的课文内容，不仅每课的生词总量有差异，而且每课的普通词语和专业词语的数量和比例也各有差异。

另外，因为生词复现的问题，还出现了课序靠后的生词数量比课序靠前的生词数量少的情况。这也是专业医学汉语教材与通用汉语教材生词编排的不同之处。通用汉语教材的生词量可以人为控制，原则上生词数量应该循序渐进，前少后多；专业医学汉语会出现越往后学习，学生已掌握的书面表达和专业术语越多，课文的生词量反而会越少的情况,因为其最理想的目的是学生学习专业课没有语言障碍。

2.2 生词的释义

普通词语和专业词语均注有拼音、词性。鉴于医学专业教材中的专业术语大都有英文注释,本教材的专业词语以英文释义为主,个别词语采用中英文释义。普通词语则根据不同情况,采用英文释义、汉语释义、英汉双语释义、图形释义等方式,大部分还有词语搭配的举例。例如,表4的词语都是表示形状的,每个词除了英文释义,还运用了图形释义,这种释义方式很形象直观,大大降低了学生的学习难度。再如,表5中普通词语的释义除了拼音和词性外,还有中文释义或英文释义和词语搭配的举例等。如"配对、走向、传递"采用了英汉双语释义和词语搭配的举例;"单"采用了中文释义和词语搭配的举例。释义的原则是采用学生最易理解词义的方法进行释义,因此释义方法不尽相同。

表4 第13课《线粒体》部分普通词语的释义

环状	名	huánzhuàng	◎ annularity
哑铃形	名	yǎlíngxíng	dumb-bell shape
分枝状	名	fēnzhīzhuàng	cladodromous
星形	名	xīngxíng	☆ stellate

表5 第2课《核酸》部分普通词语的释义

配对	动	pèiduì	配合成双;match;pair:A与B~
单	形	dān	一个:~链
走向	名	zǒuxiàng	方向;trend:~相反
传递	动	chuándì	由一个交给另一个;transmit;deliver:~消息

专业词语的释义也是根据课文内容和词汇的难度,采用学生最易理解的方法,有的以英文释义为主;有的以中文释义为主,而且中文释义的内容一般与课文内容相关;有的则是中英文双语释义。例如,表6中的"脂肪酸"用英文释义,"脂质、红细胞"则用中英文释义,"剖面"则只用了中文释义。生词采用不同的释义方式的目的都是为了降低学生的学习难度。

表6 第7课《生物膜的特性》部分专业词语的释义

脂肪酸	名	zhīfángsuān	fatty acid
脂质	名	zhīzhì	脂肪。又叫脂类、类脂。lipid
剖面	名	pōumiàn	物体切断后露出的表面。也叫截面、切面或断面
红细胞	名	hóngxìbāo	人体血液中最多的一类细胞。red blood cell

3 注释的选择

注释点的选择主要包括三方面的内容：书面语的表述、专业知识的总结、阅读和写作技能的介绍。

3.1 书面语的表述

注释的目的一般是为了帮助学生扫清学习中的障碍。一般来说，课文中涉及的书面表达句式和短语，是留学生在基础汉语学习阶段没有接触过的，而书面语体的表达方式是学生学习的难点，突破这些难点正是提高学生阅读理解能力的有效途径。因此应该把这些难点注释出来，且例句基本上是与医学专业相关的内容。

针对学习难点选择注释点，基本以书面语表达为主。如：第9课《重要的离子泵——钠—钾泵和钙泵》包括"随之、～化、示、进而、上述、反之"这6个专业教材的常用表达。

3.2 专业知识的总结

针对每课内容的不同特点，就某一专业内容进行针对性的总结。如：第6课《细胞连接》最后一个注释是根据课文内容，就蛋白质的命名方法进行了总结。例如：

蛋白质的主要命名方法
蛋白质的种类很多，为了区分各种不同的蛋白质，就要给它们不同的名称。科学家们常常根据蛋白质的功能、特点、位置、成分、形状等给蛋白质命名。如：膜周边蛋白（位置）、肌动蛋白（功能）、糖蛋白（成分）、粘着斑蛋白（特点）、球形蛋白（形状）。

3.3 阅读和写作技能的介绍

结合学生的专业学习需求，教材第10～14课每课的注释增加了一项阅读技能，第

15～16课每课增加了一项写作技能。其中阅读技能主要是针对专业术语的构词法和课文长句的理解设计的。例如，根据术语的结构猜词：

> 汉语的术语多数是偏正式结构，构成术语的方式主要有功能+名词、特点+名词、位置+名词、形状+名词、成分+名词等。遇到一个新术语时，可以根据这些结构去理解这个术语的意思。如：运输蛋白、兼性分子、膜蛋白、球形蛋白质、糖蛋白。

对长句的理解技能，则包括抽取句子主干、把长句变短、理解复杂定语和复杂状语以及划分语块等。

在专业医学课程的学习中，常会遇到一些比较异同或差异的论述题。为帮助学生更好地适应专业课的练习形式和考试，第15～16课每课增加了一项写作技能，分别是如何做比较题和名词解释。下面以如何做比较题为例进行说明。

首先，要结合课文内容对需要比较对象的各个方面进行全面的了解，包括比较对象的定义、位置、形状、结构、功能、特点等。接着，若需比较异同，就依次找出比较对象在各个方面的共同点，逐个进行总结；再依次找出比较对象在各个方面的不同点，逐个进行比较。若只需比较差异，则依次找出比较对象在各个方面的不同点，逐个进行比较。完成这类题可用文字表述，也可用表格进行比较。

在注释之后，教材都通过举例分析帮助学生理解和运用这些阅读技能和写作技能。通过这些训练，学生能更好更快地适应专业课的学习和考试。

4　练习的设计

练习设计的目的在于通过有效操练使学生能正确运用所学的知识解决实际问题。专业医学汉语教材的使用目的决定了其练习设计与通用汉语教材不同。

汉语生医学汉语教材最主要目的是帮助学生看懂医学专业教科书，兼顾帮助学生提高听懂医学专业课程的能力和用汉语书写专业课作业、考试题的能力。这决定了该教材的练习重点是训练学习者的读和听，即读懂专业书和听懂专业课。因此，该教材的练习设计形式也主要应围绕训练学生的阅读理解能力和听力能力展开。

4.1　练习的题型

该教材的练习题型分常设题型和非常设题型。其中常设题型包括听力练习（听写词语、听写句子、听后选择正确答案、听后判断正误等）、听与读（专业术语）、解释划线词语的意思、根据课文内容填空、根据课文内容回答问题、课堂活动等。非常设题型主要根据课文内容的特点和重难点来设计，如根据词语画出对应的形状、根据课文内容填表或填图、写出与单音节词语意思相同的双音节词语、词语连线、写出与书面语意思相同的口语、写反义词、根据课文内容把语素或词语组成术语、用汉语的固定结构（如"由……组成"）解释指定的术语、写出课文各段的主要内容、结合阅读技能和写作技能的比较题和名词解释等。

4.2 练习的内容

本教材的练习内容主要包括四个方面：

一是专业术语的多样性练习，如听与读、完成句子、同一语素或词的术语扩展等；

二是书面语的针对性练习，如单双音节同义词的转换、解释句中的划线词语等；

三是专业医学重点内容的理解性练习，如名词解释、根据课文回答问题、对比异同、填图表、概括段落的主要内容等；

四是针对课文的特殊内容进行的针对性练习，如第 13 课《线粒体》，根据下列词语的意思画出相应的形状：线状、颗粒状、短杆状、环状、哑铃形、分枝状、星形、多孔状、囊状。

5 余 论

除了上文所述的课文、生词、注释和练习设计凸显了专业医学汉语教材的针对性、专业性和实用性外，《细胞生物学》的编写还在图例的选择运用、排版的设计等方面凸显了这些特性。因篇幅有限，不再赘述。

由于各行各业对汉语专门人才的需求越来越大，专用汉语教育的发展日益迅速。但就专业医学汉语而言，目前学界的研究可以说是凤毛麟角。这一方面是因为从事医学汉语教学的师资非常少，另一方面是因为医学汉语的专业性导致一部分汉语教师对其望而生畏。学界对医学汉语的师资问题也没有深入探讨。陆俭明先生认为，对外汉语教师应该都是多面手。根据自身的教学经验，我们认为，医学汉语的师资最好是有一定对外汉语教学经验的汉语教师。这类教师既要研读一些医学专业教科书，还要多从汉语阅读理解、听力理解、专业写作等方面提高专用汉语的教学能力。实践证明，非医学专业的对外汉语教师完全可以胜任医学汉语课程的教学工作，而不懂对外汉语教学的医学专业课老师不适合从事医学汉语的教学工作。

医学汉语教材的编写还只是第一步，医学汉语的教学、测试与评估等领域都有待学界去拓荒。

参考文献

邓淑兰，莫秀英. 专业基础医学汉语：细胞生物学篇［M］. 北京：北京大学出版社，2017.

教育部发布 2016 年出国留学和来华留学数据［EB/OL］.（2017 – 03 – 01）. http：//news. sciencenet. cn/htmlnews/2017/3/369188. shtm.

莫秀英，邓淑兰. 专业基础医学汉语：解剖与组胚篇［M］. 北京：北京大学出版社，2017.

面向零起点外籍家庭主妇的汉语教材设计

邓小宁 陈 琳 亚雪芳
(中山大学外国语学院国际汉语系)

摘 要：本文采用问卷调查与访谈方法，对在华外籍太太们进行汉语学习需求分析，从中发现她们学习汉语的动机主要是为了便于生活，目标是通过 HSK 2 级。这一群体的学习者对学习时间、学习方式与学习内容都有特殊需求。我们据此设计了教材总体框架，包括课数、话题、功能、语音项目、语法项目、文化项目等，并选择第七课作为样课，设计出包括课文、生词、语法、练习与文化点的一整课内容。希望本文能为外籍太太的专用汉语教材编写提供一些思路。

关键词：外籍太太；初级汉语；教材设计；需求分析

1 引 言

1.1 研究意义与方法

随着来华外国人逐年增加，来华外籍人士的第二大类——配偶（主要是太太）也不断增多，然而这个群体的汉语学习需求仍未受到足够的重视。

在教学过程中我们发现，在华外籍太太们在生活当中需要汉语，但是缺乏合适的汉语教学资源。通用汉语教材的情景和语料包含大量的学校或一些工作场合语言，这并不是家庭主妇生活圈子的范围。通用汉语教材满足不了不同学习群体的需求，我们需要编写以需求分析为基础的、针对性强的专用汉语教材。

赵金铭（1997）提出"应当重视对外汉语教材的宏观结构设计，使其成为一个科学的体系，覆盖对外汉语教学的方方面面"，包括"家庭主妇学习汉语的教材"。刘长征（2006）也提到"针对这些在中国生活的主妇的汉语教学也正在形成一种越来越广泛的需求和市场"。潘文国（2009）同样提到了"以家庭主妇为教学对象的'太太汉语'"的概念。

本文以专门用途汉语教学为理论基础，从学习需求分析出发，试图设计适合外籍家庭主妇的零起点汉语教材（暂定名称为《太太汉语》）的框架，并从中选择某课作为样课，希望能够为整本教材的编写提供一定的参考。

本文的研究对象为正在学习汉语的、学过少量汉语的及对汉语学习感兴趣的在华外籍太太。首先通过问卷调查分析了解《太太汉语》目标学习者的学习需求，以保证教材目标学生和调查对象的一致性、分析的可靠性。大部分调查对象来自广州国际妇女协会的会员。

为了编写出适合外籍家庭主妇的零起点汉语教材，本文首先做了以下调查：外籍家庭主妇的汉语学习需求如何？外籍家庭主妇认为哪些话题对她们来说重要？外籍家庭主妇对符合她们学习需求的零起点汉语教材是否感兴趣？

本研究分四个步骤：

（1）预调查。使用五度李克特量表。我们根据文献阅读和个人教学经验，初步了解家庭主妇的汉语学习需求，手段包括个别辅导时观察与非正式访谈。

（2）问卷调查。根据文献阅读、个人经验及预调查，我们设计了调查问卷，问卷包括两部分：调查对象背景和汉语学习需求。调查背景信息的目的是明确目标教学对象的基本情况，包括年龄、国籍、汉语学习情况、工作情况及基本的汉语教材使用情况，使教材针对性更强；调查学习需求的目的是考察目标教学对象需要用汉语完成哪些交际任务，通过结果我们将设计新教材的课文话题与交际功能项目。

调查问卷第一部分，学习者背景，参考了李汶信的硕士学位论文（2013）。

调查问卷第二部分主要参考 Li 与 Richards 的在香港外籍人士的粤语学习需求调查（转引自 Richards，2001），同时根据《国际汉语教学通用课程大纲》（2014）的"汉语教学话题及内容建议表"，把交际项目归为以下三大类：日常生活、社会交往、旅游与交通。

（3）访谈。根据调查问卷的结果进行进一步考察，通过访谈更好地了解家庭主妇的汉语学习需求，尤其是她们对新教材的需求和希望。

（4）教材框架与样课设计。根据调查问卷和访谈，设计出符合学习需求的教材框架和样课。

1.2 教材编写的理论依据

关于专门用途汉语教材编写原则，李泉（2012）归纳出以下七个原则：

（1）专门用途汉语属于汉语作为外语教学范畴，"应遵循汉语作为外语教学的理论和教学规律"。

（2）教材编写应该体现"专业"之特色、"专门"之用途。

（3）应该采取汉语教学和专业知识相结合的教学原则。

（4）教材内容上要结合相关专业、特定职业或专门业务及其活动。

（5）专业知识应该体现在词汇、短语、表达方式、句式、语篇场合和活动上面。

（6）专门用途汉语教材的编写要体现与通用汉语教材的共性，也要彰显专业汉语教材的个性。

我们认为面，向零起点外籍家庭主妇的汉语教材应该借鉴通用汉语教材的编写原则，同时体现这一群体学习需求的个性。如话题词汇、情景场合、交际功能等方面需要体现外籍太太们的生活方式和范围。

为了保证教材框架编写的科学性，我们还参考了崔永华（2008）的教学设计过程：

（1）分析教学需求——通过需求分析的结果得到教学总体目标。

(2) 分析教学内容——教材设计需要规定学习者在特定学段需要掌握的所有的知识、能力和其他相关内容及其排列顺序、搭配方式等。

(3) 分析教学对象——包括学习者的年龄、母语、文化背景、学习动机、学习风格等因素。

(4) 阐明教学目标——包括教材的词汇、语法、学习策略、文化意识、交际能力、课文及情感态度。

(5) 制定教学策略——这些策略有时体现在教材的体例和练习中以及教材的教学方法、教学技巧中。

(6) 制定教学媒体，如纸本教材。

(7) 进行教学设计成果的评价，检验其可行性、适用性、有效性以及其他情况。

2 外籍家庭主妇的学习需求分析

专用汉语教材编写离不开需求分析，通过需求分析我们要回答八个问题：学习者为什么学习汉语、需要哪些技能、需要哪些交流方式、需要哪些内容、运用汉语的领域是什么、需要的汉语程度是什么、使用汉语的对象是谁、运用汉语的场合有哪些。这就是 Hutchinson 和 Waters（1987）设计的目标需求分析框架。

本文通过纸版和在线问卷调查，一共回收 105 份问卷。从中筛选出汉语零起点的或者学习汉语一年以下的全职太太的 45 份作为本文的有效问卷。调查对象的平均年龄 40 岁，本科以上学历占 91%，大部分属于高教育水平人才。她们来自 19 个国家：美国 10 位，印度 8 位，英国 4 位，德、日、韩各 3 位，澳大利亚 2 位，瑞士、荷兰、挪威、新西兰、比利时、菲律宾、哥伦比亚、俄罗斯、法国、墨西哥、阿根廷、印度尼西亚各 1 位。

正在学习汉语或者曾经学过汉语的有 32 位，12 位没学过汉语但对汉语学习感兴趣，只有 1 位表示不想学汉语。数据表明，学习时间越长，学习汉语的太太越少，原因可能是解决了最关键的语言问题以后，学习动机就下降了。此外，大部分人学习汉语的时间并不多，学习汉语并不是她们生活中主要的事情。因此，解决了她们生活中最急需使用的语言障碍即可。

32 位学过汉语的太太中，14 位（占 44.44%）是通过一对一辅导来学汉语的，其他方式包括在语言中心上课（9 位）、在大学上课（4 位）及自学（5 位）。一对一辅导最适合有特殊学习需求的、时间有限的全职太太们。

大部分（67%）的家庭主妇希望用汉语就熟悉的日常话题进行简单而直接的交流（对应 HSK 2 级），或者可以用汉语完成生活、学习、工作等方面的基本交际任务，在中国旅游时可应对遇到的大部分交际任务（对应 HSK 3 级）。《太太汉语》是为 HSK 1 级的学习者编写的，是为了以后的汉语学习打好基础，这样才能满足太太们的长期需求。

在语言技能方面，预调查发现大部分外籍太太（69%）认为听力和口语非常重要或者比较重要，一部分外籍太太觉得看懂一些常用汉字、用手机或电脑打字、看懂汉语短文（如社交媒体上的）以及手写便条也重要，而阅读或者写文章对她们来说并不重要。

调查也发现71.11%的太太对《太太汉语》有兴趣。通过统计与分析调查结果，并参考 Hutchinson 和 Waters（1987）设计的目标需求分析框架，我们归纳总结出《太太汉语》设计的原则有以下七点：

（1）教学对象：为了满足日常生活需要而学习汉语的家庭主妇，以欧美澳太太为主。

（2）训练技能：听说技能训练为主，阅读基本汉字和打字为辅。

（3）交际方式：学习者的交流大部分是面对面进行的，少部分是通过手机发信息等。

（4）学习内容：学习者需要针对性强、根据其需求而筛选的教学内容，话题包括旅游、购物、问路、跟阿姨或保姆沟通、看病和买药、打的、点菜、网购、在裁缝店订做衣服、跟私人司机沟通等。

（5）交际场景：中国大陆，具体场景包括菜市场、商店、餐厅、出租车上、医院等。

（6）教学目标：为了使外籍家庭主妇达到HSK 2级或3级水平打好基础。因为本研究的目的是设计一本零起点汉语教材的框架，因此教材的难度控制在HSK 1级。

（7）交际对象：学习者使用汉语交流的对象为汉语母语者，具体对象包括售货员、私人司机、出租车司机、保姆、餐厅服务员、医生等。

3 《太太汉语》的设计构想

规划教材的体例和构成是教材编写方案中最具操作性的部分，必不可少（李泉，2012）。我们根据需求分析与有关研究，设计出《太太汉语》的雏形：

（1）每课的构成与排序：课文、生词、语法、练习、文化点。
（2）教材的容量：共15课，最后一课为复习。每课生词量约15个。
（3）教材的规模：教材为一册学生用书，配套包括录音光碟。
（4）课文的构成：2～3段简短的情景对话。
（5）建议教学学时：每课4个小时左右。
（6）练习构成：模仿记忆型练习3题、理解运用型练习4题、交际型练习2题。

3.1 编写原则

本教材体现了周小兵（2014）倡导的教材编写原则：

（1）科学性原则。语言点选择和排序方面我们参考了《国际汉语教学通用课程大纲》，把通过需求分析得出来的话题和功能由易到难地排序。考虑到学习者的特殊需求，也由于没有完全适合外籍太太们的汉语学习大纲，本教材词汇可能含有一定量的属于通用教材的超纲词。课文对话以规范、通用汉语为主，同时课文语言讲求真实性。注释语言为英语，汉字为简体字。注重生词与语法点在课文和练习中的重现。

（2）实用性原则。课文、词汇、语法点、练习与文化点均贴近学习者的现实生活，教材中的语言是她们课后能听到、看到并能使用的语言。每一课的练习部分有"备忘单"，也就是关键句型和词语，不仅方便学习者练习发音，也可在交际时随时参考。

（3）适合性原则。作为专用汉语教材，我们特别针对学习者的特点设计了适合一对一和小班教学方式的课文，尤其体现在练习设计当中。

（4）趣味性原则。为了提高学习者的学习兴趣，我们选择了太太们喜欢的和需要的话题。练习中设计了与她们生活密切相关的多样交际任务。每一课还设计了其他文化教材找不到的在华生活小技巧。此外，版式设计也是吸引读者的因素之一，每课将都有跟课文内容相关的彩色插图。

3.2 教学方法设计

"教学策略是教学设计的重点。需求分析、教学内容和学习者的分析、阐明教学目标都是为制定教学策略打基础。"（崔永华，2008）因为《太太汉语》的教学目标是让学生学会完成日常生活当中的交际任务，因此我们主要参考功能教学法。功能教学法，也叫交际法，"产生于 20 世纪 70 年代的西欧，以英国语言学家威尔金斯（D. A. Wilkins）、语言教育家亚历山大（L. G. Alexander）等为代表。它是以语言功能项目为纲，有针对性的培养学生的交际能力，实行交际化教学过程的一种教学方法"（马莹，2010）。

《太太汉语》的功能法体现在以下方面：

（1）不强调语言知识，而强调学生能够在特定情景、特定话题中完成一项交际任务。重点是"做什么"和"如何做"。

（2）教学内容按照"急需先学"和"由易到难"的原则，如购物和交通是学习者从第一天开始就需要的话题，需要在教材当中排在前面。

（3）教材包括 HSK 1 级的问候、感谢、道歉与告别交际功能。

（4）课文对话的场景、虚拟人物与图片体现教材的交际性。

（5）练习中设计了信息差任务。

3.3 话题、课数和功能设计

语言学习者对那些体现他们的兴趣和需求、与他们的个人生活和切身利益密切相关的话题最感兴趣。专用汉语教材的话题选取更是如此，所以我们根据学习者的学习需求，选择了针对性最强的 14 个话题：问候、自我介绍、回答问题、买东西、在菜市场、打的、司机、点菜、阿姨、工人、订做衣服、去理发店、旅游、看病。并根据话题与访谈分析设计了每一课的功能项目（参见附录），目的是能够用简单的汉语完成日常生活交际任务。

话题的次序按照"急用先学"和"由易到难"的原则，把最简单的、最需要的话题排到前面。例如，问候和自我介绍不是首先需要的内容，但是因为它们可以为后面的课文打基础，就排到前面；网购话题对学习者来说虽很重要，但因难度太大，就只在文化部分做介绍了。

我们以一话题一课设计了 14 课。这样每一课都有明确的学习目标，容量适中，难度好控制。每一课的教学内容适合在 4 个小时内完成，一周一课。最后还有一课复习课，复习主要词汇、语法点和表达方式。

3.4　语音项目设计

语音项目的选取和排序符合欧美学习者的习得顺序，由易到难。我们通过对比分析和偏误分析，找出英语母语者学习汉语的难点，教材编写建立在此基础上，所以语音项目选取和排序参考有关语音对比分析和偏误分析研究。

汉语有英语没有的音素是学习的难点，需要足够的解释和练习。对欧美学生来说，语音难点包括：送气音和不送气音的区分、舌尖后音、舌尖前音、舌面音、韵母"ü"、声调等（张和生，2006）。因此我们把语音学习的重点放在这些音素上。

第一课有汉语拼音的介绍，目的是让学习者了解拼音和汉语的正确发音，包括四个声调。通过基本介绍，学习者能够对汉语的语音系统有个总体的了解，避免还没学到"x"的发音，却已经要学会"谢谢"。接下来每一课有特定的难点音训练，具体参看附录。

3.5　课文设计

课文对话设计的是外国太太与中国当地人之间的对话。这样明确地注明对话双方交际角色能提高场景的真实性，利于学习者模仿（黄方方，2010）。

课文对话中的每一句话都是学习者希望学到的内容，简短易懂，也是标准的普通话。我们认同黄方方（2010）的观点："在课文材料的选择上，要以交际价值为标准，而不是以结构体系为指南。"《太太汉语》的课文不围绕着语法项目，而是学习者身边的语言。

通过课文学习使"学生领会到，在什么场合，以什么人的身份，在什么情况下，说什么话，又在什么样的人际关系中产生怎样的影响（邓恩明，1998）。"《太太汉语》中含有丰富的情景，全面突出情景的多样性能教会学生输出得体的汉语（李亚丽，2012）。例见图 1。

Lucy wants to go shopping to Tianhe so she calls her driver Mr. Zhang.

Lucy: Zhāng xiānsheng, wǒ jīntiān qù Tiānhé mǎi dōngxi,
　　　张　　先生，　我　今天　去　天河　买　东西，

　　　Qǐng sāndiǎn shíwǔfēn lái wǒjiā jiē wǒ, hǎoma?
　　　请　三点　十五分　来　我家　接　我，好吗？

Driver: Hǎode, méiwèntí.
　　　　好的，　没问题。

The driver, Mr. Zhang, drives Lucy to Tianhe.

Driver: Wǒmen dàole Tǐyùxīlù, zài zhèli tíngchē ma?
　　　　我们　到了　体育西路，在　这里　停车　吗？

Lucy: Qù qiánmiàn, zài yòubian tíngchē.
　　　去　前面，在　右边　停车。

Driver: Hǎode. Jǐdiǎn lái jiē nǐ?
　　　　好的。几点　来　接你？

Lucy: Xiàwǔ wǔdiǎnbàn. Dàole gěi wǒ dǎdiànhuà.
　　　下午　五点半。到了　给　我　打电话。

图 1　课文示例

3.6 生词选取与注释

《太太汉语》最终目标是使学习者能够完成特定的交际任务，如学完第四课《买东西》，她们就能在商店或批发市场购物。词汇选取方面我们参考了《国际汉语教学通用课程大纲》，尽量利用一级词语编写课文。

专用汉语类教材是很难避免出现一定量的超纲词的。因为某些对于通用汉语来说是超纲词，而对《太太汉语》来说却是日常生活中必不可少的，如"保姆、裁缝店、拖地"等。

为了保证设计的科学性，我们注重常用词语的重现率和每一课生词量的平衡（杨寄洲，2003），除了第一课以外，每一课 15 个生词左右。

生词我们只注释跟课文语境有关的义项和本义，参考了《牛津英汉汉英小词典》（2004）中的释义，并适当使用语素解释法，如：

出租车	chūzūchē	taxi
出	chū	out
租	zū	rent
车	chē	vehicle

3.7 语法点的选取与排序

在语法点选取和排序方面我们参考了《国际汉语教学通用课程大纲》的"常用汉语语法分级表"的一级语法项目表,选取 HSK 1 级的所有语法点。按由易到难的原则,结合各话题与功能需要的语法点。围绕交际任务教语法,并非为了增加汉语语法知识。(参看附录)

"以语法为纲,严格控制语法和词汇的进度。这在一方面有利于循序渐进,便于教学,但在另一方面却会使基础阶段课文的语言失真(胡明扬,1999)。"为了解决此问题,我们首先是从交际出发,先教跟最基本交际密切相关的语法点,这是功能教学法的原则之一(周小兵,2010)。课文中因为话题需要的 HSK 1 级以外的语法点不要求掌握,而是作为一种伴随性的学习内容,如第七课的"看不到"。

吕文华(2002)认为:"在初级阶段,每课以 2 个语法项目为常,有的仅可安排 1 个,少数课可以安排 3 个。"每一课我们设计 2～4 个语法点,部分语法知识是在生词表中出现,如量词"斤",在生词表中列出来即可。按照精讲多练的原则,每一个语法项目都设计了相对应的练习题。

语法点注释和练习编排,我们参考了有关偏误分析研究,注重欧美学习者的难点。如时间状语,我们强调它的位置与英语的不同,以表格的形式呈现(如图 2)。

Subject	Time	Verb phrase	
Wǒ 我	xiàwǔ sāndiǎnbàn 下午 三点半	chīfàn 吃饭。	I eat food at 3 pm.
Tāmen 他们	shàngwǔ bādiǎn 上午 八点	xuéxí hànyǔ 学习 汉语。	They study Chinese at 8:00 in the morning.
Qǐng 请	sāndiǎn shíwǔfēn 三点 十五分	lái jiē wǒ 来接 我。	Please pick me up at 3:15.

图 2　语法点(时间状语)注释设计

3.8 练习设计

周健(2004)认为"我们应当把重点放在言语技能的训练方面"。《太太汉语》的练习主要是提高学习者的听说能力,所以每一课设计了听力和交际型练习。除了这一总体目标以外,每道题的目的要明确(刘颂浩,2009)。题型选择方面,我们参考了刘若云(2010)的分类:

(1)模仿记忆型练习,包括朗读、替换、模仿、重复等,占 30% 左右(图 3)。

Practice these important sentences and words by swapping the words in blue.

A: Qǐng sāndiǎn lái jiē wǒ
请 三点 来 接 我。

B: Zài nǎli
在 哪里?

A: Zài jiā
在 家。

Liù diǎn bàn
六点半

fàndiàn
饭店

Shàngwǔ shídiǎn shíwǔ fēn
上午十点十五分

Yīyuàn (hospital)
医院

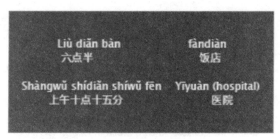

图3　模仿记忆性练习之替换训练

（2）理解运用型练习，包括填空、改写句子、词语排序成句、完成句子、选择、连线、造句等，占50%（图4）。

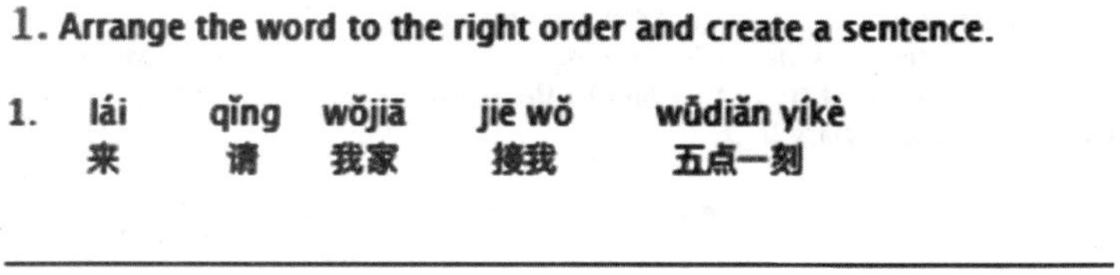

1. Arrange the word to the right order and create a sentence.

1. lái 来　qǐng 请　wǒjiā 我家　jiē wǒ 接我　wǔdiǎn yíkè 五点一刻

图4　理解运用型练习之词语排序成句

（3）交际型练习，包括情景会话、根据实际情况对话、角色扮演、真实语言交际活动、任务式练习等，占20%（图5）。

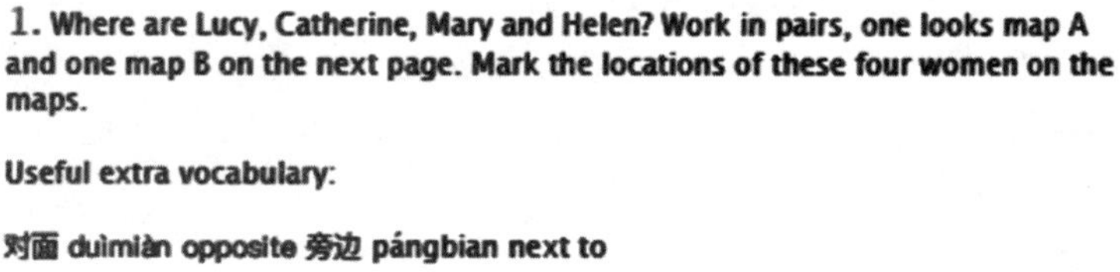

1. Where are Lucy, Catherine, Mary and Helen? Work in pairs, one looks map A and one map B on the next page. Mark the locations of these four women on the maps.

Useful extra vocabulary:

对面 duìmiàn opposite 旁边 pángbian next to

图5　交际型练习之信息差任务

我们认为练习题型的总数在15种左右比较合适，题型太多，学习者需要花时间去理解每一种题型的要求（刘颂浩，2009）。《太太汉语》每一课设计了3个模仿记忆型练习、4个理解运用型练习及2个交际型练习。

练习顺序要同时结合教学内容的次序和难易度，最好由浅入深、由易到难（周健，2004）。首先是模仿记忆型练习，再到理解运用型练习，最后是交际型练习。

3.9　文化点选择

“文化教学是对外汉语教学不可缺少的组成部分。”（李泉，2012）不少对外汉语教材设计了文化知识内容，但是大部分只介绍传统文化，如服装、京剧、茶文化等。我们赞同孙清忠（2006）的观点：“在编写文化项目时，特别是基础阶段的文化项目设计，就应侧重介绍当代中国社会中那些'活'的文化习俗。"《太太汉语》中的文化点都是在华生活中实用小技巧类,可帮助学习者跟中国人沟通,更好地了解中国人(图6)。

图6 生活小技巧——如何使用微信

文化项目选取方面我们都是通过访谈得出的,每一课的文化内容都是学习者想学的内容,共14个:介绍汉字、问候语(如"你吃饭了吗"等)、跟中国人沟通、网购、讲价、打的、微信、中餐菜单、节日、拜访中国家庭、面子、来中国变成明星、旅游、看病。(具体参看附录)

4 结　　论

通过调查,我们发现在华外籍太太们有较强的汉语学习动机,其目标是达到相当于HSK 2级的水平,重视听说技能。大部分是在一对一教学中学习汉语,一周几个小时,学习时间很有限。教学内容方面她们需要跟生活密切相关的话题,一般通用教材满足不了此需求。

通过问卷调查与访谈分析,我们归纳出学习者需要的话题和内容,并设计出教材的总体框架。《太太汉语》分成15课,内容包含不同场合和交流对象、丰富多彩的课文话题和当代文化内容。从课文话题到语言点,乃至练习题、教材的设计,都是基于调查分析而得出的,以实用为原则。

本研究只是个开端,希望能起到抛砖引玉的作用,引起汉语教学领域的专家学者们都来关注专用汉语教材的编写,使得汉语教学能够更全面地发展。

参考文献

崔永华. 对外汉语教学设计导论［M］. 北京：北京语言大学出版社，2008.
邓恩明. 编写对外汉语教材的心理学思考［J］. 语言文字应用，1998（2）.
国家汉办. 国际汉语教学通用课程大纲［M］. 北京：北京语言大学出版社，2014.
胡明扬. 对外汉语教学基础教材的编写问题［J］. 语言教学与研究，1999（1）.
黄方方. 浅析对外汉语初级口语教材的课文编排［J］. 华文教学与研究，2010（2）.
李泉. 对外汉语教材通论［M］. 北京：商务印书馆，2012.
李汶信. 在沪韩国太太汉语学习情况调查分析［D］. 上海：上海师范大学，2013.
李亚丽. 中级对外汉语教材课文编排的分析［J］. 学理论，2012（24）.
刘长征. ESP、CSP 与面向大企业的对外汉语教学［C］. 第五届中文电化教学国际研讨会，2006.
刘若云. 三套初级汉语综合课教材练习方式考察［J］. 吉林省教育学院学报，2010（11）.
刘颂浩. 对外汉语教学中练习的目的、方法和编写原则［J］. 世界汉语教学，2009（1）.
吕文华. 对外汉语教材语法项目排序的原则及策略［J］. 世界汉语教学，2002（4）.
马莹. 谈"功能法"对对外汉语口语教学的启示［J］. 教育战线，2010（12）.
牛津英汉汉英小词典［M］. 牛津大学出版社、外语教学与研究出版社，2004.
潘文国. 汉语国际推广论丛：第 3 辑［M］. 华东师范大学出版社，2009.
孙清忠. 浅析对外汉语口语教材中文化项目的选择和编排［J］. 华文教学与研究，2006（2）.
杨寄洲. 编写初级汉语教材的几个问题［J］. 语言教学与研究，2003（4）.
张和生. 汉语可以这样教：语言要素篇［M］. 北京：商务印书馆，2006.
赵金铭. 对外汉语教材创新略论［J］. 世界汉语教学，1997（2）.
周健. 对汉语教材练习设计的考察与思考［J］. 语言教学与研究，2004（4）.
周小兵. 对外汉语教学入门［M］. 2 版. 广州：中山大学出版社，2010.
Hutchinson T & Waters A. English for Specific Purposes［M］. Cambridge University Press，1987.
Richards J C. Curriculum Development In Language Teaching. Cambridge University Press，2001.

附录：《太太汉语》教材框架

课文	话题	功能	语音	语法	文化
1	问候	1. 了解汉语拼音和发音；2. 了解问候和基本礼貌语；3. 学会数字	介绍汉语拼音	1. 人称代词（拼音练习中）；2. 数词（拼音练习中）	介绍汉字
2	自我介绍	能说出简单的自我介绍	汉英一样的辅音和元音练习（a、o、u、i、ai、ei、m、f、g、h、s、n、l）	1. 名词谓语句（如：我 28 岁）；2. "是"字句；3. "不"否定句；4. 结构助词（表领属）"的"	"吃饭了吗"

续上表

课文	话题	功能	语音	语法	文化
3	回答问题	能回答中国人问外国人的常问问题	汉语有，英语没有的元音和复元音 ü、e、-i［前］、-i［后］、ia、ie、u、uo、üe、iao、iu、uai、ui、ün	1. 一般疑问句（吗、呢、什么、谁、哪、哪儿、几）；2. "有"字句；3. "没有"否定句；4. 量词（口、个、本、名）	跟中国人沟通的小技巧
4	买东西	掌握购物的基本交际功能	不送气音练习（b、d、g）	1. 指示代词（这、那）（生词表中）；2. 特殊疑问句（多少、多+形容词）；3. 钱数的表达；4. 年、月、日的表达	网购
5	在菜市场	掌握基本的讲价技能	送气音练习（p、t、k）	1. 感叹句（太……了）；2. 形容词谓语句（如：苹果很便宜）；3. 连词"和"	讲价的小技巧
6	打的	能打车并简单地指路	舌面音（j、q、x）	1. 正反问句；2. 方位词1	打的小技巧
7	司机	能跟私人司机沟通，说明什么时候在哪里接人	舌尖前音（z、c、s）	1. 钟点的表达（时间状语）；2. 祈使句（请）；3. 方位词2	用微信跟司机沟通
8	点菜	1. 学会点菜和买单；2. 学会菜单上的简单汉字	舌尖后音（zh、ch、sh、r）	1. 表情感态度的动词（爱、想）；2. 副词"都"	中餐菜单
9	阿姨	能指令阿姨或保姆	第一声练习	1. 星期的表达；2. 语气助词"了"	在家过中国节日
10	工人	能指令工人要修什么	第四声练习	1. 助动词"能"和"会"；2. 时段的表达	拜访中国家庭
11	订做衣服	能在裁缝店订做衣服	第二声练习	1. 疑问句（怎么样）；2. 程度副词（非常、真）	面子
12	理发	能在理发店剪头发	第三声练习	1. 表情感态度的动词（喜欢）；2. 疑问句（怎么样）	来中国变成明星

续上表

课文	话题	功能	语音	语法	文化
13	旅游	1. 掌握买车票的交际技能；2. 坐公交车	双音节声调练习1	1. 距离的表达（离）；2. 用"怎么的"询问方式（如：怎么去）	在中国旅游
14	看病	1. 能告诉医生哪儿不舒服；2. 能在药店买药	双音节声调练习2	1. 疑问句（怎么了）；2. 动态助词"了"	在中国医院看病的小技巧
15	复习	复习第1~14课	发音难点复习	词汇、语法难点汇总	

对外汉语学习词典情态动词释义模式的对比研究

李 英　　　　　　陈春红
（中山大学外国语学院国际汉语系）（山东大学国际教育学院）

摘　要：本文从释义信息项与释义句法结构两大方面对英语、汉语外向型词典情态动词的释义情况进行对比分析。研究发现，汉语词典主要利用短语结构与语词来解释词义，词义信息以概念意义为主；英语词典则利用比较复杂的短语与从句来解释词义，词义信息丰富，主要包括语义信息与语用信息，"使用情景"是英语词典独有的释义信息项。文章认为，汉语词典的释义应避免以词释词，多使用短语结构突出词语的语用信息特别是使用情景。

关键词：学习词典；情态动词；释义

情态动词[①]是汉语里一类特殊的动词，在生活中使用频率高，应用广泛。但情态动词表义较为抽象，有些词具有相近的义项，如"能"和"会"等，属于教学重难点。留学生习得情态动词的偏误不少，清楚解释这类词语的意义和用法有利于学习者正确使用情态动词。目前专门研究情态动词释义特点的相关文献较少，选择情态动词作为研究对象，既能为该方面的研究抛砖引玉，又能更细微地为对外汉语学习词典的释义模式研究提供参考。

近几年来，不少学者针对学习词典释义模式展开研究。胡文飞、章宜华（2011）提出汉英学习词典的"多维释义模式"在广度上包括词类标注、句法标注、语用标注、对应表达、例证说明、同义辨析等，在深度上强化释义的原型特征、等值特征和交际特征。胡文飞（2011）认为汉英学习词典的多维释义模式强化了对目的词句法结构、语用结构、附加意义和语义网络图式的描述。翁晓玲（2011）指出，关于词典系统性的研究中，术语的使用五花八门，涉及的术语包括"释义模式""释义类型""释义结构""释义方式""释义方法""释义手段"等，很多人甚至直接把"释义模式"等同于"释义方式"。她认为"释义模式"的研究应该包括"释义结构"与"释义方法"的研究。

笔者参考前人的研究，将本文所研究的释义模式界定为词典释义的标准形式，主要涉及释义内容以及表现释义内容的释义语言结构与释义方式。

本文以《商务馆学汉语词典》（鲁健骥、吕文华，2006）、《汉语8000词词典》（刘镰力，2000）、《牛津高阶英汉双解词典（第六版）》（A. S. Hornby，2004）、《朗文当代高级英语词典》（英国培生教育出版亚洲有限公司，2006）四部有代表性的外向型

[①]　目前在对外汉语教学界，情态动词一般称为能愿动词或助动词。本文对比这类词语在英语、汉语词典中的释义情况，为行文方便，统称为情态动词。

学习词典（以下分别简称《学汉语》《8000 词》《牛津》《朗文》）作为对比研究的对象，运用词典编纂、二语习得、对外汉语教学相关理论，对四部词典中情态动词的释义内容、释义语言结构进行微观考察与分析，对比英汉词典情态动词释义的异同，并在此基础上对汉语词典的释义模式提出优化建议。

目前，情态动词的名称、分类、成员数量在汉语本体研究中还存在争议，如丁树声（1961）、吕叔湘（1979）、朱德熙（1982）、黄伯荣与廖序东（2007）等。

笔者依据汉语本体研究及对外汉语教学研究中对汉语情态动词的界定，得到 15 个认可度较高的汉语情态动词，英语情态动词国内外研究公认的有 13 个[①]，它们是本文所研究的被释词。在不同的词典中，这些被释词的义项数不同：15 个汉语情态动词，《学汉语》有 30 个义项，《8000 词》有 26 个义项；13 个英语情态动词，《朗文》有 80 个义项，《牛津》有 74 个义项。为考察到每个义项的释义，本文以义项的释义内容作为研究对象。

1 英汉词典情态动词的释义信息项对比

1.1 词典情态动词的释义信息项描述

释义是词典的核心内容。章宜华（1999）、符淮青（2006）、鲁健骥和吕文华（2006）、徐玉敏和张伟（2008）、赵新和刘若云（2009）等都对词典释义内容与释义方式进行了研究。笔者在前人研究成果的基础上，对四部词典情态动词的释义进行考察，发现这些词典对情态动词的释义涉及多个层面的词义信息，通过不同的形式表现出来。请看以下词条及其释义：

> 该$_5$：用在感叹句中，表示希望或可能出现某种情况（后带形容词性成分）注意用"该"的感叹句语气比较强。没有否定形式。(《学汉语》)

在上例中，"该$_5$"的词义信息通过释文和"注意"栏表现出来。在释文中，"表示希望或可能出现某种情况"是"该$_5$"的概念意义，属于词的语义信息。"用在感叹句中"揭示了"该$_5$"适用的句式，"后带形容词性成分"是用扩注的形式说明"该$_5$"在组合分布上的特点，这些都属于"该$_5$"的句法信息。最后的"注意"栏进一步提示了"该$_5$"的语用信息和句法特征。

在《8000 词》中，除了释文外，还通过"提示"栏说明被释词在句法、语用等方面的特点：

---

① 这 15 个汉语情态动词为：得（děi）、该、敢、会、可能、可以、肯、能、能够、想、要、应该、应、应当、愿意；13 个英语情态动词为：can, could, dare, ought to, may, might, must, need, shall, should, used to, will, would。

愿意：认为符合自己的心愿而同意（做某事）
【提示】"愿意"是表示心理活动的动词，可受程度副词修饰。

上例中，"愿意"的词义信息通过释文和"提示"栏表现出来。在释文中，"认为符合自己的心愿而同意（做某事）"是"愿意"的概念意义，属于词的语义信息。"提示"栏中进一步说明被释词在语义范围及在组合分布上的特点。《8000词》"提示"栏中的内容还包括对被释词及其近义词的辨析，如：

【提示】初次学会某种动作或技术，可以用"能"，也可以用"会"；恢复某种能力，只能用"能"，不能用"会"。当表示有条件做某事时，不能用"会"，如。

再来看英语词典对情态动词的释义：

can_8：SURPRISE/ANGER [usually in questions and negatives] *spoken* used when you are surprised or angry（《朗文》）

上例"can_8"的释文中，"[usually in questions and negatives]"说明了被释词的适用句式，即通常用于疑问句与否定句中。"*spoken*"说明被释词的语体色彩，即口语色彩，属于语用信息。"used when you are surprised or angry"则描述了被释词使用的语境，即"用在当你感到惊讶或生气时"，这属于被释词的使用情景信息。再如《牛津》中的一例：

$should_{10}$：（BrE，formal）used with I and we in polite request

"$should_{10}$"的词义信息包括：被释词的地域风格和语体色彩——"BrE，formal"（英式英语，正式），语义搭配——"used with I and we"（和"I""we"连用），使用情景信息——"in polite request"（用于礼貌地请求）。

可以看出，在外向型学习词典中，情态动词的释义包含了丰富的内容，涉及语义、句法和语用信息，跟传统的内向型词典释义内容有所不同。鉴于此，本文用释义信息项来表示词典所描述、说明的这些丰富的词义信息内容。

以下是笔者对情态动词释义信息项的描述和分类：

语义信息：分为概念义、语义搭配。概念义是词义信息的核心内容；语义搭配信息则是词语在语义上的搭配对象，属于词语的用法，如"used with the verbs 'feel'，'hear'，'see'，'smell' and 'taste'"。

句法信息：分为句法特征、组合分布、句型句式。句法特征包括词性、是否有否定形式及否定形式是什么、能不能单独回答问题、充当什么句法成分等；组合分布主要是词语的句法搭配信息，包括在句中的位置、前后是什么样的语言成分；句型句式有肯定句、否定句、感叹句、疑问句等。如"没有否定形式"是词语的句法特征，"后带形容词性成分"是词语的组合分布信息,"多用于否定和疑问"是词语适用的句型句式。

语用信息:分为语气强弱、情感态度(褒贬、客气、谦虚、轻视、厌恶、猜测、生气、委婉等)、语体风格(口语与书面语、正式与非正式)、地域风格(英式英语、美式英语)、使用情景(使用场合或使用条件)。

以上释义信息项主要分布在以下板块中:①释文板块。它由两部分内容组成:正文和扩注。正文针对的是词的语义信息、句法信息和使用情景信息。扩注则侧重被释词的句法信息,或对语义信息进行补充。②示例板块。它出现在释文信息板块之后,通过短语例和句子例来间接显示被释词的词义信息内容。③提示板块。它在示例信息板块之后,通过特殊标注项(如"注意""提示"等)直接提示被释词的句法信息和语义信息,特别是词的组合分布、适用句式等。④词语辨析板块。单列一栏,对被释词及其近义词进行辨析。

在以上板块中,释文板块、提示板块和词语辨析板块都直接说明被释词的词义信息。不过,在笔者所考察的词典中,情态动词辨析板块数量很少,如《学汉语》只有两组词语辨析,《朗文》和《牛津》各有一组词语辨析。因此,下文将侧重对四部词典释文板块和提示板块中的释义信息项进行统计分析。

1.2 英汉词典情态动词释义信息项的分布特点

在考察中,笔者发现上述释义信息项在四部词典中的分布情况不同(表1)。

表1 情态动词的释义信息项在四部词典中的分布情况

板块		释义信息项		《学汉语》	《8000词》	《牛津》	《朗文》
释文板块	正文	语义	概念意义	100%/30	100%/26	31.1%/23	57.5%/46
			语义搭配	0	0	8.2%/6	9.5%/7
		句法	组合分布	0	7.7%/1	4.1%/3	2.5%/2
			适用句式	6.7%/2	0	5.4%/4	8.75%/7
			句法特征[1]	0	7.7%/2	5.4%/4	8.75%/7
		语用	语体风格	0	0	16.2%/12	33.8%/27
			语气强弱	0	0	4.1%/3	0
			情感态度	3.3%/1	0	12.2%/9	15%/12
			地域风格	0	0	5.4%/4	8.75%/7
			使用情景	0	0	64.9%/48	45%/36
	扩注	补充语义信息		16.7%/5	3.8%/1	0	0
		组合分布		3.3%/1	0	0	0

续表 1

提示板块	语义	概念义	0	7.7%/2	0	0
	句法	组合分布	13.3%/4	7.7%/2	0	0
		句法特征	20%/6	0	0	0
	语用	语气强弱	3.3%/1	0	0	0
		语体色彩	0	3.8%/1	0	0

1) 两部汉语词典都标注了词条的词性为"动",两部英语词典都标注词条词性为 modal verb。为显示词典释义是否显示词条的其他句法特征信息,这里未统计词性标注情况。

说明:表中"/"前的百分数表示某类释义信息项在情态动词总义项中所占的比例,"/"后的数字表示该释义信息项的个数,下同。

表 1 反映了四部词典中情态动词释义信息项的分布情况。可以看出,汉英词典区别明显:

第一,在汉语词典中,情态动词的释义信息项分布在释文板块和提示板块中。而在英语词典中,释义信息项只分布在释文中的正文部分,没有扩注和提示板块。这说明英语词典释义信息项集中,而汉语词典释义信息项比较分散。

第二,在英语词典中,除语义信息外,语用信息项的分布比例很高,而且其他各种释义信息项在英语词典中也都有一定数量的分布。在汉语词典中,释义信息内容集中于词语的概念意义,只有个别义项的释义信息还涉及句法信息。

第三,就英汉词典都有的释文板块来看,各个具体的释义信息项的分布情况也有很大不同:

语义信息:在汉语词典中,情态动词每个义项的释义都有"概念意义"这一释义信息项,但没有语义搭配信息。在英语词典中,情态动词的语义信息涉及概念意义和语义搭配信息,不过并不是每个义项都有"概念意义"的说明,这一释义信息项在《牛津》和《朗文》中的分布比例分别只有 31.1%、57.5%。

句法信息:该信息项在英、汉词典中的分布比例都不高,但英语词典中这一信息内容明显比汉语词典丰富。

语用信息:汉语词典中只有一个义项的释义涉及语用信息。而在英语词典中,五种语用信息几乎都有一定数量的分布,特别是使用情景在《牛津》和《朗文》中的分布比例高达 64.9%、45%。其他如语体风格、情感态度都占有一定比例,而汉语词典几乎没有。

我们可以从以下两组义项相近的汉语、英语能愿动词的释文中看出英汉词典释义信息上的不同:

该$_1$:应该
该$_2$:表示根据情理或经验推测应该出现的情况(《学汉语》)
must$_1$: past tense had to, to have to do something because it is necessary or
　　　　　　　　　　　(概念意义)　　　　　　　　　　　　　　(原因)

important, or because of a law or order
　　　must₂: used in negetive sentences to say that something should not happen,
　　　　　（适用句式）　　　　　　　　　　　　（概念意义）
　　because of a rule or law or because of the situation（《朗文》）
　　　　　（原因）

以上释义，汉语词典只针对词语的概念意义进行释义，英语词典在说明词语概念意义的同时，还说明了情态特征产生或出现的原因以及词义所适用的句式。
　　再如：

　　可以₂：表示许可（《8000 词》）
　　might₅: spoken especially BrE used to politely ask for permission to do something

在上述释文中，英语词典具体说明了被释词的语体风格、情感态度、使用情景；汉语词典只是解释词义的概念意义，意义范围宽泛模糊。
　　总的来看，汉英词典在情态动词释义信息项方面各有特点：英语词典的释义信息项均分布在释文板块的"正文"中，释义信息项集中而且丰富，其中语义和语用信息项比例高；"使用情景"是英语词典所独有的释义信息项；"概念意义"不是每个义项必有的释义信息项。汉语词典的释义信息项分布在释文板块和提示板块，较为分散。释义信息较为单一，"概念意义"是必有的释义信息项；其他释义信息项数量少，分布不均衡。

2　情态动词释文语言结构的考察与分析

　　释文板块是英汉词典共有的说明词义信息的板块，显示的是词义信息的核心内容。笔者进一步考察分析这一板块的释义语言结构，以发现汉英词典在描述情态动词语义信息时的异同。

2.1　汉语词典情态动词的释文句法结构类型与分布

　　两部汉语词典基本的释义句法结构为语词式和短语式。
　　第一，语词式，即用意义相近的实词来解释被释词，属于以词释词的方式。如：

　　该₁：应该（《学汉语》）
　　要₂：必须；应该（《8000 词》）

以上两个词语的释义，分别使用了一个和两个被释词的近义词来解释词义。
　　有的语词式释文前加有释义指示词"表示"，如：

　　可以₁：表示能够（《学汉语》）
　　可以₁：表示可能或能够（《8000 词》）

表 2 是两部词典使用语词式来解释词义的情况。可以看出，在《学汉语》与《8000 词》能愿动词的释义中，分别有 30.0%、30.7% 的义项使用了"以词释词"的方式来释义。相对来说，单语词结构在《学汉语》中分布比例较高，而双语词结构在《8000 词》中分布比例较高。两部词典使用语词来释义时，有的使用释义指示词"表示"，有的不使用。

表 2　汉语词典情态动词"语词式"释文分布

结构		具体类型	《学汉语》	《8000 词》
语词	单语词	语词	16.7%/5	3.8%/1
		指示语+语词	6.7%/2	3.8%/1
		所占比例	23.4%	7.6%
	双语词	语词+语词	3.3%/1	15.4%/4
		指示词+"语词+语词"	3.3%/1	7.7%/2
		所占比例	6.6%	23.1%

第二，短语式，即用一个或多个短语结构来解释被释词，如：

应该：从道理上说一定是这样（《学汉语》）
愿意$_1$：同意做；符合自己的心愿（《学汉语》）
愿意：认为符合自己的心愿而同意（做某事）（《8000 词》）

有的短语式释文前有释义指示语"表示"。例如：

得$_2$：表示估计一定会这样（《学汉语》）
能够$_2$：表示具备某种能力，或达到某种程度（《8000 词》）

以上短语式释文在汉语词典中的分布情况如表 3 所示。可以看出，两部词典使用单短语式结构来解释词义的比例都高于多短语式。《8000 词》的单短语式结构都使用了指示词；《学汉语》的释文部分使用指示词"表示"，部分没有。

表 3　汉语词典情态动词"短语式"释文分布

句法结构		具体类型	《学汉语》	《8000 词》
短语式	单短语	短语	20%/6	0
		指示词+短语	16.7%/5	42.3%/11
		总比例	36.7%	42.3%
	多短语	短语+短语	10%/3	0
		指示词+短语，短语	10%/3	3.8%/1
		短语+短语+短语	0	7.7%/2
		指示词+短语，指示词+短语	0	3.8%/1
		总比例	20%	15.4%

第三,"语词+短语"式,这一形式既使用语词来解释词义,又使用一个或多个短语来解释词义。如:

得$_1$:表示情理上、事实上或主观上的需要;应该;必须(《学汉语》)
该$_1$:应该;理应如此。可以单独回答问题,否定用"不该"(《8000词》)

上例中,"得$_1$"的释义用了一个短语和两个语词;"该$_1$"的释义用了一个语词、三个短语。具体分布情况如表4所示。可以看出,在两部汉语词典中,"语词+短语"式释义,有的语词在短语前,有的语词在短语后;有的有指示词"表示",有的没有。

表4 汉语词典情态动词"语词式+短语式"释文分布情况

句法结构	具体类型	《学汉语》	《8000词》
语词+短语	语词,短语	3.3%/1	3.8%/1
	指示词+短语,语词	6.7%/2	3.8%/1
	语词,指示词+短语	3.3%/1	0/0
	指示词+语词,指示词+短语	0/0	3.8%/1
	总比例	13.3%	11.5%

总的来看,两部汉语词典情态动词的释文在句法结构上有以下一些特点:

第一,语词式和短语式是汉语词典情态动词释义所采用的两类结构类型,其中短语式的使用频次高于语词式,"以词释词"在两部汉语词典中都占有一定的比例。

第二,汉语词典在使用语词式和短语式结构进行释义时,运用了五种组合形式:单语词式、双语词式、单短语式、多短语式、"语词+短语"式。以上五种组合在《学汉语》中的分布比例分别为23.4%、6.6%、36.7%、20%、13.3%,在《8000词》中则分别为7.6%、23.1%、42.3%、15.4%、11.5%。可见,单短语式与语词式是构成外向型汉语词典情态动词释文的主要结构类型。

第三,"表示"是汉语情态动词释义时采用的释义指示词。《学汉语》30个义项的释文中,使用"表示"的释文有14条,所占比例为46.7%;《8000词》26个义项的释文中,使用"表示"的释文有18条,所占比例为69.2%。

2.2 英语词典情态动词的释文句法结构类型与分布

英语词典情态动词释义最基本的结构类型是短语与从句。
第一,短语式,用一个或多个短语来解释词义,如:

can$_3$: used with the verbs 'feel', 'hear', 'see', 'smell' and 'taste' (《牛津》)
can$_8$: used to express doubt or surprise (《牛津》)

will₇: used for talking about habits (《牛津》)
can₁: to be able to do something or to know how to do something (《朗文》)

可以看出,在两部英语词典中,不少短语式释义都使用了释义指示词"used"或"used for"来引出不定式短语、介词短语或动名词性短语等。

两部词典使用短语结构来解释词义的具体情况如表5所示。可以看出,两部英语词典都使用了一定比例的短语结构来解释情态动词的意义,其中,《牛津》中的单短语结构明显多于《朗文》,前者的分布比例为31.1%,后者只有11.3%。在英语词典中,几乎每个短语结构释文都是由释义指示语引导出来的。

表5 英语词典情态动词"短语式"释文分布情况

句法结构		具体类型	《牛津》	《朗文》
短语式	单短语	短语	1.4%/1	0/0
		指示词+短语	31.1%/23	11.3%/9
	多短语	短语+短语	0/0	2.5%/2
		指示词+(短语+短语)	5.4%/4	10%/8
	总比例		37.8%	23.8%

第二,从句式,即使用一个或多个从句来解释词义,主要是宾语从句和状语从句,如:

can₂: used to say that sb knows how to do sth (《牛津》)
could₄: used to show that sth is or might be possible (《牛津》)
can₆: used to say that you do not believe that something is true (《朗文》)
might₇: used when you are annoyed because someone has not done something that you think they should do (《朗文》)

在以上释文中,前两例分别使用了一个从句形式,后两例则使用了多个从句形式。具体分布情况如表6所示。

表6 英语词典情态动词"从句式"释文分布情况

句法结构	具体类型	《牛津》	《朗文》
从句	指示词+从句	31.1%/23	33.8%/27
	指示词+(从句+从句)	8.1%/6	8.8%/7
	总比例	39.2%	42.5%

从句式结构是两部英语词典特有的。表6显示,从句形式的释文在两部词典中所占的比例接近,且都有指示词。主要的指示词为引出宾语从句的"used to say",此外还有"used to show""used when"。

第三,"短语+从句"式,即综合使用了短语和从句形式来解释词义,如:

would₂: used for talking about the result of an event that you imagine(《牛津》)
would₇: used to talk about behavior that you think is typical(《牛津》)

上述第一个词条的释文使用了动名词短语和定语从句,第二个词条的释文则使用了不定式短语与定语从句。再如:

would₄: used for describing an action or event that would have happened if sth else have happened first(《牛津》)
shall₁: used to make a suggestion, or ask a question that you want the other person to decide about(《朗文》)

以上两个词条及其释文,第一个使用了一个动名词短语、一个定语从句、一个条件从句,第二个使用了两个动词短语、一个定语从句,从句起修饰限制作用。表7显示了"短语+从句"形式在两部英语词典中的分布情况。

表7 英语词典情态动词"短语+从句"式释文分布情况

句法结构	具体类型	《牛津》	《朗文》
短语+从句	短语+从句	—	3.8%/3
	表示+(短语+从句)	23%/17	25%/20

可以看出,在《牛津》与《朗文》这两部英语词典中,"短语+从句"这类复杂的语言形式的分布比例相差不大,前者为23%,后者为28.8%。这类形式的释文几乎都使用了释义指示语"used"。

第四,语句式,即使用自然语句来解释词义,这一形式只出现在《朗文》中。如:

may₁: if something may happen or may be true, there is a possibility that it will happen or be true, but this is not certain
might₁: if something might happen or might be true, there is a possibility that it may happen or may be true, but you are not at all certain

可以看出,这类语句释义是把被释词放在 if 引导的条件从句中了。在《朗文》中,一共有四个情态动词的义项采用了自然语句释义,所占比例为5%。

根据上文的统计数据,两部英语词典情态动词释文在句法结构上有如下特点:

第一,从句式和短语式是英语词典情态动词释义所采用的主要结构类型,从句式使用频次略高于短语式。此外,两部英语词典还采用了不少"短语+从句"形式来解释情态动词的意义。

第二,自然语句释义法也应用在了情态动词的释义上。

第三,在两部英语词典情态动词的释文中,使用释义指示语的共有148条,占总例数的96.1%，远高于汉语词典。主要采用的指示词是"used"和"used to say"。

2.3 小 结

通过以上分析，我们可以看出在释文句法结构上，英语词典和汉语词典存在以下不同：

第一，两部汉语词典以短语和语词结构为主，尤其是单短语结构和单语词结构使用较多；两部英语词典中，从句结构和短句结构所占比例很高，还有不少"短语+从句"结构，未出现仅使用语词来释义的情况。通过对比可以很明显地看出，英语词典释义语句长于汉语词典，这与其释义信息丰富是相吻合的。

第二，英语词典在解释词义时几乎都使用了释义指示词"used"，而汉语词典使用释义指示词的比例远远低于英语词典。

3 结论与启示

本文主要从情态动词释义信息项、释义语言结构两大方面对《商务馆学汉语词典》《汉语8000词词典》与《牛津高阶英汉双解词典（第六版）》《朗文当代高级英语词典》进行考察对比，发现汉英词典情态动词的释义模式存在以下一些特点：

第一，在释义信息上，英语词典的释义信息项均分布在释文板块的"正文"中，释义信息项集中而且丰富；语义信息和语用信息是英语词典主要的释义内容，句法信息也占有一定的比例，但"概念意义"并不是每个义项必有的释义信息项；英语词典注重说明词语的使用条件和使用场合，"使用情景"是英语词典所独有的释义信息项。汉语词典的释义信息项分布在释文板块和提示板块，较为分散；释义信息较为单一，"概念意义"是必有的释义信息项，其他释义信息项出现极少。

第二，在释义句法结构上，汉语词典以短语式结构为主，尤其是单个短语结构，且存在大量语词式结构；两部英语词典中短语与从句结构所占比例高，释义语句明显长于汉语词典，所用释义词语更多。

通过以上对比分析，笔者认为可借鉴英语词典释义模式，在对汉语情态动词进行释义时，注意从以下几个方面进行优化：①释义信息项尽量全面，突出词语的语用信息及句法信息；②释义句法结构以多短语结构为主，避免以词释词，增加释义词汇；③参考使用情景来对情态动词的义项进行归类，注重说明词义的使用条件和使用场合。请对比：

  愿意：同意做；符合自己的心愿
  愿意：同意做一件事，因为这件事是自己想做的或者是喜欢的。可以说"非常/很+愿意"
  得：应该，必须，有需要
  得：用于提醒别人去做一件事，因为这件事很重要或应该做。

以上词条释义，第一个和第三个是现有词典的释义，第二个和第四个是新释义。这一新的释义模式是否更有利于学习者理解和使用汉语情态动词，还有待于通过实证研究加以检验。

参考文献

丁树声．现代语法讲话［M］．北京：商务印书馆，1961．
符淮青．词义的分析和描写［M］．北京：外语教学与研究出版社，2006．
Hornby A S．牛津高阶英汉双解词典［M］．6版．北京：外语教育与研究出版社，2004．
胡文飞．汉英词典释义模式的理论综述［J］．辞书研究，2011（4）．
胡文飞，章宜华．汉英词典的释义模式对中国 EFL 学习者英语生成能力的影响［J］．外国语（上海外国语大学学报），2011（5）．
黄伯荣，廖序东．现代汉语［M］．增订4版．北京：高等教育出版社，2007．
刘镰力．汉语8000词词典［M］．北京：北京语言文化大学出版社，2000．
鲁健骥，吕文华．编写对外汉语单语学习词典的尝试与思考——《商务馆学汉语词典》编后［J］．世界汉语教学，2006（1）．
鲁健骥，吕文华．商务馆学汉语词典［M］．北京：商务印书馆，2006．
吕叔湘．汉语语法分析问题［M］．北京：商务印书馆，1979．
吕叔湘．现代汉语八百词［M］．北京：商务印书馆，2010．
翁小玲．基于元语言的对外汉语学习词典释义模式研究［D］．上海：华东师范大学，2011．
徐玉敏，张伟．《当代汉语学习词典》的理论基础与体例特色［J］．辞书研究，2008（3）．
英国培生教育出版亚洲有限公司．朗文当代高级英语词典（英英·英汉双解）［M］．外语教育与研究出版社/朗文公司，2006．
章宜华．学习词典释义结构与释义方法初探——英、法、汉语学习词典的对比研究［J］．上海外国语大学学报，1999（3）．
赵新，刘若云．关于外向型汉语词典释义问题的思考［J］．语言教学与研究，2009（1）．
朱德熙．语法讲义［M］．北京：商务印书馆，1982．

中高级汉语视听说教材词汇考察

刘宏帆

（深圳职业技术学院外事处）

摘　要：本文主要对六本中高级汉语视听说教材的词汇数量、难度、常用度等进行分析，并提出此类教材编写上值得注意的一些问题。本文认为：选材应以影视作品中的"故事片"为主；超纲词占比不宜过高；注意控制单位教学时间内的生词数量；注意选词的规范性，适当关注地域性；注意选词的时代性。

关键词：汉语视听说教材；词汇难度分析；词汇数量分析；地域性；时代性；交际文化

随着国际汉语教育的迅速发展，国际汉语教材的出版也呈繁荣景象，但有一点现象值得注意，从1990年中国内地第一部对外汉语视听说教材《你好，北京》正式出版至今，只有22部同类教材出版面世，这与其他类型教材出版的欣荣不相匹配。王飙（2009）理清了汉语视听说教材的编写现状，本文主要通过对五本中高级汉语视听说教材的词汇及编写分析等提出一些值得注意的问题和借鉴的方面。我们考察的教材来源为国家汉办国际汉语教材研发与培训基地（中山大学），在教材库中搜索"视听说"，其中明确标明"中高级汉语视听说教程"的有以下五本：

《快乐中国人·中高级汉语视听说教程》1（王晓凌主编，北京大学出版社，2010，以下简称《快乐》）；

《中高级汉语视听说教程·秦淮人家》上（李菊先、王树峰，北京语言大学出版社，2003，以下简称《秦淮》）；

《中国城市名片（旅游篇）·中高级汉语视听说教程》（邹胜瑛等，北京大学出版社，2006，以下简称《旅游》）；

《中国城市名片（民俗篇）·中高级汉语视听说教程》（邹胜瑛等，北京大学出版社，2006，以下简称《民俗》）；

《走进中国百姓生活——中高级汉语视听说教程》（刘月华等，世界图书出版公司，2006，以下简称《走进》）。

另外，我们还考察了一本中级汉语视听说教材的情况，以便进行比较分析：

《中国人的故事——中级汉语精视精读》（余宁，北京语言大学出版社，2008，以下简称《故事》）。

我们对六本教材进行词汇数量统计，使用"中文助教"人工分词软件，结合人工干预，抽取六本教材第二课的生词进行词汇难度和常用度统计，再结合《国际汉语教育用音节汉字词汇等级划分》对超纲词进行分析，根据统计数据和对六本教材的综合考察，得出一些关于中高级汉语视听说教材编写的建议。

1 教材词汇分析

1.1 词汇数量分析

我们统计了六本教材生词表中所列出的生词数量（表1）。

表1 六本教材的生词表统计　　　　　　　　　单位：个

教材名	完成单课的建议课时数/节	平均每课生词数	单课最多生词数	单课最少生词数	每课时平均生词
《快乐》	2	39.10	61	25	19.55
《秦淮》	2（实应为4）	74.25	104	45	37.125
《走进》	无说明，或3	165.20	218	127	55
《旅游》	无说明，或2	42.00	61	30	21
《民俗》	无说明，或2	34.31	59	25	17.16
《故事》	无说明，或4	77	80	74	19.25

从表1可见：多数教材对单课词汇数量的控制较好，《走进》和《秦淮》单课所列生词数量太多，会造成较高的学习难度。中高级汉语视听说课每节课应该出现多少生词是一个值得注意的问题。除了《走进》和《秦淮》，其他四本教材每节课要处理的生词平均都在20个上下，作为精视精听材料，这个数字大致合理；但若作为泛视泛听材料，生词数量多尚可接受。

1.2 词汇难度分析

我们使用"中文助教"软件对六本教材第二课的生词表中所列出的生词进行分析（表2）。

表2 六本教材第二课生词难度统计

教材名	第二课词数/个	甲级词	乙级词	丙级词	丁级词	超纲词	专名	固定格式
《快乐》	34＋1	4/11.43	12/34.29	5/14.29	2/5.71	11/31.43	0/0	1/2.86
《秦淮》	39＋25	1/1.56	0/0	14/21.88	6/9.38	18/28.13	0/0	25/39.06
《走进》	131＋8	11/7.91	29/20.86	25/17.99	23/16.55	43/33.81	2/1.44	6/4.32

续表2

教材名	第二课词数/个	甲级词	乙级词	丙级词	丁级词	超纲词	专名	固定格式
《旅游》	58+13	0/0	0/0	7/9.86	19/26.76	32/45.07	10/14.09	3/4.23
《民俗》	28+7	1/2.86	0/0	0/0	5/14.29	21/60.00	4/11.43	3/8.57
《故事》	76+4	1/1.25	29/36.25	24/30	8/10	14/17.5	2/2.5	2/2.5

说明：表中"/"前的数字表示该类词的词数，"/"后的数字表示该类词所占的比例，下同。

从表2可见：

（1）《民俗》和《旅游》二书的超纲词数量明显高于其余各书，对生词难度没有进行很好的控制，会造成学生难于学习。二书词汇难度较大，与所涉主题及编写方式有关。这两本教材根据《城市名片》电视系列片改编，其中访谈部分尚算口语语体，但旁白部分词汇侧重说明介绍与文学性描述，词汇难度陡增。这也提醒我们：视听说教材不是文化教材，视听说材料应尽量来源于真实的交际语料，而非人工编写的介绍说明性语料。

（2）《秦淮》一书固定格式所占的比重明显高于其余各书。我们在人工干预生词时，把成语、俗语及不能用于"中文助教"进行分词处理的短语全划入"固定格式"。如"两面三刀""只要身子正，不怕影子斜""真有你的"等。这类固定格式列入生词表的做法值得商榷，后文还将进一步阐述，在编写时应该将其放在单列的"语言点解释"部分中。

（3）中高级阶段适当教授一些超纲词汇无可厚非，但不宜太多，我们认为仍应以纲内的丙级词、丁级词为主。经统计我们发现，有三本教材第二课的"超纲词+专名+固定格式"数量超过全部生词的一半：《秦淮》《民俗》和《旅游》。以《民俗》为例，"超纲词+专名+固定格式"数量达到80%，这样的词汇难度势必导致老师难教、学生难学，所学内容的交际性大打折扣。

1.3 新旧大纲超纲词汇考察

由于语言是在不断发展变化的，词汇的发展尤为迅速，我们根据《国际汉语教育用音节汉字词汇等级划分》（新大纲）对六本教材第二课生词进行考察，发现超纲词汇的比重比起根据《汉语水平词汇与汉字等级大纲》（旧大纲）进行的统计有明显下降（表3）。这是因为随着时代的发展，原有的超纲词汇可能已经进入常用词汇系统，变成社会生活交际中经常使用的词汇。如《走进》一书中出现的"出租车"没有被旧大纲纳入等级系统，属于超纲词；但在新大纲中属于"普及化2级"词，相当于旧大纲的甲级词。

表 3　新旧大纲超纲词比重对比

教材名	第二课词数/个	旧大纲超纲词	新大纲超纲词
《快乐》	35	11/31.43	7/20.00
《秦淮》	64	18/28.13	12/18.75
《走进》	139	43/33.81	19/13.67
《旅游》	71	32/45.07	19/26.76
《民俗》	35	21/60.00	16/45.71
《故事》	80	14/17.5	8/10

现将六本教材第二课生词表中原属旧大纲超纲词部分的词汇与新标准对照，如下：

Ⅰ普及化2：出租车、身份证。

Ⅱ普及化3：熟人、所长。

Ⅲ中级：灰色、案子、在场、白领、娇气、困扰、总监、冲动、微波炉。

Ⅳ高级：介入、紧接着、面部、肇事、破案、证人、单身、车型、作证、马桶、公款、精髓、崇尚、炫耀、回味、潜水、贪婪、知己、风情、顶多、救护车。

Ⅴ高级附录：蹭、安稳、偏方、祭祀、涌入、椰子、松弛、生硬、喜糖、水灵、嫌弃、搞鬼、涮、帮手。

1.4　词汇常用度分析

本文选取"中文助教"SVL汉语常用度等级词表为依据，对六本教材第二课所列的生词进行统计，排除"固定格式"，得到的统计结果详见表4。

表 4　词汇常用度分析

教材名	统计词数（除固）/个	1~1000	1001~2500	2501~5000	5001~8000	8000+
《快乐》	34	5/14.71	9/26.47	7/20.59	0/0.00	13/38.24
《秦淮》	39	1/2.57	5/12.82	5/12.82	4/10.26	24/61.54
《走进》	131	18/13.74	18/13.74	31/23.67	1712.98	47/35.88
《旅游》	58	1/1.72	1/1.72	11/18.97	7/12.07	38/65.52
《民俗》	28	0	2/7.14	1/3.57	4/14.29	21/75.00
《故事》	76	10/13.2	19/25	30/26.3	11/14.5	16/21.1

一般认为，8000以上（8000+）词为"低频词"（周小兵、刘娅莉，2012）。我们

认为中高级阶段的视听说教材中存在比例适度的低频词是合理的；但如果大多数生词都是低频词，就会降低所学内容的交际性，不利于教学。由表4可见，《秦淮》《旅游》和《民俗》的生词表所列的词汇中均超过60%为低频词，《民俗》更是达到75%。低频词并非口语中普遍使用的词汇，学生"视、听"后做"说"的练习会很难使用，增加词汇学习的难度。

2 讨论及建议

王飙（2009）将视听说教材分为三类："A类：为外国人学汉语拍摄汉语教学片，之后同步出版教材"；"B类：纸质教材先出版，获得巨大成功后根据课文追加拍摄教学片，辅助教学"；"C类：直接选用现成的影视作品变成教材"。他从七个方面分析了三种类型教材的优劣，得出C类教材最适合作为视听教材的视频素材的结论，我们同意他的这个观点。

本文考察的六本教材的视频来源均属C类，根据内容略有不同：①来源于故事片，如《快乐》《秦淮》《走进》；②来源于纪录片，如《旅游》《民俗》《故事》。

2.1 视听说材料的选择及对词汇难度、数量的控制

赵立江（1997）的调查显示，比起提高说的能力，留学生更倾向于把提高听的能力作为视听说课的第一目的。"视听说"三者的关系应是："视"是一种直观的手段，"听"和"说"是目的，尤以"听"为重。可见，中高级汉语视听说课应借助视觉手段，把提高学生的听说能力作为重点。

明确教学目的，有助于我们明确教学材料的选择。要为学生提供基于真实语料的视听材料，中高级汉语视听说教材的选材应以C类现实影视材料为主，尤以"故事片"而非"纪录片"为佳，这与我们对六本教材的词汇考察结果不谋而合。《旅游》和《民俗》二书的词汇难度明显高于其他教材，词汇常用度明显低于其他教材。这是因为其选材源自电视系列片《城市名片》，主持人与被访对象虽说口语，但画外音是介绍说明性质的材料，无故事情节，而介绍城市必然涉及其历史、文化等因素，所用词汇书面色彩浓重，这些内容更适于在文化课而非视听说课中教授。我们可以将这类教材看作徒具形式的"伪视听说"教材。请看源于此二书的超纲词汇示例："恣肆、消魂、翩然、横亘、错愕、游弋……"

来源于故事片的三本教材（《快乐》《秦淮》《走进》）词汇难度控制相对较好，词汇常用度也较高，因为选材来自真实生活，以对话推动情节，词汇源自生活口语，虽不乏习语俗语，仍比书面色彩浓重的来自文化历史内容的词汇容易学习。我们可以将这类教材看作神形兼备的"真视听说"教材。请看源于此三本教材的超纲词汇示例："自个、生锈、顶多、变态、白领、马桶……"

《故事》一书选材也来自纪录片，但内容与中国百姓生活息息相关，不乏对真实人物的采访，也以口语语体为主，而经改编后加入介绍说明性文字，实现了编者对词汇难

度的控制。故此教材选材虽源自"纪录片",但对词汇难度及常用度的控制较理想。

可见,要实现中高级汉语视听说的教学目的,在教材编写中应以来源于影视作品、以对话形式推动情节发展的"故事片"为主;来源于"纪录片"的材料应选择有口语语体倾向的,并加以适当改编。

2.2 词汇数量的控制与精、泛之辨

同为来自故事片的三本教材在词汇数量上也有明显差别。《走进》的单位时间内需要学习的生词数量远远高于《快乐》和《秦淮》,如此高容量的内容很难在课堂的规定时间内完成,适于作为泛视泛听材料使用,将部分内容用于学生课后自学。《快乐》和《秦淮》的容量适当,适于作为精视精听材料使用,用于课堂教学。

这也提醒中高级汉语视听说教材的编写者应注意教材的定位,区分精听与泛听的材料。甚至在教材编写中,可以将精、泛内容相结合,精听部分在课堂重点解决,泛听部分由学生课下完成,由于视听材料有情节驱动,学生自然能对材料保持较高的兴趣。这样的编排可以充分调动学生课后学习的积极主动性,提高学习效率。《快乐》一书前10课为精听课文,后5课为泛听课文,这种尝试值得借鉴;如果能将精听与泛听课文有机结合在同一课中,似乎能收到更理想的教学效果。

2.3 语言点的处理

六本教材都将不宜处理为生词的语法点或需重点讲解的词汇在单独的部分专门注释,这点已成为各位编者的共识。但我们发现《秦淮》一书在生词表中列出大量的习语俗语,也同时出现在语言点的注释中,如"贱得连骨头都没有了""有其母必有其女""少来这一套"等。这些短语不适宜处理为生词,应放在语言点注释部分单独解释。这些习语俗语如缺乏语境,教师难于讲解,学生难于理解,放在视听说材料中由于有上下文语境,学生更容易获知其义。

2.4 符合规范性还是体现地域特点

我们在对六本教材进行词汇考察时,还发现一个现象——由于编剧、演员、拍摄地点的不同,影视作品必然会带上一些鲜明的地域特点。《走进》一书选材来自拍摄于北京的电视连续剧,人物对话富于北京话口语词汇,如"玄乎、闲杂盲流、撂、抠抠唆唆、紧着点儿账、面生、掺和";《秦淮》一书选材来自拍摄于南京的电视连续剧,人物对话富于南京地域色彩,如"南京大萝卜、蛮、小来兮、挺尸"。

关于视听说材料的选材,有人认为"所选材料的语言必须是规范的普通话"(罗庆铭,1996)。这条原则非常理想化,实践起来难度较大。我们认为中高级视听说汉语材料的语言应在尽量规范化的原则下,允许地域特点的存在。许多汉语老师都注意到这样一个现象——留学生在课堂上能听懂老师的话,但是在课堂以外很难听懂老百姓的话

(唐荔，1997)。中国地域宽广，不同地区的人说普通话必然会带上地域特点，数量众多的俚语俗语、方言词汇不属于普通话，但却是日常交际中必不可少的部分。对于这一部分内容，教材不应完全排斥，只是要把握好度，通篇充斥地方俚俗语言必然会招致学生的反感。

2.5 注意选材的时代性

语言随社会发展而不断发展，不同时期的语言必然会刻有所处时代的烙印。由于影视作品拍摄时间不同，必然导致其使用语言的时代性不同。中高级汉语视听说教材应源自真实语料，关注那些活生生的交际语言，必然会导致教材的老化速度较其他课型的教材而言更快。这就要求教材编写者能把握时代脉搏，选择更能反映当下语言使用情况的材料。

《秦淮》一书的材料源于江苏电视台20世纪80年代拍摄的百集系列短剧，距今已近30多年，其中不少词汇已成为历史，甚少使用，如"供销社、计划外、二道贩子、大团结、口头革命派、被面儿、外汇券"等。由于历史原因已经淘汰的词汇已不适合出现在汉语教学课堂之中，这也是编写视听说教材选材时需要注意的问题。

3 结　语

本文通过对六本中高级汉语视听说教材的词汇考察，发现了一些教材编写中值得注意的问题，并提出相应的建议，现总结如下：
(1) 选材以影视作品中的"故事片"为主，口语倾向的"纪录片"为辅；
(2) 注意控制单位教学时间内的生词数量，同时注意将精视精听与泛视泛听结合；
(3) 语言点单独注释，不应与生词同列；
(4) 满足语言规范性的同时注意体现地域特点；
(5) 视听材料应注意时代性。

参考文献

李忆民．视听说对外汉语教材编制初探——《国际商务汉语》的总体构想和编制原则［J］．汉语学习，1999（1）．
罗庆铭．视听说课的教材与课堂教学［J］．汉语学习，1996（6）．
孙清忠．浅析对外汉语口语教材中文化项目的选择与编排［J］．暨南大学华文学院学报，2006（2）．
唐荔．汉语"视听说"课程初探［J］．北京广播电视大学学报，1997（3）．
王飙．中国大陆对外汉语视听说教材评述与展望［J］．世界汉语教学，2009（2）．
赵立江．中高级汉语视听说课有关问题的调查分析与构想［J］．世界汉语教学，1997（3）．
中国国家对外汉语教学领导小组办公室，等．国际汉语教育用音节汉字词汇等级划分［M］．北京：北京语言大学出版社，2010．
周小兵，刘娅莉．初级韩语综合课教材选词考察［J］．语言教学与研究，2012（5）．

中医汉语教材建设的回顾与思考

周延松

(南京中医药大学国际教育学院)

摘　要：改革开放以来，国内中医汉语教材的编写与出版和中医文化国际传播"走进来"的步伐保持着大体的一致。较之20世纪八九十年代，近年的中医汉语教材在编写理念、内容编排、语料处理等各个方面，均取得了不小的突破，但也存在着一些不足。在中医文化国际传播"走进来"与"走出去"同步展开的时代背景下，借鉴国外出版的同类教材，今后中医汉语教材的编写应处理好中医专业知识的系统性和语言知识、语言能力的渐进性，以及科普与专业之间的关系，研究、制定中医汉语词汇等级大纲，加强单项技能性和多语种教材的建设，以适应多元化的学习需求与中医文化国际传播的现实需要。

关键词：中医；汉语；教材；出版

随着中医文化国际传播的逐步深入，中医药相关专业来华留学生和海外学习者不断增加，以母语非汉语者为对象的中医汉语课程普遍开设，教材建设也得到了长足的发展。对已经出版的中医汉语教材进行一番梳理与分析，总结经验，发现不足，可以为教材编写和教学实施的进一步开展提供有益的参照。

1　改革开放以来中医汉语教材编写与出版概况

早在20世纪80年代初，国内即有高校开设中医汉语课程，主要针对中医药相关专业来华留学生，因教学对象单一，适用范围较小，仅见《中医汉语》系列教材。这种状况延续了多年，直至90年代后期，始有其他教材出版。此后，除内部使用的自编讲义，也正式出版了一些教材。表1以出版时间先后为序，列出各种教材的简况。

表1　各种教材的简况

教材	主编	出版单位	出版时间	附注
《中医汉语》	王砚农、阎德早	北京语言文化大学出版社	1982年	分读写、听力和口语三种课本
《中医现代汉语》	第一册：高光震、姜敏杰、宗媚娟；第二册：姜敏杰、宗媚娟、孙淑琴	吉林教育出版社	第一册1997年，第二册1998年	共两册

续表 1

教材	主编	出版单位	出版时间	附注
《外国人学中医——中医汉语入门》	赵昕、侯景伦	学苑出版社	1998 年	
《中医汉语口语入门》	宋一伦、杨学智、王晶	高等教育出版社	2008 年	分英语、法语、德语和韩语等版本
《实用中医汉语》	王育林、罗根海、薄彤（系列教材主编）	外语教学与研究出版社	基础篇 2010 年，提高篇 2011 年	包括基础篇和提高篇，各篇又分精读、听力、口语三种课型
《中医汉语综合教程》	崔永华、傅延龄（系列教材主编）	北京语言大学出版社	2013 年	阅读和听力分册在编写中，尚未出版

由表 1 可以看出，中医汉语教材的编写和出版大致集中在三个时段，20 世纪 80 年代初期、90 年代后期和 2008 年以来的几年间。其中，前两个时段具有较强的共性，第三个时段则有明显的发展，为论述方便，下文分别称为前期和后期。

据教育部国际合作与交流司所编写的《来华留学生简明统计》历年数据，中医在 2001 年之前一直是除汉语言及文学之外来华留学人员最多的专业，显示出中医作为传统的中国文化符号的魅力，以及它在留学生心目中的地位。但从 2002 年起，随着中国现代化建设的成就引起全球关注，其他专业的留学生人数增势显著，学习中医的留学生比例却逐步下降，至 2008 年更是降到第七位，此后则大体维持在这一水平。但在绝对人数上，中医专业留学生依然呈现出一种稳步增长的趋势，并于 2009 年突破 1 万人，达到 11022 人。

中医汉语教材编写的起步虽不算太晚，却渐渐落后于其他门类专业汉语，尤其是商贸汉语教材的出版，不仅数量远低于后者，而且在各个时段之间，都曾出现过较长时间的停滞。在一定程度上，这或许跟留学生比例的下降有关。而在留学生绝对人数稳步增加的基础上，中医汉语教材建设于 2010 年后一度形成一个小"高潮"，北京语言大学出版社与北京中医药大学合作成立"中医汉语教学与教材研发基地"，《实用中医汉语》系列教材和《中医汉语综合教程》先后出版。

刘彦臣（2014）认为，2009 年《国务院关于扶持和促进中医药事业发展的若干意见》的发布，对中医的跨文化传播及其研究产生了积极的促进作用，中医汉语教材建设也是从这一时期起得到较为迅速的发展。或许可以这样说，中医汉语教材的编写和出版与中医文化国际传播"走进来"的步伐在总体上是一致的。

2 中医汉语教材建设的成就与突破

回顾中医汉语教材建设的发展历程，成就是显著的，尤其后期教材，在适用对象、编写理念、课程目标及具体的内容编排、语料处理等各方面，均形成了较为深入的认识，取得了不小的突破。

2.1 学习者的汉语基础

教材使用对象的汉语基础是汉语教材编写的基本认识前提。前期《中医汉语》系列教材的读写、听力和口语三种课本各分上、下两册：上册是零起点开始的基础汉语，偶有几篇看病、感冒等内容的课文，也与普通汉语教材无异；下册才是真正意义上的中医汉语。后期的《实用中医汉语》在"前言"中指出，"本套教材以中级汉语水平为基准"；《中医汉语综合教程》的"使用说明"也明确提出，学习对象应"有一定汉语基础"。可见，学习者一定的汉语基础对中医汉语教材编写来说是必需的，这已逐步形成一种共识。

2.2 课程目标与教材类型

着眼于教学对象语言能力的培养目标，中医汉语教材多分为综合性及单项技能性如阅读、听力、口语等不同类型。前期主要是综合性教材或系列性成套教材，后者以读写教材为主，听力、口语等课型教材与之配套，一般情况下不宜单独使用，而且，教材多以英文释义。后期仍以系列教材为主，但可独立使用的口语单项技能教材及多语种教材开始出现，满足了学习者的不同需要。

2.3 专业知识与语言能力

在中医汉语教材的编写过程中，一般的思路都是以系统性专业知识为纲。如早期的《中医汉语》读写课本，第77～85课的课文内容与中医学专业本科《中医基础理论》教材的章节次序基本相同，甚至可以说是其简化后的缩写版，难以体现专业汉语教材的特点。除了中医专业知识方面的目标，中医汉语课程还有语言知识和语言能力的要求，早期教材编写对此大多缺乏足够的考量。如《中医现代汉语》的"汉语常识"部分，"声调"竟然与"多重复句和紧缩复句"差不多同时出现。到了后期，这种状况得到了一定程度的改变。《实用中医汉语》和《中医汉语综合教程》都根据专业内容确定几个基本的主题或单元，再围绕这些主题和单元组织课文，其编排次序，则先理论基础，再临床临症，或基础理论在先，诊断、中药、针灸等在后。既遵从专业知识的难易程度，在语言能力方面也大致符合由易到难的发展原则。

2.4 专业词汇与专门句式

中医汉语是专业汉语的一个门类,与其他门类的专业汉语相比,中医汉语保留着更多古代汉语的遗存,因而就语言要素而言,中医专业词汇和固定句式尤其能够凸显其区别于普通汉语的特质。在前期的《中医汉语》教材中,普通词汇和专业词汇、普通语法项目和中医汉语的特殊句式都是混合编排的。到了后期,中医专业词汇和专门句式成为教材中独立的板块,体现出对课程性质认识的深化。如《实用中医汉语》,把生词分为"一般生词"和"专名术语";《中医汉语综合教程》中的"生词"随课文出现,"中医专业术语和句式"则单独编排。

2.5 中医文化

学习一种语言离不开这种语言所承载的文化,中医汉语中的文化因素极为显著,在不同时期的教材编写中,也都得到了有效的彰显。但比较而言,中医学的历史背景和中医文化知识在后期受到了更多的关注。前期的《中医汉语》教材中,即有不少中医相关的故事传说、医药学家、经典医籍、中医民俗等内容,但都是以课文的形式呈现的,其文化因素"隐含"在专业内容中;后期的教材在保持这一特色的同时,还通过其他板块进行有益的补充,以扩充中医文化的知识背景,如《实用中医汉语》中的"小医馆"、《中医汉语综合教程》中的"中医生活馆"。于此可见前后两个阶段教材编写理念的明显差异。

3 中医汉语教材编写与使用中存在的问题

在中医汉语教材的编写与使用中,还存在一定的问题与不足,主要集中在专业词汇的选取、语言项目的编排,以及教材的类型等几个方面。

3.1 关于专业词汇

专业词汇多在各种不同的科技领域使用,与全民常用的普通词汇存在着较大的差异。各种汉语词汇等级大纲多针对普通汉语设计和研制,在编写中医汉语教材时,无法作为专业词汇选取的依据;若以之为标准,衡量现有的中医汉语教材,超纲是一种必然的现象,且超纲词的比例还相当大。由于专业词汇大纲的缺乏,教材编写者对专业词汇的选取随意性较大,不同教材中专业词汇的重合率较低。而且,中医汉语专业词汇具有相对性,与普通词汇可相互渗透与转化,从而可能造成专业词汇认定时的分歧(周延松,2014)。《中医基础字词一点通》(徐静,2012)尝试对基本的专业词汇进行明确,但不能替代专业词汇大纲。

3.2 关于语言项目

一方面，教材编写基本上以专业内容为依据，确定课文的先后次序；另一方面，作为一种语言课程，中医汉语的教材编写理应遵循语言教学的规律，对词汇、语法及功能项目的编排实行由易到难的原则。客观而言，专业内容和语言发展的梯度并不存在必然的对应关系，因而这一原则极易背离。后期的中医汉语教材对此进行了更多的考虑，但部分课文内容与语言项目的编排次序依然存在一定的错位现象。如《中医汉语综合教程》的"中医专业术语和句式"部分，从语言单位来分析，既有单音节和双音节的词，也有不同结构的短语，两者混合编排，难易程度不一，没有发展梯度；教材还编入了描述中药药性的惯用格式："中药名+药性［气（性）+味+归经］+功能+主治"，尽管只是特例，但在第13课即已出现，值得商榷。

3.3 关于教材类型

与综合性、系统性教材相比，单项技能教材总体上较为薄弱，使用面和影响力也相对较小。这是因为，目前中医汉语教材的使用对象主体为中医院校预科来华留学生，其培养目标是要适应今后中医药相关专业课的学习，为此需听、说、读、写各项技能得到综合、全面的提高。而中医药专业的各种短期来华进修、培训或实习项目基本上以外语为授课和交流工具，独立的中医汉语口语教材可以满足部分学习者的需求，但只是作为一种辅助性学习材料，而不是必需的。在汉语国际教育的大背景下，教材编写的国际化意识和国别化趋势得以增强，中医汉语教材建设的发展需要进行这方面的思考。

4 中医汉语教材建设的思考与展望

随着中医药国际化进程的加快，中外合作与交流日益频繁，中医文化国际传播"走进来"和"走出去"全面展开。除了中医药专业来华留学生的学历教育和短期项目，中医孔子学院和中医中心在全球范围内渐次开设，与海外原有的相关课程一起，极大地增强了中医药国际传播的基础。可以预见，中医汉语课程与教学将会迎来更为有利的发展机遇。与此同时，学习需求的多元分化对中医汉语教材的编写提出了更高的要求和挑战。参照国外出版的同类教材，展望今后的中医汉语教材建设，以下问题在不同程度上影响了理论认识的深化，制约着教材使用的效果，迫切需要得到重视，并采取有效的应对措施。

4.1 把握好专业知识的系统性和语言知识、语言能力的渐进性之间的关系

这是中医汉语作为专业汉语的交叉性所决定的。考察后期的中医汉语教材，既不乏

成功的经验，也有进一步提高的空间。一般高等院校的课程设置中，都存在着基础课程和专业课程、必修课程与选修课程、核心课程与辅助性课程的区分，其间的差异体现出不同课程专业性的强弱。就中医专业知识而言，中医基础理论、中医诊断学、中药学、针灸学等具有很强的专业性，中医文化背景知识的专业性则相对较弱，其中不少内容早已融入人们的日常生活，为非专业的大众所熟知；体现在话语方式上，前者使用较多的专业词汇和固定句式，后者与普通汉语的表达基本无异。因而从大体上讲，中医文化背景知识较为通俗，语言难度较小；涉及中医理论的知识内容，语言难度则相对较大。基于这样的认识，在教材编写时，可先行编排中医民俗、历史传说和养生传统等方面的内容，这些内容不仅易于理解，且有较强的趣味性，可顺应语言项目的难易梯度，激发学生进一步学习的兴趣，也暗合由通俗逐步过渡到专业的接受过程。《实用中医汉语》即如此，"精读基础篇"包括"神奇中医""名医故事""医方良药""养生健体""民俗中医"五个单元，基本上属于文化背景方面的内容；"精读提高篇"包括"特色中医""脏腑经络""四诊八纲""四气五味""临床临症"五个单元，则具有较强的专业性。在《中医汉语综合教程》中，前四个单元的主题分别为中医基础理论、中医诊断、中药和针灸，后两个单元才是中医养生和综合性的文化背景。由此带来的一个结果是，第六单元所有副课文中出现的生词，均为两个或三个，少于前五个单元的任何一篇副课文。且不说这样的生词量是否合理，单就其分布比例来看，便已失去了平衡。

即以专业词汇而论，一般仅为专业人士所使用。但也应该看到，中医学历史悠久，且与人们的生产生活实践关系密切，很多专业词汇本就来源于日常生活，或由专业使用而逐渐趋于全民常用，这些词汇便具有了普通和专业两个层面上的语义，前者难度较大，后者难度较小。编写教材时若能考虑到这一点，同样可达到渐进性的要求。如"气"（《中医汉语综合教程》），由学生已经学过、作为普通词汇的名词和动词用法，到作为中医专业词汇的语义，再扩展到"元气""营气""卫气""宗气"以及"六气"等，形成显见的难易梯度。对特殊句式的处理也应遵循这样的原则。《中医汉语综合教程》第十二课编选了一组结构方式相同的中药功能表述短语，包括"补虚润燥""活血化瘀""理气止痛""降逆止呕"。其中的"虚"和"燥"已在前面的课文中出现过，这样编排，既是词汇的复现，又显示难度的递增，同时便于学生对此类结构形成整体印象。但要对类似短语中的每一个"生"语素都这样安排，却几乎是不可能的，"瘀""呕"便是如此。

4.2 处理好科普与专业的关系

中医汉语教材的编写并非以科普为目的，而是服务于汉语非母语者中医药相关专业知识的学习，科普的对象是非专业人士，中医汉语教材的适用对象则是准专业人士。因此，出于科普目的的非专业性表述应尽量避免。这里要区分两种情况。一是对于个别难度较高的专业词汇或专门表述，改用一般中医学专业文本中很少出现、语义相同或相似、语言难度相对较低的非专业性表达，这样一来，可理解性是增强了，作为专业汉语教学的目标却在一定程度上削弱了。如"肺管呼吸""肝管疏泄"（《实用中医汉语》

精读提高篇），用"管"代替了"主"或"司"这样的专业性表述。二是为增强趣味性、便于理解而采用隐喻，这是科普作品的常用写作手法，若不影响文本的总体表达风格，偶尔使用也未尝不可。如《津液——人体的雨露》和《三焦——人体的大水渠》（《中医汉语综合教程》），把津液和三焦的抽象化功能形象化地用"雨露"和"水渠"加以说明。

4.3 研究、制定中医汉语词汇等级大纲

在普通汉语教学领域，针对不同层次与类型的教学对象，已研制出多个词汇大纲，有力地促进了课堂教学效率的提高与测试、评估的标准化、规范化。对专业汉语而言，词汇同样是语言使用中最基本的意义单位，很多专业性表述最终都可落实到专业词汇上来。国家汉办/孔子学院总部推出的商务汉语考试（BCT）设定有参考词汇，为商务汉语教材的编写提供了一定的依据。对其他门类的专门汉语，目前还没有相关的词汇大纲出台。着眼于教材编写的规范化，中医汉语词汇等级大纲的研制具有较强的紧迫性。作为一种学科交叉性研究，理想的研究者应该兼有语言学和中医学两种学科背景，在中医汉语语料库建设的基础上，兼顾汉语教学专家与中医专业人士的意见，以尽可能弥补单纯依靠语料的不足。

4.4 加强单项技能性和多语种教材建设

就目前的现状来说，使用较多的两部教材《实用中医汉语》和《中医汉语综合教程》分别被列入外语教学与研究出版社的"来华留学生汉语系列教程"和北京语言大学出版社的"来华留学生专业汉语学习丛书"。中医文化国际传播的多向拓展，学习目的与动机的多元分化，提示我们需突破来华留学生群体的单一视角，在一种国际化的视野中，考察中医汉语课程、教学与教材建设。

国外的中医学历教育多以外语为授课语言，各种短期课程更是如此，但这并不意味着完全不需要汉语。N. Wiseman 和 Y. Feng（2002）认为，跟西医学生掌握拉丁文同样重要的是，中医学生需要对中文有一个基本的了解，这一观点或许代表了海外中医学习者的一种普遍认识。由国内相关高校、机构或部门参与创办的海外中医孔子学院和中医中心、国内中医院校的海外办学点、国外高校与机构独立开办的中医学历课程和培训项目，乃至出于其他各种目的与动机的中医学习者，都是中医汉语教材已然和潜在的使用者。

地域的广泛性，使国外中医汉语教材的搜集相对比较困难；尽管数量有限，却也足以作为参照，从另一个角度对国内出版的教材进行审视。《中医中文：文法和词汇》（Wiseman, Feng, 2002）和《中医实习汉语》（Marchment, 2005）分别出版于美国和澳大利亚，由于编写者和使用者的文化背景不同，这两套教材还存在一些差异。撇开细节不谈，两者的共性在于，都不是着眼于各项语言技能的同步提高与均衡发展，而致力于单一技能的培养，如前者的阅读技能和后者的口头交际技能。因此，单项技能性教材

与适应不同语种和文化环境的教材应该得到更多的关注。

参考文献

刘彦臣. 新世纪中医跨文化传播现状分析 [J]. 中医药文化, 2014 (6): 22-30.

徐静. 中医基础字词一点通 [M]. 北京: 北京语言大学出版社, 2012.

周延松. 专门用途汉语教学中的专业词汇问题——基于中医汉语的视角 [J]. 现代语文, 2014 (10): 81-84.

Marchment R. Chinese for TCM Practitioners [M]. Melbourne: Jisheng, 2005.

WisemanN, Feng Y. Chinese Medinine Chinese: Grammar and Vocabulary [M]. Brookline: Paradigm Publications, 2002.